U0804619

清末民初文獻叢刊

游歷圖經餘記

[清] 傅雲龍 撰

朝華出版社
BLOSSOM PRESS

圖書在版編目（CIP）數據

游歷圖經餘記 / （清）傅雲龍撰. -- 北京 ： 朝華出版社, 2019.1
（清末民初文獻叢刊）
ISBN 978-7-5054-4369-3

Ⅰ. ①游… Ⅱ. ①傅… Ⅲ. ①游記－世界 Ⅳ. ①K919

中國版本圖書館CIP數據核字(2018)第250611號

游歷圖經餘記

作　　者　[清]傅雲龍

選題策劃　楊麗麗　尚論聰
責任編輯　趙　倩
特約編輯　孫　開　齊　芳
責任印制　張文東　陸競贏
封面設計　劉敬偉

出版發行　朝華出版社
社　　址　北京市西城區百萬莊大街24號　**郵政編碼**　100037
訂購電話　（010）68996618　68996050
傳　　真　（010）88415258（發行部）
聯系版權　j-yn@163.com
網　　址　http://zhcb.cipg.org.cn
印　　刷　藝堂印刷（天津）有限公司
經　　銷　全國新華書店
開　　本　880mm×1230mm　1/32　**字　　數**　156千字
印　　張　12.5
版　　次　2019年1月第1版　2019年1月第1次印刷
裝　　別　精
書　　號　ISBN 978-7-5054-4369-3
定　　價　90.00元

版權所有　翻印必究・印裝有誤　負責調換

出版前言

中國自一八四〇年鴉片戰争以來，傳統的農業文明在西方的堅船利炮轟擊之下徹底被顛覆，有擔當的知識分子苦苦追尋，思索社會改革的途徑。從最初的『師夷長技以制夷』到『民主制度，天下之公理』（梁啓超語），他們發現要『强國富民』，首先要『開啓民智』，衹有民衆擁有了獨立思想和批判精神，國家纔能實現真正的强大。在此後一百年的時間裏（一八四〇—一九四九），思想者們從社會變革深入到國民性的改造，用每一部作品見證着中國近代化的遞變歷程。這是一個極其重要的時代，《清末民初文獻叢刊》正是收録了這一時期的作品，大部分書籍都是早期版本，有着極高的文獻研究價值。

清末的中國經歷了『三千年來未有之大變局』（李鴻章語），大清王朝面對西方列强的艦炮，表現得驚慌失措。尤其是鴉片戰争，使『天朝帝國萬世長存的迷信受到了致命的打擊，野蠻的、閉關自守的、與文明世界隔絶的狀態被打破了』（《馬克思恩格斯選集》）。一批士大夫知識分子，尤其是在歐美諸國擔任使臣或者游歷的知識分子最先覺醒，着眼于對西方國家的考察，進而反省本國政治制度的劣勢，可以視作『啓蒙』的端倪。如曾擔任駐英公使（兼任駐法公使）的郭嵩燾在《使西紀程》中以日記的形式記録了自己對歐西諸國的觀感，他在考察了英國的政治制度之後，發現英國政府官員收入超過三百磅者與普通老百姓一樣同等納税，他説：『此法誠善，然非民主之國，則勢有所不行。西洋所以享國長久，君民兼主國政故也。』他明確提出了『民主』，在國家的管理問題上，人民也有參與的權利。他在該書中所披露的西方政治、經濟、文化等領域優于大清帝國這一事實觸動了保守派的神經，立刻遭到保守派群起而攻之，進士何金壽彈劾他『有二心于英國，欲中國臣事之』，他家鄉湖南的民衆對他更是痛加詆毁，以至于滿城揭帖，誣蔑他『溝通洋人』，在這種群情洶洶的情况下，朝廷最後下旨將《使西紀程》毁版，從而使該書成了禁書。然而，書雖被毁版，却不能堵死民衆的傳播與閲讀的途徑，上海的《萬國公報》依舊連載該書，張佩綸曾説：『朝廷禁其書，而新聞紙接續刊刻，中外傳播如故也。』從某種意義上來説，啓蒙是時代的需要，盡管清政府發諭旨禁了該書，民衆乃至一些朝廷大員却依舊在私下閲讀，以便瞭解外部的世界。進步的社會是開放性的，任何企圖『閉關鎖國』的努力都意味着歷史的倒退，衹有開放，與整個世界文明保持同等的步伐，纔能實現真正的强國之夢。當大批知識分子走出閉鎖的國門，親歷了文明的洗禮之後，也就把啓蒙的智識帶回了中華大地。容閎的《西學東漸記》，梁啓超的《新大陸游記》，崔國因的《出使美日秘日記》等一大批作品介紹了海外諸國的政治、經濟、軍事、外交、文化。雖然這些作品在認識上仍然帶有時代的局限性，然而却是那時最爲珍貴的聲音。

另一方面，在學術上，中國文化母體内『經世致用』思想與資産階級思想相結合，也唤起了變革，以康有爲、梁啓超爲首的改良派試圖通過自上而下的革新以實現變革。康有爲的《新學僞經考》《孔子改制考》就是借經學之表論資産階級學説之裏的著作，康有爲的弟子梁啓超更是通過《新民説》一書提出國民性改造。與早期啓蒙者『師夷長技』的器物文明引進不同，梁啓超上升到形而上的精神領域，從文化心理上更加徹底地進行變革。梁氏是清朝末年到民國初年一個橋梁式的人物，被譽爲『輿論之驕子，天縱之文豪』，其影響力不但在學術領域，同時還在文學領域，他所倡導的『詩界革命』得到了譚嗣同、黃遵憲、丘逢甲等人的響應，黃遵憲的《日本雜事詩》，丘逢甲的《嶺雲海日樓詩鈔》都體現了這種主張。這一主張要求反映新的時代和新的思想，用『我手寫我口』（黃遵憲語）的方式直抒胸臆，對長期占詩壇主流的擬古主義、形式主義產生了巨大的衝擊，解放了寫作者的心靈和頭腦。

與社會變革同步的是早期對西方思想著作的翻譯，這裏面影響最大的是嚴復，他翻譯的《天演論》《社會通詮》等書直接孕育了民國一代的知識階層。魯迅、胡適等人在文章中都曾提到《天演論》對他們思想所產生的震撼。與嚴復略有不同的另一位翻譯家是林紓，他的譯作雖然參差不齊，但却在更細膩的心靈層次對讀者產生影響，許壽裳曾回憶，他和魯迅都熱衷于林譯的小說，如《巴黎茶花女遺事》《黑奴籲天録》《迦茵小傳》等作品。

辛亥革命之後，進步社會思潮成爲主流，比之清末思想啓蒙者『求存』的追求，民國以來的知識階層深入到了更加細微的肌理，一方面呼喚社會變革，另一方面進行點滴的建設，革命并不能使所有的一切一蹴而就，在更加深廣的領域，事物的改變是由微觀而宏觀。通俗地說，比之于革命，建設的意義更大。如《中國商業史》《中國教育史》《中國倫理學史》《中國哲學史大綱》《中國小説史略》等一大批作品都是進行系統的梳理與建設的理論作品。其中，以胡適和魯迅二人的影響最大，他們的作品一紙風靡，從而成爲新文化運動的主力人物。

《清末民初文獻叢刊》收録的文獻大致上可以分爲三個階段，其中龔自珍、張之洞、魏源、郭嵩燾、薛福成等人的作品可視爲『早期啓蒙』，康有爲、梁啓超、黄遵憲、嚴復、林紓等人的作品可視爲『中期啓蒙』，胡適、魯迅、蔡元培等人的作品可視爲『晚期啓蒙』。當然，這種劃分并非嚴格意義上的，大部分啓蒙思想者隨着時代的變化，其思想在不斷進步。縱觀整個近現代史，可以發現，要求變革不是在某一個領域，由某一類人發起和完成的，而是全社會的要求。

變革，已經成爲全社會的共識。

從清末民初的文獻中，我們能够發現一種豐富性。這些作品涉及政治、經濟、軍事、教育、外交、宗教、心理、情感等方方面面，從内而外地净化着中國兩千年以來的封建積習。它不衹是對社會的改造，更是對人心靈的重塑；它首重國家社會之建設，同時亦重靈魂心智之喚醒；它是宏大的，也是微觀的；它是嚴肅莊重的，也是活潑靈動的；這些作品結構精巧，思想内容深刻，擁有濃厚的人文主義色彩，對推動社會主義建設，實現中國夢有重大意義，是近現代中國一百年來最宏富的智識與情感的寶藏。因此，整理這些文獻作品，無論是出于資料保存的目的，還是爲圖書館提供資料副本，都有不可估量的意義。

特定時代下的文獻，當它一旦形成（既指草擬，創作的完成，也指其成爲一個載體），就不可再複製了，也就意味着它將面對消亡。對于文獻資料而言，越接近歷史事件發生的時代記録，越具有研究價值。文獻本身具有不可再生性，它衹會消亡，而不會增多。盡管文獻本身的文字可以保留下來，并進行傳播，却失去了當時的時代氣息。當時的作品可能在技巧上，文字的成熟度上不及當代，但它所負載的信息，創作者的情感都反映了當時的歷史，也就是説，它具有不可替代的歷史意義。

影印的版本有三個特點，第一是擁有文獻的『原始性』；第二個特點是『未經改動的』；第三個特點是『歷史的原貌』。所謂『原始性』，也就是説，它是第一手資料，而非轉述的，回憶形成的；『未經改動的』，是指未被篡改、删節、挖補的；『歷史的原貌』是指在影印製作過程中，完全依照文獻的原來模樣……這樣製作出版的作品，無异延續了文獻的壽命。

近現代思想史上的一個最重大的思潮就是『開放』，從林則徐的『開眼看世界』到蔡元培的『兼容并包』，都是在倡導一種開放式的胸襟。而《清末民初文獻叢刊》最有魅力的部分就是『開放』這一主題，衹有融入到世界文明發展的進程中，中華文明纔能歷久彌新。

《清末民初文獻叢刊》編委會

二〇一七年四月十四日

凡例

一、《清末民初文獻叢刊》（以下簡稱『叢刊』）爲影印本，舉凡所用之底本，均爲該書之早期版本。有清末刊本，亦有民國印本。

二、《叢刊》均依底本影印，未予删改，僅代表作者個人觀點，不代表官方立場；原刊本有誤，不予校改，以保留文獻之原貌。

三、《叢刊》所用之底本，因時日久遠存在漫漶的情況，均進行了修復；底本闕文、印刷不清，均保留原貌。

四、爲讀者閲讀之便，《叢刊》中之舊底本目録未標記頁碼者，編了目次；原底本有頁碼和目録，未予重複編目。

五、爲保持文獻的原始風貌，影印本保留了原書書影（原書爲多册，則保留第一册書影）、扉頁等信息。所用底本無相應信息者，則不予妄添，以免錯訛。

目録

游歷圖經餘紀一十

五卷

光緒十五年

冬李文田題

游歷圖經餘紀總目

花翎三品銜直隸即補道總辦北洋機器局前游歷使臣傅雲龍述

浙江官書局

游歷地球圖

游歷圖經餘紀一

花翎二品銜直隸即補道總辦北洋機器局前游歷使臣傅雲龍述

雲龍遵

朝諭出洋游歷之國六日本也美利加也秘魯也巴西也英屬地加納大也日斯巴尼亞屬地古巴也而舟車所至假道層出於是繇日本國而美利加合衆國而英屬地加納大而日斯巴尼亞屬地古巴而新加拉那大國而埃瓜度國而秘魯國而智利國而巴他峨尼國而英屬地巴別突司島而丹屬地先塔盧斯而美利加而日本凡往還一十有一國歷程一十二萬有八百四十四里異途無論已即往還同航太平洋而潮綫亦異往時起緯三十六度五十七分屈曲北行四十五度十六分又少南行三十九度二十二分而至美利加之三法蘭昔斯哥即舊金山也爲日十八地自西而東舟亦自西而東日速十七分故閏一日於其間還時較往時更北數度行日十五地東行舟西行日遲十七分故少一日算學家所謂循大圓弧而行之理非此無以見也緯綫近北愈狹圓弧愈小程以狹而省即行以省

而速所謂大周行船法非歟凡繪地圖球面有三一以赤道為圓界曰平球是猶置身北極外而俯視之也南亦如之如僅繪游歷加納大圖此法庶其可乎蓋與我京同近北極也一以某處地平為圓界曰偏球游非一地難可概此一以子午圈為圓界曰正球圓錐切綫之法不外乎是或謂航海難問面積何若墨加禱法乎曰大周行船法省於墨加禱圖中之程多矣航海者先視圓弧之大小次定行舟之曲綫如由橫濱至三法蘭昔斯哥欲東先北此其大驗是圖以正面圖西以斜而補東以朱綫識游程往還謂為切綫法之正球可謂為大周行船法之變格亦奚不可南北花旗即南北阿美利加洲別稱亦互見例圖鏤銅版於日本

述游歷圖

游歷圖經餘紀二

游歷天時地里合表

花翎二品銜直隸即補道總辦北洋機器局前游歷使臣傅雲龍述

居今言游難矣異難輒阻自忘返者爲之又習恒春與秋若秘魯恒夏若古巴若巴拉[illegible]馬以太陽紀歲以休息紀日問以正朔幾幾忘之非無跋涉莫探奧窔視不游其奚以異雲龍用是自省不容一地虛游不敢一日負游眠游日之晴雨即隱以綜地利之厚薄眠游地之寒暑（寒暑室內外度數有異據所測言）即合以徵人事之損益是游起光緒十三年八月十六日訖十五年十月十七日爲月二十有六爲日七百七十（七百八十二日中除小建月一十二日航太平洋往閏一日還減一日仍符原日）爲水路八萬一千五百四十有九里爲陸程三萬八千二百六十有四里凡華里一十二萬八百四十有四地要已見圖經日知復詳餘紀而非以日計地以地繫日安在其能若列眉若指掌也述游歷天時地里合表

表一

光緒	日本明治		游日	華里		晴雨			寒暑		
年月日	年月日	干支	游地	水程	陸程	朝	午	夕	朝	午	夕

十六	二	庚午			九	半晴	晴	晴風	五八	六五	六三
十七	三	辛未			七	晴	晴風	晴	五九	六三	六二
十八	四	壬申			九	半晴	晴	晴	五九	六六	六四
十九	五	癸酉			六	陰	陰風	陰	六二	六六	六三
二十	六	甲戌			七	陰	晴風	陰風	六一	六五	六二
廿一	七	乙亥			九	陰	晴風	晴	五九	六二	六三
廿二	八	丙子			八	半晴	晴	晴	五八	六六	六三
廿三	九	丁丑			九	晴	晴風	晴風	五九	六三	六〇
廿四	十	戊寅			一九	半晴	晴	晴	六〇	六一	六〇
廿五	十一	己卯			二八	晴	晴	晴風	五八	六二	六〇
廿六	十二	庚辰			一九	晴	晴風	晴	五三	六〇	五二
廿七	十三	辛巳	海口	四〇	六	晴	晴	晴	五五	五九	五八
廿八	十四	壬午	海	三六〇		晴	晴風	晴	五八	六〇	五九
廿九	十五	癸未	長崎	三七	一〇	半晴	晴風	晴	五八	五九	五八
十一	十六	甲申			一〇	晴	晴	晴	五八	六一	六〇

二	十七乙酉			九	晴	晴	半晴	五九	六三	六〇
三	十八丙戌			三五	霞	晴	半晴	五七	五九	五八
四	十九丁亥		一六	四五	半晴	晴風	晴	五二	五八	五四
五	二十戊子		六六	一六	半晴	晴	晴風	五四	六〇	五七
六	廿一己丑			四	晴	晴	晴風	五五	五九	五七
七	廿二庚寅		三〇	六	晴風	晴	晴	五七	六八	六三
八	廿三辛卯	下關	三八五		晴	晴	晴	五六	五七	五六
九	廿四壬辰	神戸	五七〇	一〇	雨	陰	半晴	五六	六九	六〇
十	廿五癸巳	海	二〇〇		晴風	晴	雨	五四	六六	五九
十一	廿六甲午	横濱	一六〇	四八	半晴	晴	晴	五三	五五	五三
十二	廿七乙未	東京		一八	晴	晴風	晴	五二	五二	五〇
十三	廿八丙申			八	晴	晴	晴	五二	五三	五二
十四	廿九丁酉			一六	晴	晴風	晴	四九	五四	五三
十五	三十戊戌			二九	陰	陰風	陰	五二	五三	五二
十六	卅一己亥			一〇	晴大風	晴風	晴風	五一	五三	五一

十七	十二 一	庚子		一四	晴風 晴風 晴	四四	四九	四八
十八	二	辛丑		一九	晴 晴風 晴	四八	五二	五一
十九	三	壬寅		二八	晴 晴風 晴	四九	五一	五〇
二十	四	癸卯		二五	晴 晴風 晴	四四	四九	四七
廿一	五	甲辰		九	晴風 晴 晴	四七	五〇	五一
廿二	六	乙巳		二七	半晴 晴 半晴	四九	五〇	四九
廿三	七	丙午		一六	晴 晴風 半晴	四八	四九	四八
廿四	八	丁未			晴風 晴 晴	四九	五四	五三
廿五	九	戊申		一四	晴 陰 晴	五二	五六	五五
廿六	十	己酉	横濱	一四〇	晴風 晴 晴	四九	五六	五五
廿七	十一	庚戌			晴 晴風 晴	五三	五四	五二
廿八	十二	辛亥			晴風 晴 晴	四九	五三	五一
廿九	十三	壬子		一六	晴 晴風 晴	四九	五二	五一
三十	十四	癸丑		一五	陰 大飆 風雨	四九	五四	五一
十二 一	十五	甲寅		一七	晴風 晴風 晴	四九	五〇	五〇

二	十六乙卯			一九	晴	晴風	晴	四六	五一	五〇
三	十七丙辰			九	晴	晴風	晴風	四八	五一	四九
四	十八丁巳				晴	晴	半晴	四九	五一	四八
五	十九戊午			一六	晴	晴風	晴	四七	四九	四六
六	二十己未			二九	半晴	晴	晴	四七	五〇	四五
七	廿一庚申			二八	半晴	晴風	晴	四三	五〇	四九
八	廿二辛酉	横須賀	四九	一〇九	陰	大雨	陰	四四	四五	四四
九	廿三壬戌	東京			晴	晴風	晴	四五	四六	四五
十	廿四癸亥				晴	晴	半晴	四五	四六	四四
十一	廿五甲子			二五	半晴	晴	晴	四三	四六	四四
十二	廿六乙丑			一九	晴	晴	半晴	四三	四五	四二
十三	廿七丙寅			一八	半晴	晴	晴	四一	四五	四四
十四	廿八丁卯				晴	晴	半晴	四四	四六	四五
十五	廿九戊辰				晴	半晴	晴	四四	四五	四四
十六	三十己巳			一六	晴	晴	半晴	四三	四六	四五

	十七			卅一	庚午		二九	晴	半晴	雨	四四	四五	四三
	十八	廿	一	一	辛未		一九	半晴	晴風	晴	四三	四四	四三
	十九	一		二	壬申		九三	晴	晴	晴	四二	四三	四三
	二十			三	癸酉		一九	半晴	晴	晴	四三	四五	四
	廿一			四	甲戌			半晴	晴	晴	四四	四四	四二
	廿二			五	乙亥			晴風	晴	半晴	四三	四四	四二
	廿三			六	丙子			半晴	晴	晴	四二	四四	四三
	廿四			七	丁丑			晴	晴	半晴	四三	四五	四二
	廿五			八	戊寅			半晴	晴	晴	四一	四五	四三
	廿六			九	己卯		二六	晴	晴	晴	四三	四二	四二
	廿七			十	庚辰	橫濱	九六	晴	晴	晴	四四	四四	四二
	廿八			十一	辛巳	東京		晴	晴	半晴	四二	四五	四一
	廿九			十二	壬午			半晴	晴	晴	四一	四三	四二
十二	一			十三	癸未			晴	晴	晴	四二	四三	四二
	二			十四	甲申	熱海	二三八	晴	晴	晴	四一	四三	四二

三	十五乙酉	沼津		九九	半晴	晴	晴	四二	四三	四〇
四	十六丙戌	靜岡		八三	晴	晴	晴	四二	四三	四〇
五	十七丁亥			二九	晴	半晴	晴	四四	四六	四五
六	十八戊子			四八	晴	半晴	雨	四三	四六	四三
七	十九己丑	濱松		一二一	晴	晴	大雨	四三	四五	四二
八	二十庚寅	岡崎		一一三	半晴	雨	雨	四二	四四	四二
九	廿一辛卯	名古屋		六七	半晴	半晴	半晴	四三	四五	四一
十	廿二壬辰			二〇	晴	晴	晴	四三	四四	四三
十一	廿三癸巳			二四	晴	晴	晴	四三	四五	四三
十二	廿四甲午			三〇	晴	晴	晴	四三	四四	四三
十三	廿五乙未	長濱		二六四	晴	半晴	雪	四二	四三	四一
十四	廿六丙申	彥根	三八		雪	風雪	雪	四三	四四	四二
十五	廿七丁酉	大津	一二〇	一三	半晴	晴	晴	四三	四四	四三
十六	廿八戊戌	西京		二四	晴	晴	晴	四四	四六	四三
十七	廿九己亥			一〇	半晴	晴	晴	四三	四五	四三

十八	三十	庚子	二〇	晴	晴	半晴	四二 四六 四四
十九	卅一	辛丑	二九	半晴	晴	晴	四三 四三 四二
二十	二 一	壬寅	三〇	雪晴	雪	雪	四四 四六 四一
廿一	二	癸卯	一〇	雪	雪	陰	四二 四四 四三
廿二	三	甲辰	一〇	半晴	晴	晴	四二 四六 四二
廿三	四	乙巳	二〇	晴	晴	半晴	四二 四四 四六
廿四	五	丙午		半晴	晴	半晴	四三 四五 四四
廿五	六	丁未	七	晴	晴	半晴	四二 四六 四三
廿六	七	戊申	一五	晴	微雪	半晴	四三 四四 四二
廿七	八	己酉大阪	七八	晴風	晴風	大風	四三 四五 四二
廿八	九	庚戌		晴風	陰大風	晴風	四三 四四 四三
廿九	十	辛亥	一九	晴	晴風	晴	四三 四四 四二
三十	十一	壬子	一五	晴	晴風	晴	四三 四五 四二
十正 一	十二	癸丑	一六	陰	陰	晴	四一 四四 四三
四 二	十三	甲寅	一五	半晴	晴	晴	四一 四四 四二

戊子

三	十四乙卯			一二	陰	陰	半晴	四二	四三	四三
四	十五丙辰			二六	陰	晴大風	晴	四三	四四	四二
五	十六丁巳	神戸		六二	陰	陰雪	半晴	四三	四六	四四
六	十七戊午			八	雪	微雪	半晴	四三	四五	四五
七	十八己未			一九	晴	晴	晴	四四	四六	四三
八	十九庚申				雪	雪	雪	四六	五〇	四四
九	二十辛酉			二〇	半晴	晴	半晴	四二	四四	四四
十	廿一壬戌			一五	晴	晴風	晴	四三	四六	四五
十一	廿二癸亥			二〇	晴	晴	半晴	四二	四五	四四
十二	廿三甲子				晴	晴	晴	四三	四六	四三
十三	廿四乙丑				陰	陰	陰	四三	四六	四四
十四	廿五丙寅	去神戸	一六		晴	晴	晴	四三	四五	四四
十五	廿六丁卯	橫濱	一二九四	四八	雨	風	雨	四三	四三	四二
十六	廿七戊辰	東京			晴大風	晴風	晴	四三	四五	四四
十七	廿八己巳				晴	晴風	晴	四一	四二	四〇

	十八	廿九	庚午		半晴	晴	晴	四一	四二	三九
	十九	三 一	辛未		陰	陰	雨	三七	四六	四一
	二十	二	壬申	二〇	雨	陰	半晴	四三	四八	四四
	廿一	三	癸酉	二四	半晴	陰	半晴	四二	四五	四〇
	廿二	四	甲戌		陰	雨	雨	四三	四七	四四
	廿三	五	乙亥	一〇	陰	半晴	雨	四三	四八	四二
	廿四	六	丙子		陰	晴	半晴	四二	四六	三九
	廿五	七	丁丑		半晴	晴	晴	四四	四八	四五
	廿六	八	戊寅		晴風	晴	半晴	四三	四七	四四
	廿七	九	己卯		半晴	陰	大雨	四五	四六	四四
	廿八	十	庚辰		半晴	晴	大風	四四	四七	四五
	廿九	十一	辛巳		晴	晴	晴	五二	五六	五三
	三十	十二	壬午		半晴	晴	晴	四二	四六	四一
二	一	十三	癸未		晴	晴	半晴	四二	四五	四一
	二	十四	甲申		晴	晴	風	四二	四三	三九

三	十五乙酉	六二	風雪	風雪	大風	四〇	四〇	三九
四	十六丙戌		半晴	晴	晴風	四三	四八	四四
五	十七丁亥		雨	陰	晴	四二	四五	四〇
六	十八戊子		陰	雨	雨	四八	五二	四九
七	十九己丑		半晴	晴	陰	三〇	五三	五一
八	二十庚寅		晴	晴	半晴	四四	五〇	四五
九	廿一辛卯		半晴	晴	晴	四四	五一	四四
十	廿二壬辰		晴	晴	半晴	四三	五〇	四四
十一	廿三癸巳	一〇	晴風	晴	晴	四四	四九	四三
十二	廿四甲午	八	晴	晴風	晴	五〇	五五	五一
十三	廿五乙未	七	晴	晴	晴	五六	五九	五七
十四	廿六丙申	一五	陰	陰雨	風	五一	五四	五三
十五	廿七丁酉		半晴	晴	晴風	五〇	五四	五二
十六	廿八戊戌		雨	雨	雨風	五三	五七	五四
十七	廿九己亥		晴風	晴風	晴	五六	五六	五五

十八	三十	庚子	九 晴	晴風	半晴	五五	五六	五四
十九	卅一	辛丑	晴	晴	晴風	五四	五六	五〇
二十	四 一	壬寅	晴	半晴	風雨	五四	五六	五五
廿一	二	癸卯	晴	晴	半晴	五七	五九	五四
廿二	三	甲辰	晴	半晴	雨	五五	五八	五五
廿三	四	乙巳	晴	晴	半晴	五三	五七	五三
廿四	五	丙午	半晴	晴	晴	五四	五五	五一
廿五	六	丁未	半晴	陰	晴	五五	五九	五六
廿六	七	戊申	晴風	晴	半晴	五三	五八	五四
廿七	八	己酉	半晴	陰	晴風	五七	六〇	五七
廿八	九	庚戌	九 陰	陰	晴	五二	五七	五三
廿九	十	辛亥	半晴	雨	雨	五四	五八	五五
三 一	十一	壬子	陰晴	風	晴	五二	五七	五三
二	十二	癸丑	半晴	晴	晴	五二	五六	五三
三	十三	甲寅	晴	晴	半晴	五五	六〇	五六

四	十四乙卯	九 霧	半晴	晴	六〇 六一 五八
五	十五丙辰	晴風	晴風	晴	五三 六〇 五八
六	十六丁巳	半晴	晴	晴風	五六 六〇 六〇
七	十七戊午	晴風	晴	晴	六〇 六五 五九
八	十八己未	晴	晴	半晴	六七 六〇 六八
九	十九庚申	一九 晴	晴風	半晴	五六 五九 五八
十	二十辛酉	半晴	晴	晴	五九 六〇 五八
十一	廿一壬戌	半晴	雨	晴	六一 六二 五九
十二	廿二癸亥	晴	晴風	晴	五八 五九 五五
十三	廿三甲子	半晴	晴	晴	六〇 六三 五九
十四	廿四乙丑	雨	半晴	晴風	五八 五九 五八
十五	廿五丙寅	晴	晴	半晴	六一 六一 五八
十六	廿六丁卯	晴	晴風	晴	六一 六二 五七
十七	廿七戊辰	晴風	晴	晴	五五 五八 五七
十八	廿八己巳	陰	半晴	晴	五三 五七 五四

	十九		廿九	庚午		半晴	晴	晴	五三	五六	五三
	二十		三十	辛未		晴	雨風	半晴	五四	五七	五三
	廿一	五	一	壬申		半晴	晴	晴風	六一	六二	六〇
	廿二		二	癸酉		陰	陰	陰	六〇	六二	五九
	廿三		三	甲戌		晴	晴	晴風	五六	五八	五六
	廿四		四	乙亥		晴	晴	半晴	五八	五九	五七
	廿五		五	丙子		晴	晴	晴	六〇	六二	五九
	廿六		六	丁丑		陰	晴	半晴	五六	五八	五四
	廿七		七	戊寅		雨	雨	雨風	四九	五〇	五〇
	廿八		八	己卯		陰	雨	雨風	五一	五三	五〇
	廿九		九	庚辰		半晴	晴	晴	六〇	六五	六二
	三十		十	辛巳		陰	陰	雨	六三	六五	六二
四	一		十一	壬午		雨	雨	半晴	六四	六八	六八
	二		十二	癸未		晴風	晴大風	晴大風	六三	六六	六四
	三		十三	甲申	一〇	晴風	晴	晴	六一	六四	六三

四	十四乙酉				晴	晴	晴	六二	六五	六三
五	十五丙戌			八	晴	晴	晴	六八	六八	六〇
六	十六丁亥				晴	晴風	晴	六九	七〇	六〇
七	十七戊子				晴風	晴	晴	七一	八〇	六九
八	十八己丑	横濱		五五	晴	晴風	晴	七七	八一	七八
九	十九庚寅	高島		一五	晴	晴	晴	六八	七五	六九
十	二十辛卯				晴	晴	雨	六七	七三	七二
十一	廿一壬辰				半晴	晴	半晴	六七	七二	七一
十二	廿二癸巳				陰	半晴	小雨	六七	七一	七一
十三	廿三甲午				半晴	晴	半晴	六七	七二	七一
十四	廿四乙未				晴	半晴	晴	六七	七三	七一
十五	廿五丙申			九	陰	晴	半晴	六七	七二	七〇
十六	廿六丁酉			七	半晴	陰	晴	六七	七二	六九
十七	廿七戊戌		一二六		晴	半晴	晴	六七	七二	六九
十八	廿八己亥				晴	晴	半晴	六六	七二	六九

表二

光緒年月日	美利加西紀年月日	游日干支	游地	華里 水程	華里 陸程	晴雨 朝	晴雨 午	晴雨 夕	寒暑 朝	寒暑 午	寒暑 夕
十四年四月十九	千八百八十八年五月廿九	庚子	太平洋			晴	晴風	晴	六三	六四	六一
二十	三十	辛丑		九五〇		霧	霧	霧	六二	六四	六二
廿一	卅一	壬寅		八五一		半晴	晴	晴	六三	六五	六一
廿二	六月一	癸卯		八六三		陰風	晴風	半晴	六一	六二	六〇
廿三	二	甲辰		八七四		霧	大霧	霧	六〇	四二	四三
廿四	三	乙巳		八一八		陰	陰風	陰	五九	六〇	五七
廿五	四	丙午		七九二		陰	風	風雨	五七	五九	六〇
廿六	五	丁未		八九一		陰	半晴	晴	六一	六二	六〇
叒廿六				九〇七		陰	陰風	晴	六一	六二	六一
廿七	六	戊申		九四〇		晴風	大風	雨	六一	六二	六一
廿八	七	己酉		八九一		陰	陰	陰	六二	六三	六一
廿九	八	庚戌		九四〇		晴	晴風	晴	六一	六二	六一

日	月日	干支			天氣一	天氣二	天氣三	溫一	溫二	溫三
三十	九	辛亥	九五七		晴風	晴	晴	六一	六二	六〇
五 一	十	壬子	九四〇		晴	晴	晴風	六二	六三	六二
二	十一	癸丑	九二四		晴	晴	晴風	六二	六三	六一
三	十二	甲寅	九二四		晴	晴風	雨	六一	六三	六二
四	十三	乙卯	九二四		晴風	大雨	雨	六一	六二	六二
五	十四	丙辰	六九三	一〇	陰風	晴風	小雨	六一	六二	六二
六	十五	丁巳		一八	晴風	晴風	晴	五九	六二	六二
七	十六	戊午		一五	晴	晴風	晴	六九	七二	七〇
八	十七	己未		九	晴	晴	晴風	六一	七〇	六五
九	十八	庚申		一七	半晴	晴風	晴	六七	七一	六八
十	十九	辛酉		一〇	半晴	晴	晴	七二	七三	七三
十一	二十	壬戌		一五	晴	晴	半晴	七三	七四	七〇
十二	廿一	癸亥			晴	晴	半晴	七〇	七四	七三
十三	廿二	甲子		一七	晴風	晴	晴	七〇	七一	七〇
十四	廿三	乙丑		一九	晴	晴	晴	六八	六九	六八

十五	廿四	丙寅			晴	晴	晴風	七三	七六	七四
十六	廿五	丁卯		一八	晴	晴	晴	七二	七四	七二
十七	廿六	戊辰	二六	一九	晴風	晴	晴風	七二	七四	七一
十八	廿七	己巳	五五	五	晴	晴	晴	七〇	七一	七〇
十九	廿八	庚午			晴	晴	晴	七一	七二	七〇
二十	廿九	辛未		二九	晴	晴	晴	六八	七一	七〇
廿一	三十	壬申			半晴	晴風	半晴	六八	七一	七〇
廿二	七 一	癸酉		一〇	晴	晴風	晴	六九	七二	七一
廿三	二	甲戌	九	一八	晴	晴	半晴	六九	七二	七〇
廿四	三	乙亥		一九	半晴	晴風	晴	六九	七二	七〇
廿五	四	丙子		七二	晴	半晴	晴	七〇	七一	六九
廿六	五	丁丑			半晴	晴	微霰	六九	七一	六九
廿七	六	戊寅		一九	晴	晴	微霰	七〇	七一	七〇
廿八	七	己卯			晴風	半晴	微霰	七〇	七一	七〇
廿九	八	庚辰			晴	晴	半晴	七〇	七一	七〇

六

一	九	辛巳			半晴	晴	霰	七〇 七〇 七〇
二	十	壬午			半晴	晴	小霧	七〇 七一 六九
三	十一	癸未			小霧	半晴	晴	六九 七一 六九
四	十二	甲申		一七	半晴	晴	陰	六九 七一 六九
五	十三	乙酉			陰	半晴	陰	六九 七一 六九
六	十四	丙戌			陰	晴	陰	六九 七一 七一
七	十五	丁亥			陰	半晴	陰	六九 七二 七一
八	十六	戊子		一〇	半晴	晴	陰	七一 七二 六九
九	十七	己丑			陰	晴	半晴	六九 七一 七一
十	十八	庚寅			晴	半晴	陰	六八 七一 六九
十一	十九	辛卯			半晴	晴	晴	六九 七一 六九
十二	二十	壬辰	三二	一九	陰	晴	陰	六九 七〇 六九
十三	廿一	癸巳			陰	半晴	陰	六九 七一 七〇
十四	廿二	甲午			陰	晴	陰	六九 七〇 七〇
十五	廿三	乙未			半晴	晴	陰	六九 七一 七〇

十六		廿四	丙申		晴	晴	陰	七〇	七〇	七〇
十七		廿五	丁酉	一九	陰	陰	晴	七〇	七一	六九
十八		廿六	戊戌	一七	陰	晴	小霧	六九	七一	七一
十九		廿七	己亥		半晴	晴	陰	六九	七〇	七〇
二十		廿八	庚子		陰	晴	陰	七〇	七一	七〇
廿一		廿九	辛丑		晴	晴	陰	七〇	七一	七一
廿二		三十	壬寅	二一	晴	晴	半晴	七一	七一	七〇
廿三		卅一	癸卯		晴	晴	半晴	七一	七一	七〇
廿四	八	一	甲辰		半晴	晴	晴	七〇	七一	七〇
廿五		二	乙巳		陰	晴	陰	七〇	七一	六九
廿六		三	丙午	一九	晴	晴	半晴	六九	七一	七〇
廿七		四	丁未	一六	晴	晴風	晴	六九	七二	七一
廿八		五	戊申		晴風	晴風	陰	七〇	七一	七〇
廿九		六	己酉		晴風	晴	半晴	七〇	七二	七一
三十		七	庚戌		半晴	晴	晴	七〇	七二	七一

七

一	八 辛亥				半晴	晴	小霧	七〇	七一	七一
二	九 壬子			二〇	晴	半晴	微霰	七〇	七二	七〇
三	十 癸丑			九	晴	晴	晴	七〇	七二	七一
四	十一 甲寅			三六	晴	晴風	半晴	七一	七二	七〇
五	十二 乙卯				半晴	晴	晴	七一	七一	七〇
六	十三 丙辰			一〇	晴	晴	小霧	七一	七二	七〇
七	十四 丁巳			一九	晴	晴	晴	七〇	七二	七〇
八	十五 戊午				晴	晴	小霧	七一	七三	七一
九	十六 己未	鐵道	一六	一八九	晴	晴	晴	七九	八五	八四
十	十七 庚申			一四五二	晴	晴	晴風	一〇〇	一〇九	一〇七
十一	十八 辛酉			一四六一	晴	晴風	晴	一〇〇	一〇八	一〇六
十二	十九 壬戌			一三八〇	晴	晴	晴風	一〇〇	一〇四	一〇〇
十三	二十 癸亥			一七七六	晴	晴風	晴	一〇〇	一〇二	一〇〇
十四	廿一 甲子	紐阿林	三	一二二四二	陰	小雨	陰	一〇〇	一〇四	一〇〇
十五	廿二 乙丑			一五	雨	大雨	半晴	九九	一〇〇	九九

十六	廿三	丙寅	鐵道	七二〇	半晴	晴	陰	九九 一〇一 九九
十七	廿四	丁卯		七〇〇	半晴	晴	晴	九九 一〇〇 九八
十八	廿五	戊辰	國都	六六〇	半晴	陰	晴	八〇 八一 八〇
十九	廿六	己巳			半晴	晴	晴	八〇 八一 八〇
二十	廿七	庚午		一〇	半晴	晴風	半晴	八〇 八〇 七九
廿一	廿八	辛未		二〇	晴	晴	晴	八〇 八〇 七八
廿二	廿九	壬申		三〇	晴	晴	半晴	七九 八〇 七九
廿三	三十	癸酉		一〇	半晴	晴	晴	八〇 八一 七九
廿四	卅一	甲戌	三一三	五四	晴	晴	半晴	八〇 八〇 七九
廿五	九 一	乙亥		九	半晴	晴	晴	八〇 八一 七九
廿六	二	丙子		八	晴風	半晴	晴風	七九 八〇 八〇
廿七	三	丁丑		七	半晴	晴	晴	八〇 八一 八〇
廿八	四	戊寅		一〇	晴	半晴	微霰	八〇 八〇 七九
廿九	五	己卯		一五	半晴	晴	陰	七九 八一 八〇
八 一	六	庚辰		一〇	陰	半晴	陰	七九 八〇 八〇

表三

二	七	辛巳				雨	雨	雨	七九	八一	八〇
三	八	壬午				雨	雨	雨	八〇	八一	八〇
四	九	癸未			二五	半晴	半晴	小雨	七九	八〇	八〇
五	十	甲申	紐約		七〇二	晴	半晴	晴	七九	八〇	七九
六	十一	乙酉			一〇	陰	半晴	陰	七八	八〇	七九
七	十二	丙戌		二三〇	一五	半晴	陰	陰	七九	八〇	七八
八	十三	丁亥			二九四	陰	半晴	陰	七九	八〇	八〇
九	十四	戊子		一〇	三九〇	半晴	晴	晴	七九	八〇	七九
十	十五	己丑			一一〇	晴	半晴	陰	七九	八〇	七九
十一	十六	庚寅			一〇	陰	半晴	陰	七九	七九	七八
十二	十七	辛卯			一五	半晴	晴	陰	七九	七九	七八
十三	十八	壬辰			五四三	陰	晴	陰	七八	七九	七八
十四	十九	癸巳		六	三〇〇	雨	雨	雨	七八	八〇	七八
十五	二十	甲午			四〇	雨	半晴	陰	七八	七九	七八

光緒年	月	日	加納大西紀年	月	日	干支	游日游地	華里水程	陸程	晴雨朝	午	夕	寒暑朝	午	夕
十四	八	十六	千八百八十八	九	廿一	乙未	夢奪里耳		六五七	晴	半晴	陰	七六	七八	七六
		十七			廿二	丙申			五〇	半晴	晴	半晴	六八	六九	六三
		十八			廿三	丁酉			一三八	陰	半晴	陰	六三	六八	六四
		十九			廿四	戊戌	美國都		一〇四〇	半晴	晴	陰	六二	六七	六二
		二十			廿五	己亥			一八	晴	半晴	陰	六一	六二	六一
		廿一			廿六	庚子				陰	微雨	陰	六一	六二	六一
		廿二			廿七	辛丑				陰	半晴	微雨	六〇	六二	六一
		廿三			廿八	壬寅				半晴	晴	晴	六一	六二	六〇
		廿四			廿九	癸卯				陰	半晴	晴	六一	六二	六一
		廿五			三十	甲辰				半晴	晴	半晴	六一	六二	六〇
		廿六		十	一	乙巳				半晴	晴	晴	六一	六二	六〇
		廿七			二	丙午				半晴	晴	半晴	六〇	六二	六一
		廿八			三	丁未				陰	半晴	晴	六〇	六一	六〇

廿九	四	戊申		二七	晴	晴	晴風	五八 六〇 五七
九 一	五	己酉			晴	晴風	晴	六〇 六〇 五九
二	六	庚戌			陰	半晴	雨	六八 六九 七〇
三	七	辛亥			晴風	晴	微雨	六九 六九 六二
四	八	壬子		一五	半晴	微雨	晴	六四 六〇 六〇
五	九	癸丑		一八	陰	晴	晴	六二 六〇 六〇
六	十	甲寅			晴	晴風	晴	六〇 六〇 五八
七	十一	乙卯			陰	陰雨	雨	五六 五四 五三
八	十二	丙辰	紐約	七二二	晴	陰	雨	五九 五九 五八
九	十三	丁巳		一八	陰	陰	陰	五九 五九 五九
十	十四	戊午		七二二	陰	雨	小雨	五八 五八 五八
十一	十五	己未			陰	陰	陰	五九 六二 六二
十二	十六	庚申			雨	晴	晴	六六 六六 六六
十三	十七	辛酉			晴風	晴	晴	六八 六八 六八
十四	十八	壬戌			晴	晴	晴	六四 六五 六四

十五	十九	癸亥	一〇	晴	晴	雨	六六	六六	六六
十六	二十	甲子		陰	晴風	晴	六四	六四	六四
十七	廿一	乙丑		晴	晴風	晴	六二	六二	五九
十八	廿二	丙寅		陰	晴風	雨	五八	五六	五六
十九	廿三	丁卯		陰	微雨	雨	五八	五八	五八
二十	廿四	戊辰		晴	晴	晴	六二	六八	六八
廿一	廿五	己巳	一三	陰風	晴風	晴風	六五	六六	六五
廿二	廿六	庚午		雨	雨	雪	六六	六六	六五
廿三	廿七	辛未		雪	雪	雪	六六	六六	六五
廿四	廿八	壬申		雨	雨	晴	六五	六五	六五
廿五	廿九	癸酉		晴	晴	晴	六五	六六	六五
廿六	三十	甲戌		晴	晴	晴	六六	六七	六六
廿七	卅一	乙亥		晴	晴	晴	六六	六八	六七
廿八	十二 一	丙子	一五	晴	晴	晴	六七	六八	六七
廿九	二	丁丑		晴	晴	晴	六八	六八	六七

三十	三	戊寅		微雨	晴	晴	六七	六八	六九
十一 一	四	己卯		晴	晴風	半晴	六九	六九	六八
二	五	庚辰		晴	晴	晴	六九	七〇	七〇
三	六	辛巳		晴	晴	晴	六九	七〇	七〇
四	七	壬午	一〇	陰	晴	晴	六九	七〇	七〇
五	八	癸未		雨	雨	雨	七〇	七〇	七〇
六	九	甲申		陰	微雨	雨	七四	七五	七四
七	十	乙酉		微雨	陰	晴	七六	七六	七五
八	十一	丙戌		晴	晴	晴	七六	七六	七四
九	十二	丁亥		晴	晴	陰	七五	七六	七四
十	十三	戊子		陰	微雨	陰	七五	七六	七六
十一	十四	己丑		晴	陰	陰	七〇	七〇	六八
十二	十五	庚寅		陰	陰	雨	六六	六六	六五
十三	十六	辛卯	一五	半晴	半晴	陰	六四	六五	六〇
十四	十七	壬辰		陰	陰	陰	五八	五八	五六

日	日	干支	注	天氣	天氣	天氣	溫度	溫度	溫度
十五	十八	癸巳		陰風	晴	雨	五四	五四	五二
十六	十九	甲午		雨風	雨風	陰風	五四	五四	五二
十七	二十	乙未		陰	陰	陰	五四	五四	五四
十八	廿一	丙申		晴風	晴	晴	五四	五四	五二
十九	廿二	丁酉		晴	晴	晴	五二	五二	五〇
二十	廿三	戊戌		晴風	陰	陰	五〇	五四	五〇
廿一	廿四	己亥		陰風	陰	陰	五二	五〇	五〇
廿二	廿五	庚子	一〇	陰	陰風	陰	五〇	五〇	五〇
廿三	廿六	辛丑		雪	陰	雨雪	五〇	五〇	五〇
廿四	廿七	壬寅		陰風	風	微雨	五〇	五〇	五〇
廿五	廿八	癸卯	一五	微雨	陰	陰	五〇	五〇	五〇
廿六	廿九	甲辰		陰	陰	陰	五八	五九	五六
廿七	三十	乙巳		晴	晴	晴風	五八	五八	五七
廿八	十二 一	丙午		晴	晴	晴風	五八	五八	五七

表四

光緒年	月	日	古巴西紀年	月	日	游日干支	游地	華里水程	華里陸程	晴雨朝	午	夕	寒暑朝	午	夕
十四	十	廿九	千八百八十八	十二	二	丁未	游古巴		二二〇〇	晴	晴風	晴	五九	六〇	五九
	十一	一			三	戊申			二八〇〇	半晴	晴風	晴風	六〇	六一	六〇
		二			四	己酉	灘壩	五九〇		半晴	半晴	晴	六一	六四	六二
		三			五	庚戌	古巴	四七五		半晴	晴	陰	六四	六八	六三
		四			六	辛亥				晴	晴風	晴風	六四	六八	六三
		五			七	壬子			一〇	晴	晴	晴	六五	六七	六五
		六			八	癸丑			九	晴	晴	晴	六六	六八	六八
		七			九	甲寅			一五	晴	陰	雨	六六	六八	六七
		八			十	乙卯			八	晴	晴	晴	六八	六九	六八
		九			十一	丙辰			一〇	晴	晴	晴	六九	七〇	六九
		十			十二	丁巳			[illegible]八	晴	晴	晴	六九	七〇	六九
		十一			十三	戊午				晴	晴	晴風	六九	七一	六九
		十二			十四	己未			八	晴	晴	晴	七〇	七二	七〇

十三	十五庚申		晴	晴	半晴	七一	七三	七一
十四	十六辛酉		晴	晴	半晴	七二	七四	七三
十五	十七壬戌		晴	晴	半晴	七三	七五	七五
十六	十八癸亥		晴	晴	晴	七五	七六	七五
十七	十九甲子		半晴	晴風	晴	七六	七七	七六
十八	三十乙丑		晴	晴	晴	七七	七八	七七
十九	廿一丙寅	一〇	晴	晴	晴	七七	七八	七六
三十	廿二丁卯	九	晴	晴	晴風	七七	七八	七六
廿一	廿三戊辰		雨	風	小雨	七六	七八	七六
廿二	廿四己巳	一一〇二	風雨	晴	晴風	七七	七九	七八
廿三	廿五庚午	七〇九	晴	晴	晴	七八	七九	七九
廿四	廿六辛未	八五八	半晴	晴	晴	七八	七九	七九
廿五	廿七壬申	八〇五	半晴	晴	晴	七九	七九	七八
廿六	廿八癸酉	八七一	晴風	晴風大	晴風	七八	七九	七八
廿七	廿九甲戌	七五二	晴	晴風	半晴	七九	八一	八〇

光緒年	月	日	秘魯西紀年	月	日	干支	游地	華里水程	華里陸程	晴雨朝	晴雨午	晴雨夕	寒暑朝	寒暑午	寒暑夕
		廿八			三十	乙亥		二六五		晴	晴大風	晴風	八一	八三	八三
		廿九			卅一	丙子	果龍	八七四		晴	晴	晴	八四	九一	八九
		三十	千八百八十九	一	一	丁丑	巴拉馬		二七〇	小雨	陰	晴	八九	九二	八九

表五

光緒年	月	日	秘魯西紀年	月	日	干支	游地	華里水程	華里陸程	晴雨朝	晴雨午	晴雨夕	寒暑朝	寒暑午	寒暑夕
十四	十二	一	千八百八十九	一	二	戊寅	巴拉馬	二〇		半晴	乍雨	半晴	八八	八九	八八
		二			三	己卯		一九		陰	晴	晴	八七	八八	八八
		三			四	庚辰	海	八五八		陰風	雨	陰	八七	八八	八七
		四			五	辛巳		八五八		陰	晴風	晴	八七	八八	八六
		五			六	壬午		一二五		陰	晴	半晴	八六	八八	八六
		六			七	癸未				晴	晴風	晴	八六	八八	八七
		七			八	甲申	擺達	一八〇		晴	晴	晴風	八七	八八	八六
		八			九	乙酉	先得布拉司	五三五		晴	晴風	半晴	八六	八八	八七
		九			十	丙戌	沙魯尾耳	三三九		晴	晴	晴風	八七	八八	八七

十	十一丁亥				晴	晴風	晴	八七	八八	八七
十一	十二戊子	裳莽	二五三		晴	晴	晴風	八六	八八	八七
十二	十三己丑	粟碧	三六三		晴風	晴	晴風	八六	八八	八七
十三	十四庚寅	嘉里約	二九七	二四	晴	晴風	晴	八六	八八	八六
十四	十五辛卯	利馬		一〇	晴風	晴	晴	八六	八七	八六
十五	十六壬辰			九	晴風	晴	陰	八六	八七	八五
十六	十七癸巳			一五	半晴	半晴	半晴	八五	八六	八五
十七	十八甲午			二〇	晴	晴	晴風	八五	八五	八四
十八	十九乙未			一〇	晴	半晴	晴	八四	八五	八三
十九	二十丙申	基格納山		八七〇	晴	晴 山雨	雨 歸晴	八四	八五	七〇
二十	廿一丁酉			一〇	晴	晴	晴	八四	八四	八三
廿一	廿二戊戌			二〇	晴	晴	晴	八三	八四	八三
廿二	廿三己亥	三達噶拉		四六	晴	晴	晴	八三	八四	八三
廿三	廿四庚子			五八	陰	晴	半晴	八三	八四	八三
廿四	廿五辛丑			一〇	半晴	晴	半晴	八二	八四	八三

十五己丑											
正											
廿五	廿六	壬寅			一五	半晴	晴	半晴	八二	八三	八二
廿六	廿七	癸卯			二〇	晴	半晴	晴	八一	八二	八一
廿七	廿八	甲辰			八	晴	晴	晴	八一	八二	八一
廿八	廿九	乙巳			八	晴	晴	晴	八一	八三	八一
廿九	三十	丙午			七	晴	半晴	晴風	八一	八三	八一
一	卅一	丁未			一〇	陰	陰風	陰	八一	八二	八一
二	二 一	戊申	車發秘魯		二四	陰	陰	陰	八一	八一	八〇
三	二	己酉	倚格	四三四		晴	晴	晴	八〇	八一	八〇
四	三	庚戌	猓馬司	五一八		晴	陰	陰	八〇	八〇	七九
五	四	辛亥	莫連奪	六三三		晴	晴	晴	七九	八〇	七八
六	五	壬子	阿列格	四二〇		晴	晴	風	七五	七五	七五
七	六	癸丑	意基吉	三五九		晴	晴風	晴風	七五	七五	七三
八	七	甲寅	安多法嘎士達	七二六		晴	晴風	晴	七〇	七一	七〇
九	八	乙卯	千列拉耳	五八〇		晴	晴風	風	七〇	六五	六五
十	九	丙辰	瓦司古	三二二		陰	陰霧	晴風	六六	六六	六五

十一		十	丁巳	葛根搏	一二二四		陰	陰風	半晴	六五	六五	六四
十二		十一	戊午	伐耳巴來所	六六〇	二〇	陰	陰	陰	六五	六六	六五
十三		十二	己未			二〇	陰	陰	陰	六六	六九	六六
十四		十三	庚申	美牙馬		七六	雨	陰	陰	六八	七〇	七〇
十五		十四	辛酉				陰	陰	陰	七〇	七七	七七
十六		十五	壬戌			二〇	晴	晴	晴	八〇	八〇	八〇
十七		十六	癸亥				陰	陰	晴	七九	七九	七五
十八		十七	甲子			一九	陰	陰	半晴	七〇	七〇	七〇
十九		十八	乙丑	舟發智利		一五	晴	晴	晴	七〇	七〇	七〇
二十		十九	丙寅	達果涅羅	七八五		晴風	晴風	晴風	六七	六七	六七
廿一		廿	丁卯	猓達	一八三		晴	晴風	晴	六七	六八	六七
廿二		廿一	戊辰		五〇八		晴風	晴風	陰	六七	六八	六七
廿三		廿二	己巳		八〇五		陰	晴風	風	六七	六八	六七
廿四		廿三	庚午		九三七		陰風	陰風	風雨	六八	六九	六八
廿五	一	廿四	辛未		一〇二一九		小雨	半晴	陰風	六五	六五	六五

光緒年月日	巴西西紀年月日	游日干支	游地	華里水程	華里陸程	晴雨朝	晴雨午	晴雨夕	寒暑朝	寒暑午	寒暑夕
廿六	廿五	壬申	隙宜嘎達	八二七		陰風	陰風	晴風	六四	六四	六四

表六

光緒年月日	巴西西紀年月日	游日干支	游地	華里水程	華里陸程	晴雨朝	晴雨午	晴雨夕	寒暑朝	寒暑午	寒暑夕
十五年正月廿七	千八百八十九年二月廿六	癸酉	海	八九四		陰	陰	晴	六六	六七	六七
廿八	廿七	甲戌		九三三		晴	雨	陰風	六九	七〇	七〇
廿九	廿八	乙亥		九六三		晴	雨	陰	七二	七二	七二
三十	三月一	丙子		九六三		晴	陰	半晴	七六	七九	七八
二月一	二	丁丑	蒙德維豎羅	五八〇		陰	陰	陰電	八〇	八一	八〇
二	三	戊寅				雷雨	陰	陰	七四	七四	七四
三	四	己卯		八〇八		陰	半晴	風雨	七一	七一	七一
四	五	庚辰		九四〇		雨	晴	晴	七九	八三	七九
五	六	辛巳		九三三		雨	大雨	晴	八三	八四	八三
六	七	壬午	巴西都	七六八		晴	小雨	陰	八八	九〇	八八
七	八	癸未			一〇	陰	晴風	晴	八八	九〇	八七

八	九	甲申			九	晴	晴風	晴	八八	九〇	八八
九	十	乙酉			一〇	晴	陰	風	八七	八九	八七
十	十一	丙戌			一〇	晴	晴	半晴	八七	八九	八八
十一	十二	丁亥			三八	晴	晴風	半晴	八七	八九	八七
十二	十三	戊子				晴	陰風	風雷雨	八六	八八	八七
十三	十四	己丑			三六	半晴	晴	晴	八七	八九	八八
十四	十五	庚寅				陰	晴	晴	八七	八九	八八
十五	十六	辛卯			一八	晴	晴	小雨	八七	八八	八七
十六	十七	壬辰			二〇	晴	晴	晴	八七	八八	八七
十七	十八	癸巳		一五		小雨	雷電	雨	八六	八七	八七
十八	十九	甲午	發巴西			雨	雨	雨	八六	八七	八七
十九	二十	乙未		二四四		陰	晴風	晴風	八七	八七	八七
二十	廿一	丙申		八一一		小雨	半晴	小雨	八八	八八	八八
廿一	廿二	丁酉		八三一		半陰	時雨	半晴	八六	八六	八六
廿二	廿三	戊戌	巴希亞	七九八		半陰	乍雨	半陰	八五	八五	八五

	廿三	廿四	己亥		八二五	晴	晴風	晴
	廿四	廿五	庚子		三九五	半晴	晴風	陰
	廿五	廿六	辛丑			乍雨	半晴	雨
	廿六	廿七	壬寅			半陰	陰風	雨
	廿七	廿八	癸卯		八五八	半晴	晴	晴風
	廿八	廿九	甲辰		八二一	晴	雨	小雨
	廿九	三十	乙巳		六九三	晴	雨	半晴
三	一	卅一	丙午		二五四	雨	晴風	晴
	二	四 一	丁未	亞馬孫	三三	半晴	晴	陰
	三	二	戊申		五九四	晴	風晴	乍雨
	四	三	己酉	巴亞拉	六八三	半晴	雨	半晴
	五	四	庚戌			陰	雨	晴
	六	五	辛亥		六八六	晴	小雨	陰
	七	六	壬子		八六七	陰風	晴䣭大	乍雨
	八	七	癸丑		九一四	晴	晴風	風

廿三	八三	八三	八二
廿四	八一	八二	八一
廿五	八二	八二	八二
廿六	八二	八三	八二
廿七	八一	八三	八一
廿八	八〇	八〇	八〇
廿九	八三	八四	八三
一	八三	八四	八二
二	八四	八五	八四
三	八四	八五	八四
四	八五	八六	八六
五	八五	八六	八五
六	八五	八六	八五
七	八五	八六	八四
八	八五	八六	八五

		九			八	甲寅		八九一		晴	陰風	風	八五	八六	八五
		十			九	乙卯	巴別窣哥	九八〇		風	晴風	風	八五	八六	八五
		十一			十	丙辰		七四五		晴	晴	風晴	八五	八六	八五
		十二			十一	丁巳	丹屬地	七二六		晴	小雨	陰	八四	八五	八四
		十三			十二	戊午	海	六〇〇		半晴	大風	晴風	八四	八五	八三
		十四			十三	己未		八八七		晴	晴風	晴風	七一	七一	七一
		十五			十四	庚申		八九一		晴	晴大風	雨	六一	六一	六一
		十六			十五	辛酉		八七七		陰	風雨	陰	五九	六〇	五九
		十七			十六	壬戌		六九三		風雨	大風	風雨	五九	五九	五八
		十八			十七	癸亥		六九三		乍雨	霧	霧	五六	五七	五六
		十九			十八	甲子	紐約	八二五		霧	晴	晴	五六	五七	五六

表七

光緒年月日	美利加西紀年月日	游日干支	游地	華里水程	華里陸程	晴雨朝	晴雨午	晴雨夕	寒暑朝	寒暑午	寒暑夕
十三二一十	千八百八十九 四 十九	乙丑			六九	晴風	晴風	晴	六二	六三	六一

五		廿一		二十	丙寅	國都		七〇二	半晴	晴	晴風	六二	六三	六一
		廿二		廿一	丁卯				半晴	晴	晴	六二	六四	六一
		廿三		廿二	戊辰	瞞脫瓦農	一一四	二四	晴風	晴	晴	六一	六三	六〇
		廿四		廿三	己巳				晴	晴風	陰	六〇	六三	六〇
		廿五		廿四	庚午			八九	晴	晴風	陰	六一	六三	六一
		廿六		廿五	辛未			六八	雨	雨	雨	六二	六三	六二
		廿七		廿六	壬申				半晴	雨	雨	六二	六三	六一
		廿八		廿七	癸酉				雨風	微晴	陰	六二	六二	六一
		廿九		廿八	甲戌				晴風	陰風	晴	六三	六四	六二
		三十		廿九	乙亥				半晴	晴	半晴	六三	六四	六三
	四	一		三十	丙子				陰	雨	陰	六四	六五	六三
		二	五	一	丁丑			二〇	陰	雨	雨	六五	六六	六四
		三		二	戊寅			二五	陰	陰風	陰	六六	六七	六六
		四		三	己卯	發自其都		五〇五	半晴	半晴	陰	六七	六八	六七
		五		四	庚辰			八三二	半晴	晴	晴	六八	六九	六八

六	五	辛巳			一二三六	晴風	陰雨	陰風	六八	六九	六八
七	六	壬午			一四〇一	半晴	晴	晴風	六九	七〇	六九
八	七	癸未			一六八九	雪	雪	半晴	六九	七〇	六九
九	八	甲申			二〇一九	半晴	晴風	半晴	六九	六九	六九
十	九	乙酉	三法蘭西斯哥		四二三	半晴	晴	晴	六九	六九	六八
十一	十	丙戌			六六	晴	晴風	晴	六九	六九	六八
十二	十一	丁亥			四	半晴	晴風	晴	六八	六九	六八
十三	十二	戊子		一〇〇九		半晴	晴風	晴	五〇	五一	五〇
十四	十三	己丑		九七〇		雨	雨風	雨晴	五七	五八	五七
十五	十四	庚寅		一〇二〇		半晴	風	半晴	五一	五二	五一
十六	十五	辛卯		一〇二〇		晴風	晴	晴	五〇	五〇	五〇
十七	十六	壬辰		一〇九〇		半晴	晴	晴風	四九	四九	四九
十八	十七	癸巳		一〇九〇		晴	晴風	晴	四八	四九	四八
十九	十八	甲午		一〇九〇		半晴	晴風	晴	四八	四九	四八
廿 此日減去		乙未									

廿一	二十	丙申		一一七〇		半晴	小雨	雨	四七	四七	四七
廿二	廿一	丁酉		一一八〇		霧	大霧	大霧	四六	四七	四六
廿三	廿二	戊戌		一一八〇		陰	霧	雨	四七	四七	四六
廿四	廿三	己亥		一三〇〇		陰	陰風	陰	四七	四七	四六
廿五	廿四	庚子		一五八一		陰風	大風	大風	五四	五五	五三
廿六	廿五	辛丑		一二九〇		雨	晴風	陰風	五四	五四	五五
廿七	廿六	壬寅	横濱	八〇〇		陰風	陰	陰	五五	五六	五五

表八

光緒年	月	日	日本明治游日年	月	日	干支	游地	華里水程	陸程	晴雨朝	午	夕	寒暑朝	午	夕
十五	四	廿八	廿二	五	廿七	癸卯	横濱		四八	半晴	陰風	半晴	五七	五九	五七
		廿九			廿八	甲辰	東京			半晴	晴	晴風	五八	五九	五八
		三十			廿九	乙巳				半晴	晴風	半晴	五七	五九	五八
	五	一			三十	丙午				陰	陰風	陰	五八	五九	五七
		二			卅一	丁未				陰風	陰	雨	五九	六〇	五九

三	六一	戊申	半晴	雨	陰	五九 六四 六一
四	二	己酉	陰	雨	雨	六四 六八 六四
五	三	庚戌	晴風	晴	晴	七二 七七 七四
六	四	辛亥	晴	晴	晴	七六 七八 七六
七	五	壬子	陰	陰	半晴	七七 七八 七七
八	六	癸丑	陰	陰	半晴	七七 七八 七七
九	七	甲寅	陰	陰	半晴	七七 七九 七七
十	八	乙卯	雨	雨	雨風	七六 七八 七七
十一	九	丙辰	雨	雨	雨	七五 七七 七六
十二	十	丁巳	晴風	晴風	半晴	七六 七八 七七
十三	十一	戊午	晴	晴風	半晴	七七 七八 七六
十四	十二	己未	陰	陰風	陰	七七 七八 七六
十五	十三	庚申	陰	陰	霰	七七 七八 七六
十六	十四	辛酉	陰	陰	霧	七七 七九 七七
十七	十五	壬戌	陰	風陰	陰	七八 七九 七八

十八	十六癸亥	陰風	陰	陰	七九	八〇	七九
十九	十七甲子	陰	陰	半晴	七九	八〇	七八
二十	十八乙丑	半晴	晴風	半晴	七九	八一	八〇
廿一	十九丙寅	陰風	陰	陰	七八	八〇	八〇
廿二	二十丁卯	小雨	陰	小雨	七九	八一	八〇
廿三	廿一戊辰	陰	微雨	半晴	八〇	八二	八〇
廿四	廿二己巳	陰	小雨	小雨	八〇	八三	八〇
廿五	廿三庚午	小雨	半晴	陰	八〇	八二	八〇
廿六	廿四辛未	微雨	晴	雨	八〇	八一	八〇
廿七	廿五壬申	半晴	晴	雨	八〇	八〇	八〇
廿八	廿六癸酉	晴	半晴	陰	八〇	八〇	七九
廿九	廿七甲戌	半晴	陰	半晴	八〇	八〇	七九
六 一	廿八乙亥	陰	小雨	陰	八〇	八〇	七八
二	廿九丙子	陰	半晴	陰	八〇	八〇	七八
三	三十丁丑	陰	雨	陰	七八	八〇	七八

四	七一	戊寅	雨	陰	半晴	七八	八〇	七七
五	二	己卯	陰風	晴	雨	七八	八〇	七七
六	三	庚辰	雨	陰	半晴	七七	八〇	七八
七	四	辛巳	雨	半晴	晴風	七七	八〇	七七
八	五	壬午	雨	陰	雨	七八	八一	七八
九	六	癸未	雨	晴風	晴	七七	八一	七八
十	七	甲申	陰	晴	半晴	七八	八一	七八
十一	八	乙酉	晴風	晴	陰	七八	八一	七七
十二	九	内戌	陰	雨	陰	七七	八〇	七七
十三	十	丁亥	大雨	雨	雨	七六	七九	七六
十四	十一	戊子	雨	雨	雨	七六	七八	七六
十五	十二	己丑	雨	雨風	雨	七五	七六	七五
十六	十三	庚寅	雨風	雨	雨	七四	七五	七五
十七	十四	辛卯	雨	雨	雨	七三	七四	七四
十八	十五	壬辰	陰	陰風	陰	七二	七三	七二

	十九	十六癸巳	雨	雨風	雨	七二	七一	七一
	二十	十七甲午	半晴	陰風	陰	七一	七一	七一
	廿一	十八乙未	雨	雨	雨	七一	七一	七〇
	廿二	十九丙申	陰	雨	陰	七一	七二	七〇
	廿三	二十丁酉	陰	雨	雨	七〇	七一	七〇
	廿四	廿一戊戌	陰	陰	半晴	七〇	七二	七一
	廿五	廿二己亥	雨	雨風	雨風	七〇	七一	七〇
	廿六	廿三庚子	雨	雨	雨風	七〇	七〇	七〇
	廿七	廿四辛丑	雨風	陰	陰	七〇	七一	七一
	廿八	廿五壬寅	晴風	晴風	晴	七一	七二	七一
	廿九	廿六癸卯	晴風	晴	半晴	七一	七三	七一
	三十	廿七甲辰	晴風	晴	晴	七二	七四	七二
七	一	廿八乙巳	六〇 陰	晴	半晴	七四	七七	七五
	二	廿九丙午	一〇 陰	晴	晴	七八	八二	七九
	三	三十丁未	晴	晴	晴	八一	八二	八一

四	卅一	戊申		晴	晴風	晴	八一	八二	八二
五	八一	己酉	一〇	晴	晴	半晴	八一	八二	八二
六	二	庚戌		晴風	晴風	半晴	八一	八二	八一
七	三	辛亥		晴	晴風	晴	八〇	八二	八〇
八	四	壬子		晴	晴	晴風	八〇	八一	八〇
九	五	癸丑		半晴	晴	晴風	八〇	八〇	八〇
十	六	甲寅		晴	晴風	晴	八〇	八一	八〇
十一	七	乙卯	一八	半晴	晴風	晴	八〇	八〇	八〇
十二	八	丙辰		陰	晴	陰	八一	八一	八〇
十三	九	丁巳	三	晴	晴	半晴	八一	八一	八〇
十四	十	戊午		半晴	晴風	晴	八一	八一	八一
十五	十一	己未		晴	晴	晴風	八〇	八一	八〇
十六	十二	庚申		半晴	晴	晴	八〇	八二	八〇
十七	十三	辛酉		半晴	晴	晴風	八〇	八二	八一
十八	十四	壬戌	三	晴	晴	晴	八〇	八二	八一

十九	十五癸亥	半晴	晴	晴	八〇	八二	八〇
二十	十六甲子	晴	晴風	半晴	八〇	八二	八一
廿一	十七乙丑	半晴	晴	晴	八一	八一	八〇
廿二	十八丙寅	三六 晴	晴	半晴	八一	八二	八〇
廿三	十九丁卯	晴	晴風	晴	八一	八二	八一
廿四	二十戊辰	雨	雨	雨	八〇	八一	八〇
廿五	廿一己巳	雨	半晴	半晴	八〇	八一	八〇
廿六	廿二庚午	半晴	晴	晴風	八〇	八〇	八〇
廿七	廿三辛未	晴	半晴	雨	八〇	八一	八〇
廿八	廿四壬申	晴風	晴	半晴	八〇	八〇	八〇
廿九	廿五癸酉	晴	晴	晴	八三	八六	八二
八 一	廿六甲戌	晴風	晴	晴	八〇	八二	八一
二	廿七乙亥	半晴	晴	晴風	八一	八三	八一
三	廿八丙子	雨	雨	雨	八〇	八二	七九
四	廿九丁丑	雨	雨	雨	七〇	七五	七〇

五	三十	戊寅	半晴	半晴	小雨	七〇	七四	七〇
六	卅一	己卯	小雨	半晴	陰	七〇	七四	七〇
七	九一	庚辰	半晴	晴	晴	七〇	七三	七〇
八	二	辛巳	晴	晴	半晴	七〇	七二	七〇
九	三	壬午	晴	晴	陰	七〇	七二	七一
十	四	癸未	晴	晴	半晴	七〇	七三	七〇
十一	五	甲申	陰	半晴	小雨	七〇	七二	七一
十二	六	乙酉	小雨	半晴	陰	七〇	七二	七〇
十三	七	丙戌	半晴	晴	雨	七〇	七一	七〇
十四	八	丁亥	小雨	晴	半晴	七〇	七二	七〇
十五	九	戊子	半晴	晴	晴	七〇	七一	七〇
十六	十	己丑	晴	半晴	小雨	七〇	七〇	七〇
十七	十一	庚寅	半晴	半晴	半晴	六九	七〇	六九
十八	十二	辛卯	雨	半晴	晴	六九	七〇	六九
十九	十三	壬辰	半晴	晴	雨	六九	七〇	七〇

月	日	干支	附記	天氣一	天氣二	天氣三	數一	數二	數三
	二十	十四癸巳		晴	半晴	雨	六九	六九	六八
	廿一	十五甲午		半晴	晴	雨	六七	六八	六八
	廿二	十六乙未		雨	雨風	雨	六七	六七	六六
	廿三	十七丙申		雨	雨	雨	六六	六七	六五
	廿四	十八丁酉		半晴	陰	陰	六五	六六	六四
	廿五	十九戊戌		雨	半晴	晴	六四	六五	六四
	廿六	二十己亥	三六	半晴	晴	晴	六三	六四	六三
	廿七	廿一庚子	九六	雨	晴	晴	六二	六三	六一
	廿八	廿二辛丑		半晴	晴	雨	六二	六三	六二
	廿九	廿三壬寅		小雨	晴	半晴	六一	六二	六一
	三十	廿四癸卯		半晴	晴	晴風	六一	六三	六一
九	一	廿五甲辰		晴風	晴	雨	六一	六二	六一
	二	廿六乙巳		半晴	晴風	雨	六一	六一	六〇
	三	廿七丙午		陰	陰	晴	六〇	六一	六〇
	四	廿八丁未		半晴	晴	陰	六〇	六一	六〇

五		廿九戊申			晴風雨		半晴	六〇	六〇	六〇
六		三十己酉			半晴	晴	陰	六〇	六一	六〇
七	十	一庚戌			陰	小雨	陰	五九	六〇	六〇
八		二辛亥			半晴	晴風	陰	六〇	六一	六〇
九		三壬子		一二	半晴	風	雨	五九	六〇	五九
十		四癸丑			半晴	風	風	五九	六一	五九
十一		五甲寅			小雨	晴	半晴	五九	六一	五九
十二		六乙卯			陰	陰	半晴	五九	六二	五九
十三		七丙辰			小雨	半晴	風	五九	六一	五九
十四		八丁巳			半晴	風	晴	五九	五九	五九
十五		九戊午	六六〇		陰	半晴	小雨	五九	六一	五九
十六		十己未		一二	半晴	晴	小雨	五八	五九	五八
十七		十一庚申			陰	半晴	半晴	五八	五九	五九
十八		十二辛酉		四八	晴	半晴	小雨	五八	五八	五八
十九		十三壬戌	六六三		陰	半晴	半晴	五七	五八	五七

	二十	十四癸亥		六六六		陰	半晴	半晴	五七	五八	五八
	廿一	十五甲子	橫濱		四八	雨	雨風	雨大風	五六	五七	五六
	廿二	十六乙丑	神戶	一三三三	六	小雨	雨	雨風	五六	五八	五六
	廿三	十七丙寅		三三〇	一〇	晴	晴風	晴	五六	五七	五七
	廿四	十八丁卯	下關		二四三	陰	陰風	陰風	五六	五七	五六
	廿五	十九戊辰	長崎	一八	三六〇	風雨	風雨	風雨	五五	五七	五六
	廿六	二十己巳	海			大颮	大雨	風雨	五六	五七	五五
	廿七	廿一庚午	上海	一〇	一四四二	雨	雨	雨	五五	五六	五五
	廿八	廿二辛未			二〇	雨	雨風	雨	五四	五六	五六
	廿九	廿三壬申				雨風	雨風	雨風	五五	五六	五五
十	一	廿四癸酉		六六〇		晴	陰風	雨風	五四	五五	五五
	二	廿五甲戌				半晴	小雨	雨	五四	五五	五四
	三	廿六乙亥			三八	雨	大雨	大雨	五四	五五	五四
	四	廿七丙子				陰	小雨	雨	五三	五五	五四
	五	廿八丁丑				半晴	風	陰	五三	五四	五四

六	廿九	戊寅				陰	晴風	陰風	五二	五四	五三
七	三十	己卯			四五	陰	小雨	陰	五二	五三	五一
八	卅一	庚辰		六六〇		小雨	陰	陰	五一	五二	五一
九	十一 一	辛巳	舟發上海	八九〇		陰	陰	小雨	五〇	五一	五〇
十	二	壬午	煙臺	八〇五		晴風	晴風	晴風	四九	五〇	四八
十一	三	癸未		一,八〇九		陰風	風	陰風	四六	四七	四三
十二	四	甲申	大沽	二三一		陰風	風	風	三四	三六	三四
十三	五	乙酉	小艇火車	二〇〇	四八	陰風	半晴	陰	四〇	四一	四〇
十四	六	丙戌			五八	半晴	小雨	陰風	四二	四三	四〇
十五	七	丁亥	車發天津		八〇	陰	小雨	小雨	四〇	四一	四〇
十六	八	戊子			八一	雨風	陰大風	陰風	四〇	四〇	四〇
十七	九	己丑	回京		九〇	晴	晴	晴	四五	四六	四五

游歷圖經餘紀三

游歷日本圖經餘紀前編上

花翎二品銜直隸即補道總辦北洋機器局前游歷使臣傅 雲龍 述

雲龍 游歷之國六假道之國五而以日本始或曰此島國耳詎知地背以相反而鑑日本正以相因而觀以彼學唐而後至於今已一千二百年有奇事事以中國爲宗同治七年效西如不及當變而變不當變亦變據事直書撥而不斷以爲感可也以爲懲無不可也雖然欲知彼而不知己是之謂騖外 雲龍 不得不於天津上海視南北洋之門戶凡涉兵與商與工與學罔弗綜厥因革以爲同異互參之據獨日本云爾哉日本前游以光緒十四年四月十九日航太平洋前一日爲斷述游歷日本圖經餘紀前編 游歷大恉詳自敘餘紀編年詳凡例

大清光緒十有三年夏閏四月

欽命總理各國事務王大臣考試出洋游歷人員 二十一日試吏戶禮八員題爲海防邊防論通商口岸記二十二日試兵刑工八員題爲鐵道論記明代以來與西洋各國交涉大畧分考台取 雲龍 列名第一

先是十年御史謝祖源奏請收奇傑士游歷外洋十一年二月十一日總理各國事務衙門議由翰林院六部核實保薦

報可十二年十二月初十日傳
旨迅保十三年四月二十六日總理各國事務衙門議奏章程十四
硃批依議至是六部保薦七十五人考取二十有八核記載也王大
臣接見覘器識也六月初四日帶領引
見
硃筆圈出雲龍等十二名七月十日奏派游歷雲龍游歷之國爲日
本國美利加合衆國附英屬地之在美利加者秘魯國附日斯巴尼
亞屬地古巴及巴西國
硃批依議十八日王大臣接見勉勵者再尋給護照時日本使臣鹽
田假歸參贊梶山鼎介代之繙繹鄭永昌交際官中島雄美利加公
使田貝以無給護照權給公函參贊柔繙繹哲士其它按圖指里時
則有同文館總教習美利加丁韙良醫學教習英吉利德貞與夫日
本隱岐嘉雄天野恭太郎
八月十六日雲龍速車行裝先行
十七日行自京城石大人衚衕五里出東便門又三里二閘即大興

縣王家莊慶豐閘初名籍東建自元至元二十九年有上下木閘二俗呼二閘以此元貞元年更名慶豐至順元年易石縱百有二十尺三分長之二爲衡明嘉靖七年并二閘爲一隆慶二年重修水高平津上閘十二尺據元河渠志郭守敬傳周夢暘水部備攷漕運則例畿輔安瀾志

國朝康熙中增一閘於上流曰新建據一統志又十七里雙橋交通州界橋下水玉河也其水自玉泉山逕京城爲護城河入德勝門爲積水潭入海子出東便門迴龍閘東出大通橋亦曰大通橋河逕慶豐閘而東十里有奇逕平津上閘四里逕平津下閘三里逕三間房即雙橋據王在晉通漕類編鄭元慶七省漕程通州高志又二十里通州北關其水自雙橋而高麗莊而永通橋而取燈莊南而通州新城分流爲護城河復合逕舊城北門外葫蘆頭滾水壩所謂通惠河者是一曰大通河俗呼裏漕河亦名裏河其水北出通濟橋東注榆河據明一統志杜文襄集昌平山水記方輿紀要畿輔唐志李志時繙譯治裝未齊停車待之

二十七日車行三里石壩又沿河行三里登舟按漕自海河運京倉曰正兌運通州倉曰改兌運漕之省九通州其咽喉也歲漕東南凡

三百數十萬石石壩其關鍵也据會典事例漕運全書石壩須知

二十八日東行三十里張家灣按北運河者白河潮河榆河沙河與玉河諸水之匯流也按白河源曰沽河潮河古鮑邱水榆河古濕餘水出北沙河橋被沙河名南沙河出蠶魚溝玉河即玉泉也未逕通州以前非漕運所經無北運河名陸隴其畿輔八府地圖記源流未斷初漕自張家灣正河嘉慶十一年改漕康家溝其水東南流六里逕里二泗與張家灣舊河合据曹學佺名勝志又十里保運觀又六里沙孤堆又七里公雞店又七里火燒屯又十里漷縣故城東俗曰漷縣馬頭凡水程灣多里數時異此指所經言也時交亥初舟暫泊

二十九日丑初行十里楊家莊又二十里和合驛陸程至河西務六十里水程百五十里天明然霧重咫尺不見又二十里蕭家邨又十五里扳罾口出通州界入香河境有扳罾口河出通州孤山甏至此入北運河舟又行十五里靳家莊十五里紅廟交武清界五里魯家務十里王家擺渡口五里河西務有城北運河同知管河主簿巡檢及游擊等官駐此元史兵志中衛屯田至元四年遷于河西務食貨志至元二十五年

置漕運司領接海運方輿紀要河西務在縣東北三十里元以來爲漕運要涂明初大軍由直沽敗元人於河西務隆慶六年築城環之據元史長安客話川續異同按康熙五十四年以城東有舊河形對新河下口至三里屯開直河於是新河之溜移西俗評新引河者是也又十里白廟兒又十里蒙邨又四里南蔡莊又十五里柴廠又十五里楊邨有管河通判明建文三年平安敗燕兵於楊邨宣德初征高煦於楊邨即此據方輿紀要

三十日丑初東南行二十里下老米莊莊亦曰店又十里馬家口東交天津界又五里遥旱溝西千總駐此義倉圖謂之旱口又六里蒲溝一曰上蒲溝俗名蒲门有把總同治十一年北洋機器局購地五十九畝有奇造火藥庫二均長十丈六尺四寸寬二丈四尺臺高五尺每庫左右各竪電桿二高出于脊銅尖能收電氣于桿頂形如旋鹿角上承銅條下[illegible]銅絲入地見水而止避雷電也又七里下蒲溝又四里辛莊又一里屈家店又一里桃花口又三里黃泰莊又三里劉家園東北倉西又三里王家莊有五空水橋一又四里吳家嘴東又三里唐家嘴東又四里丁字沽沽形似丁故名又四里西沽東有浮橋永定河淸河會流處

俗訏上西河又四里窰窪出大紅橋子牙河西南來會之俗訏下西河又五里望海寺望海樓峙其東面海河按海河禹貢所謂逆河也世謂渤海應劭曰海之旁出者爲渤海置渤海郡元海運皆由天津直沽入口明永樂中會通河成始罷其水自天津縣東百二十里東南流入海左北運河右南運河按南運河即衛河一曰御河亦南流會北運河是爲三岔河口在天津城東北二百步許舟至東浮橋在鎮海門外即東門也門四東鎮海南歸極西衛安北帶河謁合肥肅毅伯招商局輪船未至寓局在城東南五里紫竹林南設自同治十一年電報商局附之初光緒四年剏天津電綫由大沽至城僅百里有奇越二年乃增其總局設東門內即問津行館舊址俗訏楊家花園然設之招商局者有官報機器六又有得力風所謂錄音機者是總督行臺新闢大沽礮處通百餘里文報局附

九月一日觀天津南岸礮臺桉天津在京東南二百四十里明備日本置天津衛指揮千百戶海防營總兵游擊城守營都司然日本惟永樂間一擾樂亭自劉江望海堝一捷遂不北犯季年患多在南故言海防略北

國朝雍正三年升州明年設水師營都統一駐海口蘆家嘴兵才二

千九年改縣設府乾隆八年增副都統一兵千尋裁置天津鎮總兵據皇朝文獻通考天津縣志今者海禁大開天津其咽喉也然非固奉天之旅順無以固山東之登萊即無以固天津而衛神京所謂北洋者天津東南至佘山二千五百里有奇東至朝鮮千六百餘里南洋起佘山至廣東自城山至鴨綠江口六百里與夫盛京鳳凰門爲天津弟一門戶登州至鐵山島二百五十里其弟二門戶也鐵門關至灤河口三百里其弟三門戶也北塘大沽爲切近要隘畿輔奉天以大勢論遼東左臂山東右臂而旅順煙臺爲第一門戶以本境論通永鎮爲北路天津鎮爲南路而大沽北塘爲第一要隘北塘隸順天府寧河縣在縣南九十里西南三十里在天津東百二十里游擊駐焉自沽河口抵海岸曲折而北六里至北塘河口二河口間泥灘也距大沽北一二里及北塘南塚地而外皆窪也北塘河口有窄澳深入岸間四五里中有堤其外三四里有淺沙口潮退水止二尺潮高輒十三尺輪船行須乘潮咸豐十年西人攻大沽不克轉由北塘登岸攻大沽北口可鑒也礮臺扼之有高墩三峯北一岸南二營之駐此凡六同治十年定營制又南三十里有奇曰大沽海船從此

至天津港口紆且狹不克㹽駛大者行須乘潮沽口橫沙船難久泊此天險也大礮臺四小四十營六又北四十里爲寗河之蘆臺鎮有總兵又北百九十里有奇曰山海關營六媽二又東七百里有奇曰大理灣營十又東九十里曰旅順營二十又東九十里營口又東三百餘里高麗明楊鎬以爲拒日本於朝鮮所謂扼上流者此也（樂亭縣志）（明觀察使楊鎬海防圖說倭據朝鮮似居海上流而扼倭於朝鮮所謂扼其上流而薊保山遼可無虞也）大沽東南五百里煙臺突出營凡八（孫七盛一）其西外海營衛營凡四而駐天津者直隸總督親軍營二練軍營五又南一百二十里馬廠馬隊營五與夫散布它處者凡北洋馬步隊一百二十營有奇水師八十有奇海口礮臺南三東沽北東海河口後墻營門小礮臺二十有五修自咸豐八年（鐵礮有二百磅炸彈來福鋼礮六十八磅炸彈開花鐵長礮長礮大者重三千斤以上）同治十三年大沽後路三十里築新城（天津城東八十里）以磚圍長九千八百四十尺裏城門臺四城角臺四皆仿礮臺爲之城內大礮臺三明礮臺九護城礮臺四與大沽礮臺相應

二日日本領事波多野承五郎偕繙譯鄭永邦來領事自言華人苗

裔故字淸裔又晤督辦開平鑛務唐廷樞開平隸唐山縣在天津城東北二百里有奇（近灤州永平）多山產煤鐵光緒初以機器開煤鑛今煤日出八十萬斤鐵道之開以此由天津而大沽而蘆臺而開平約二百八十里有奇（按道如弓背若直從則止二百里）新開煤河橋十曰利涉（蘆臺）通津（裴莊）濟衆（大田莊）橫辰（趙雞翎莊）咏唐（唐坊子）履泰（泰來）望豐（伏汚子莊）泄通（胥各莊）阜民（王家河）慶成（唐山井南）

三日東渡游武備學堂共學始於光緒十一年成於十二年房三百間堂分上中左右幼凡五學生之揀自營者百六十入幼堂者自選六十德國教習六（又印書工一）氣毬之大者時有督標親兵刷油未入輕氣（入氣用機器）管毬者法郎西巴尼司也毬形橢圓縱百尺衡得縱十之七用則以繩網籠之加沙袋（袋十餘成沙毬力偶弱則棄袋代衣一二）加籐籃（可坐八人）類皆懸於網管機器者法郎西拜勒司也器車三一火車不但爲放毬時轉繩之用且融鐵屑和磺强水一出輕氣車即接前車而用之一盛毬車皆高八九尺長亦如之前有鐵壇可駕馬而走然非大毬所用蓋小於大毬三之一（毬並機車直銀萬四千大者直銀四千故不用車遍地而置轆轤）藏毬鐵屋鳩工

矣今屋以席堂北有演武廳廳之東西有測量臺東臺千里鏡二共爲一架東視機器東局如二十步許其西鏡未之架天津稅關四一鈔關亦曰大關北門外河北浮橋旁秋旺俗曰秋頭子一海關口城東南閘河沿一工部關三岔河口一新海關紫竹林河岸

四日游機器局俗評東局局經始于同治五年續拓于光緒二年初度城東十八里賈家沽道地二十二頃繼而踰河拓地十一頃內壕外濠中外互證且俟歸日又有拊局者曰水師學堂在紫竹林者曰電報學堂曰水師營務處日夕登海定輪船船主美利加人波多孫云船買自美已十二年長二百六十四尺寬三十四尺

五日巳初開舟半時行三十一里風與淺則緩東南行二百四十一里海里七十大沽停淺一時乘潮行東風頓起

六日午初泊煙臺二時許其地距大沽五百里海里一百五十一里半大沽在福山縣北五十華里小成山西六十華里即之罘島也如吐舌然與登州北岸相連處爲細沙頸東南之東向西北之西長五里山高九百八十尺又有雙岸峯東十二里曰之罘港亦曰煙臺港港外東北有崆峒列島大潮八尺小潮六

尺半自劉公島至此二百里有奇東南二百里容艘百餘八角口容艘六七十其西百二十里威海衛有水雷學堂西正舟西南行大風鼓盪三百六十三里海里一百一十成山其山高五百尺上有華人英人各三入夜有燈

七日風二百三里海里六十七黑水洋六百里海里一百七十遼馬洋俗評黃水洋綠水洋

八日辰時過奈山高與成山等凡行遼馬洋八百里許海里二百五十又二百四十一里海里七十三吳松口隸寶山縣吳松江一名笠澤水經注松江即此源出大湖與黃浦合流出吳松口東北入海船由吳松口而黃浦而虹口凡三十六里海里十一泊上海計自天津凡二千九百八十四里海里九百有四縣城東北法租界黃浦相傳楚相黃歇鑿又名春申浦明河渠志謂之大黃浦出海之口雖名吳松口實黃浦口也虹口北爲美租界南則英租界涇橋以南爲法租界案上海縣自元至元二十九年析華亭東北境置縣始元廣四十八里袤百里明廣百六十里袤九十里國朝廣六十六里袤八十四里去京二千八百九十九里歷二百六十餘年無城明海防建城于嘉靖三十二年海航入口直抵城東而泊南洋之要害在上海上海之要害在黃浦黃浦之要害在吳松吳松之要害在李家口而滬海之防六朝已重唐

華亭有鎮將宋元屯軍置府明時之注意海防吳松屹爲重鎮咸豐庚申之役規復東南大局恃此扼瀆一隅沿海控制不其重歟康熙二十四年設海關雍正三年屬蘇松太道監收道光二十三年詔西洋各國南五口通商上海居五口之一於是新關亦歸之道所轄海口吳松六十里隸寶山縣劉河百五十里隸鎮洋縣七丫百五十里隸太倉州白茆百八十里隸昭文縣徐六涇二百四十里隸昭文縣福山三百里隸常熟縣黃田四百五十里隸江陰縣瀾港四百九十里隸靖江縣黃家港六百里隸泰興縣孟河五百七十里隸武進縣任家港四百里隸通州呂四四百六十里隸通州小海口四百里隸海門廳石莊六百里隸如皋縣施翹河二百八十里隸崇明縣新開河三百里隸崇明縣當沙頭三百里隸崇明縣滧缺百八十里隸華亭縣

九日上岸

十日訪曾經滄海者問途

十一日訪礦務

十二日訪文報局欲通海郵也

十三日石印觀海贈言

十四日訪海上圖籍

十五日訪日本領事太田昇平其繙譯二口美久一爲伴新三郎又訪美利加領事侃爱德繙譯易孟士

十六日訪日斯巴尼亞領事濮儀喇繙譯渥利𡁲喇據云游歷巴西道紆甚

十七日刋印中西合璧名刺

十八日訪怡和洋行執事唐桂廷譯假道諸國海程

十九日晤樂善堂書局主人岸田吟香日本人也

二十日出使日本之委員姚文棟來譚近事

二十一日定游歷圖經體例

二十二日檢點錄入餘紀之事實閱同治上海縣志三十四卷其書成於同治七年今又異矣

二十三日攷通商關界曰北海關起安南東京大界至瓊州海島曰瓊海關起瓊州海島至海陵山即陽江縣對西之島其海南島沿海各處在內曰粵海關起海陵英經東百十一度四十五分至英東經百十四度曰潮海關起大鵬角至東澎島曰廈門關起東澎島至泉州府泉州港曰江海關起杭州府錢

塘江口杭州灣至沿海北黃河舊口（緯度北三十四）以太倉州鎮洋縣狼山水道爲限曰鎮江關起長江上游狼山水道至江寧省城曰蕪湖關起江寧省城至安慶省城曰九江關起安慶省城至湖北半璧山曰江漢關起半璧山至洞庭湖口岳州府城曰臺灣關起臺灣海島至西岸南一半曰淡水關起臺灣海島北至西岸北一半曰閩海關起泉州府泉州港至福寧府霞浦縣南關澳（一名南鎮澳）曰甌海關起南關澳至台州府臨海縣河口曰浙海關起臨海縣河口至杭州府錢塘江口杭州灣曰宜昌關起岳州府城至宜昌府城（上游）平善壩曰東海關起黃河舊口至大清河即黃河清口也曰津海關起大清河至山海關曰山海關起長城山海關由牛莊沿南向南至大遼灣凡關十有九鐙塔鐙船鐙杆凡八十浮標凡六十六樁標凡六十

二十四日游黃氏公和繅絲局自來水引自黃浦機器運供女工數百涼熱應手日需煤四百磅楊（兆鋆）尤（炯）周（文桂炆）諸絲務訪知外國用中國絲英以織勝法以屯勝美利加亦一大宗也出口絲牛莊不及四川四川不及浙江而浙江絲湖州府爲最光緒十一年十一月三

十七日至十二年十二月七日出口湖州生經絲六百四十四萬八千八百二十八斤直銀千七百九十二萬一千三百九十七兩亂絲頭四百五十五萬四千九十一斤直銀二百二十七萬一千九百九十六兩野粗絲百二十五萬五千四百五十七斤直銀三十五萬四百八十二兩是年進口出口物價五千一百六十四萬八千四百二十三兩

廿五日至製造局梭江南製造局在城南高昌鄉同治初叚上海局僦居黃浦之北虹口洋房曰機器局五年巡撫丁昌奏移今處凡七十畝有奇以三十餘畝爲局房製造所以四十餘畝設船廠船塢馬頭及洋工房而華工房則另設廠東其地五畝八年建繙譯館於西北隅以廣方言館附九年於西北增洋槍樓汽機熟鐵捲槍等廠尋增船廠測量臺廣袤四百畝有奇六年於陳家港建火箭分廠其地五畝九年於龍華建製槍細藥銅冒礮引諸廠其地八十畝

二十六日上日本郵船會社輪船名東京丸方音語若托角麥魯一聲之轉凡舉方音皆文同中國而讀日本音也亦評新托角麥魯對

舊言也船長四百八十尺有奇寬四十尺高五十尺光緒十年製自英蘇格土蘭之吳拉斯古地方初名三菱商船會社今與共同運輸會社合爲日本郵船會社凡謂會社爲公司皆中國人譯言非本名或從而爲之說曰洋商糾貿謂之公司此皆臆說今稱會社實錄也

二十七日辰正開船東北行出楊子江逕拍拉拉斯岩而女島而男島所謂黃海是也海北爲直隸灣南爲支那海日本俗評中國曰支那蓋西音柴宜之轉西爲中國陸路東爲日本島

二十八日以極準時辰表測日出時已較上海速十七分有奇

二十九日子正至日本國長崎縣方音語長崎爲納額沙客計自上海海里四百三十有七合華里一千四百四十有二或云千七百九十七里凡行二十一時易三板船又行六里有奇二海里泊海關先乘人力車訪蔡理事軒劉繙譯官慶汾獲免留難少頃游諏訪山

十月一日偕蔡理事訪長崎縣知事日下義雄未遇晤書記官本山正久又訪美利加領事卓爾治

二日日下義雄畣拜無膈從此效西一端也先是游歷一事獨以爲

難內地游者尠商港無免狀亦跬步不行而今無阻三江館在興福寺始建於光緒九年來自浙江者惟甯波八十有奇又有廣東八閩二館午後游馬魯鴉麻譯言丸山有松柏樓俯瞰比屋鱗如櫛如嶼嵐一角與港煙應道經薩沽拉巴巴譯言櫻馬町鞠花多異種大者一圍尺五其異名曰秋之月曰雨後之月曰龍之玉曰蜀甲玉之鏡皆隨意易稱也或曰西京鞠倍此

三日日下知事遣兵部科藤田俊範導游監獄其長池上四郎偕視男監房五十二已決之屬有禁錮監有屏禁有闇室而闇室爲最地板數孔裁足通氣歲末二十者入懲治監病入病監否則驅之監內工業塲舂米結繩強弱有差其直計十之二然在獄不支也未決者猶言未定亦曰未濟支全直凡犯四百有奇女監十其目與男同其工課織紉凡犯三十九有堂七日一說佛法且有幼犯讀書習字處又游中學校其室五級其生六百有商學校生百餘有師範學校生百三十而女學校女師範學校附之即鼓風琴亦其一科導游者校長小山健之游醫學校有植物動物光化電理組織諸學組織云者顯極微物

之謂如以鏡視臟腑蟲於玻璃瓶之類有解剖室剖視恙根目不忍視學醫亦學武曰交未正輙習槍刀導游者校長吉田建康校學區圖云長崎小學校一百有奇今游著者又游薩沾拉巴巴覽植物試驗場桑茶從衡花蔬間之

四日游福那臺古馬芝譯言大工町浴也語浴堂音若尤牙午初渡海艤舟三四里至飽浦覽三菱造船機器場始於同治十一年（明治五）職厥事者英人可圖督日本人本山脅也汽機三一視馬力十二視馬力二十有五其器曰波兒低勃耳蓋造釘者也曰水筒節蓋引水者也其房曰鍛冶曰鑄（譯槓桿曰苦連）曰螺曰樣（以木製式多用機器）曰鍋曰鎔鐵其無煙煤非出天然也煙以鍛盡鎔鐵用之其磚煙筒高七十尺又南三里至立神亦三菱造船木工場也四鋸齊下巨木立分而鉋亦機器視馬力十有四松木或長七十尺有奇來自美利加其船塢長四百尺寬百十二尺修船入塢以閘抵潮以戽水機乾塢其機馬力五十機下坑深百尺門外大石二石井一井水引自六里外飲食資之又游監獄出役場與監工異故曰出役造煉化石視之磚也罪人入

十辰出申歸月造磚十萬其爐十四是日酉正日下知事讌於伊良
林地名藤屋名餐館客居左而首雲龍漆盌盛紙上書某巽遠游也在坐有日本西岡逾明裁
判所控訴長已遷東京大審院第一局長者也又書記官二一中郁正郎一本山正久又屬官四一吉田健康一渡邊信之一藤田俊範
一鉅鹿赫泰門燈數十繪龍脫屨升堂席地而食漆盤盛糖作東旗狀一
龍一日肴各一案方徑尺許進案必跪舉之古所謂舉案非歟主跽
客前接盞乃飲繼則主請客盞客洗盞與之既飲洗盞畣之古所謂
飛觴非歟其舞學唐徽獨字與文與詩已也客有賦詩索和者且出
巨筆索書即席應之而皆就地
五日乘輪船二十三里七海里游高島其地隸肥前國西彼杵郡長崎
西南境也覽三菱會社石炭鑛其島高千三百七十五尺炭綫十三
層上者八尺次曰胡麻第二層名五尺次曰磐砥五尺至十尺又次最低
則八尺也第一層煤罄矣先是同治七年慶應四與英吉利人合采後
歸三菱鑛主姓岩崎氏名之助日出煤八百頓有奇鑛穴深一百二
十尺或望而卻步雲龍以身先之乘桔槔機須臾而下黝如也以燈
視之鐵路四出從衡皆炭箱鐵索搨來環轉不少停掘煤者卷揚機

原書闕

原書阙

狀欲游輙梗遂至火車棧購票申正登車行未移時已抵東京此爲快車惟神奈川品川再停而已其車一日兩行此外車非其例停車者五計自横濱四十八里(日本里八)見徐大臣(承祖)署在永田町

十二日日本遞信大臣榎本武揚曾爲駐京公使聞(雲龍)至折柬招敘於墨江之藤花書屋不得不先時過訪申正如約同飲者大學教授中(邨)正直文部省書記官宮島誠一郎銀行長二一澀澤榮一大倉喜八又有(吳)大五郎者繙譯也自言先世福建人明季至此榎本暢言中東利害

十三日舊諸侯裔長岡護美出視倭刀於使署言藏三百年矣索寶刀詩游工廠

十四日申正偕徐大臣與芝山紅葉館興亞會此日本爲亞細亞洲設也在坐有日本北白川王榎本武揚伊達宗城重野安繹恆屋盛服廣部精田邊太一山吉盛義中邨正直宮島誠一郎木邨源七寺田宏渡部宏基吾妻兵治蜂須賀茂韶丸岡莞爾仁禮信之井上陳政小牧昌業末廣重恭關口隆正朝鮮署理使金嘉鎮

十五日訪勝芳閬所箸吹塵錄四十卷惜兵法略今而書未成午後進櫻田門過萬世橋亦名目鏡橋游上野公園觀動物場方音語上野曰維諾亦名東臺方音語若土台有東照宮方音語若土少沃祀明末日本人德川家康又有不忍池亦名蓮湖亦名小西湖圍約華里四又游淺草公園歸過常盤橋

十六日岡千仞弟子館森鴻以其師所箸觀光紀游一書見求改其文數首訪書肆

十七日重野安繹小牧昌業寺田宏井上陳政約敘於偕樂園訂製絨所之游中邨正直長岡護美聞席酬答以詩

十八日大學長渡邊太一遣書記官永井久一郎導游大學其沿革科程詳圖經大略分文科理科法科醫科工科其官勅任者曰總長曰評議奏任者曰書記官判任者曰書記又有分科奏任者曰長曰教頭曰教授曰助教授曰舍監又有判任者曰書記其學年課有程三年卒業如出文科則爲文學博士理法醫工如之給憑曰學位記記有式其學年第一期九月十一日至十二月二十四日第二期一

月八日至三月三十一日第三期四月八日至七月十日其休業日冬十二月廿五日至一月七日春四月一日至七日夏七月十日至九月十日日曜而外又有皇秋祭（其紀九月廿三）神嘗祭（十月十七）天長節（十月三）日新嘗（十一月廿三）孝明祭（一月三十）紀元節（二月十一）大學令公布紀念日（三月一日）皇春祭（三月廿一）其機器經目驗者有分光鏡診脈計呼吸計脈波計截蝕牙器驗肺器驗息器地震上下計製自德意志美利加居多驗地震法實本後漢張衡所造候風地動儀遺意又從而研究之論者謂剏自西人非也圖書館有元本漢書

十九日游千住製絨所其長爲從六位勳四等中澤永秀汽機三大者二視馬力共爲一百小者一視馬力二十其機器滌洗毛而至發采詳圖經日成二千六百四十尺男女工四百有奇其絨一名毛布亦曰羅紗即中國所謂呢也粗者曰火藥包而集其樣爲一册目曰絨鑑

二十日宮島誠一郎導游上野櫻岡之華族會館觀美術協會言術美也先是會曰龍池新法競挹古物半從而西尋海歲一大會月一

常會保舊物也以皇族爲總裁其會員目凡四曰名譽曰特別曰贊助曰通常其役員會頭一副一議員二十幹事七每部委司事者七報告掛會計掛庶務掛無定員其美術品曰書畫曰建築曰雕刻曰陶磁金器曰漆器繡工雜更僕數記稍古者有黑磁獅二寸許據言千年物有銅鈴馬字古甚有調子笛孔十二裁二寸許有陶器名水指者三皆仁淸倣朝鮮造一粟田燒寫一三島寫一萩寫二百年前茶具也有茶壺謂之水注一百五十年前物有平戶窰白磁瓶年又倍之有銅瓶腹容水三升上半竹管形三百年物有漆器年輙視此若水車蒔繪硯匣面嵌指南鍼卉羽有生氣若楓葉蒔繪硯筥題古滿休意作同休伯安章極之十二字若時代蒔繪手爐有象眼鐙大倍今式二眞鍮二金銀也有鐵兜約十數斤明珍實光所雕象牙人物十二眉目宛然有磁獅爐二百五十年物其墨蹟名簿二百五十餘葉首神武天皇次王次名人次僧有明惠上人者卽始得中國茶至日本者也距今六百餘年簿藏古筆了仲家又有張度山水扇面自署吳人

二十一日閱英美條約四鼓夜纂圖經訪工局

二十二日井上隆政導游大藏省主稅局之調查課地租課酒稅課印紙稅課雜稅課地方稅課監查課計算課徵稅費課統計課文書取扱等處取扱云者有辦意亦有管意印紙稅課大要凡四曰酒曰菸曰藥曰國債餘劵無慮數十種關稅局司海關稅其課三曰常務曰調查曰製表府縣分表具在時關稅局兼主稅局長從五位勳四等中野建明出納局長從九位勳六等松尾臣善國債局長尻稻次郎新潟稅關長從六位葦源清風主計局長正五位勳六等渡邊國武主稅官二一佐伯惟馨一小山正武秘書官二一平山正信一谷謹一郎關稅局次長石川有幸次長猶言副也金庫局長小林好愛又游印刷局局務長一川研三留餐晤工廠長中邨祐興二等技師佐田清次三等技師會計部長本原靜一彫刻師則義大利人碕蘇呢也蒐精而嗜古銅器校印刷局在麴町區大手町二丁目成於同治十三年明治八其課職曰庶務課會計曰主計科課工曰調度科其印刷部科四曰製肉製印色也曰色料曰雕刻曰刷版曰活版活版

科後五年增明治十四凡地三萬一千六百三十一坪抄紙部在東京北豐島郡王子邨成於光緒二年明治十九凡地六萬四千四百四十九坪其工日課十一時一月二月十一月十二月課以十時每二時即中國一時也補助銀二千五百八十五圓助自局員又有自積銀十萬二千八百三十圓有奇存自工資餘詳圖經

二十三日游上野

二十四日饗圖經得宋袁樞通鑑紀事本末四十二卷其版徐大臣得自海東瀫藩知事稻葉正邦

二十五日撥羅日本書圖中井敬所求作篆體正變叙立爲屬草

二十六日辰正十五分乘火車游橫濱海埠尋訪美領事格利好司不值晤其副希毋及英領事霍耳日斯巴尼亞領事克利牟克利牟澳大利人曾游中國十一省自言繪圖未既也雲龍又游中華公學海外之祀孔子始於此見之師三生七十餘亥初歸東京

二十七日徐大臣交來外務省所給游歷內地免狀雜日本文譯兒[illegible]曰一行旅地之外國人可守各地規矩一免狀所記日子後三十日就途一限日數道中有事不能速歸以郵便訴其國使告外務省一

歸後五日還狀於外務省然如有長崎函館遠地起程再歸原地乃先經其國使署可還外務省不可過三十日一宿店示狀如巡查或鄰區戶長請視可允其請否則不免阻留一不許貸與人一不可和日本民買賣一不可私內地民房一不可發躐遊獵一半途而歸先還狀後可更領新狀一如犯前邦外務省訴其保八

二十八日訪草木性譜草木備考瓶史諸書

二十九日導游內務省之衛生局者四一田原良純一須田勝三郎一郇井純之助一淸水友輔局長兼元老院議官從四位勳三等長與專齋導雲龍遊歷衛生試驗所執盞語雲龍曰衛生之目當否願論定之爲作衛生說云衛與醫皆所以遂其生也意將毋同然而說異醫恒施于已疾衛則在于未疾也先是明治八年設司藥醫學一端耳十六年易名衛生試驗所表飲食之比較圖服用之損益固合化學算學醫學物理學而自成一衛生學矣長與氏猶慮名實未符問雲龍至再案說文解字衛宿衛也從韋帀從行行衛也帀之言周史記衛令曰周廬以此然則衛生云者有護中意有捍外意不使利生之理有時而出不使害生之物乘間而入穢者潔之讎也去穢即以衛潔贗者眞之賊也辨贗即以衛眞過而不及者中之弊也退過

進不及即以衛中潔也眞也中也皆所以生也獨醫云乎哉或謂何不曰養曰養難言也以心以氣曰養有自然之道以力以物曰衛有勉然之功今日之勉然未始非自然基然以學言則不必高言養也目以衛生誰曰不宜

三十日佐成源五郎導訪黃石迪七十七詩翁也詩刊十二卷前八卷已入東瀛詩選購海軍省圖惜未全也歸鑒圖經至夜分

十一月一日游淺草之動物公園有鳥名拔立根產自美利加有虎一游勸工塲据云無欺無謊

二日辰正四十分地動尋訪陸軍大臣伯爵大山巖海軍大臣伯爵西鄉從道外務大臣次官靑木周造美利加使吟巴圖而朝鮮使金嘉鎮約游日本新王宮之吹上園在大館町故將軍第也瀧聲出石有數百年松

三日遊大勸工塲購皮包儲圖經草欲携以上下火車艮便

四日夜日本橋火千餘家淺草橋火六百家板屋葦門木瓦竹墻潔且精矣而火亦易東京尤甚難可勝記

五日訪內閣總理外務大臣伊藤博文農商務大臣黑田淸隆宮內省大臣土方久元歸饔飧經

六日海軍大臣西鄉遣傳令使川邨正助迓游海軍兵學校在築地汐留始于同治十一年明治四年八月學規邇更車至佩刀者遲於門側一爲運用術教授長海軍少佐內田正敏一爲紀律主任教授副總理岡七郎一爲代理心得海軍少佐山本淑儀與夫學校數官縱覽學舍旁及食宿閎弗井井其武職准士官以上四十一下士十四文官奏任十一判任十五英教習一西鄉堅留午餐尋視學生操演法不離乎法郎西者近是夾板船一礮房二器多求舊而有新式克虜伯礮轉螺觀入彈處又至魚性水雷房細測機電皆學生練習處

七日故伊豫國宇和島藩侯伊達宗城招游別墅打鴨溝水通園媒以家禽野鴨一入輒網之餉客伊達氏即同治十年至京立約者也年七十無須父宗紀年九十八七世一堂

八日橫須賀之遊有約而雨或請緩期雲龍不欲失信已初往新橋乘火車適西鄉大臣遣川邨正佐同至橫濱易人力車憩海軍兵舍

而宮內省之御用邸亦其處也陪在勤海軍大尉町田實業繇三板船上火輪船風潮頓起十數尺衣履盡溼岸不得泊易小火輪至造船所在神奈川縣相模國橫須賀港東南隈海軍大技監從五位勳五等造船所次長渡邊忻三導登彈子房樓一飯借觀修船渠廳舍爨醫製圖諸局其工塲二十二有儲料場有庫詳圖經今修天龍快船造橋立快船又造礮艦二一名高雄一名八重山未蔵泊水雷艇一長四十八尺港內人約五千八百有電信支局有警察署歲修塲來船三千六百餘艘輸出物直銀三百數十萬圓而入較多其港近深浦灣其西半島爲二水門東水門即橫須賀港也東北爲放破崎西爲吾妻鼻吾妻山高三百五十餘尺港之東角沙嘴時露水深百尺或數十尺有差

九日土方久元來譚移時饗圖經兵制

十日大山巖答拜佐成源五郎來言朝野新聞載紅葉館興亞會詩獨雲龍作

十一日朝鮮使金嘉鎭留嘗其國食味曰牛足餅牛蹏凍也曰煎油

魚亦謂之煎油花以雞子黃包魚煎餅也曰櫻團飯裹豆麪也櫻團上物曰肋口是三角形而蜜者也曰藥果以麪印桃酥形而蜜者也曰餞果色紫亦如中國蜜餞曰乾柿曰蹲柿一乾一鮮也曰人參餞果蜜高麗參也曰藥飯即中國八寶飯亦名高麗飯以此曰熟梨煮梨也曰麪以蕎麥用有孔器壓條即順天人所謂活酪也但此白而細耳面加水角五六其餡雜與牛也而稱饅頭殆襲中國名而未得其詳歟曰南飛殆瀾沸之轉音歟蓋火鍋也然所稱非盡方音蓋其使略解中國語或譯義或諧聲拉雜記之著異也歸游星岡亦名三皇山在中國使署後老柏三五多數百年前物有日本人以新茶末生火量水假古陶器品濃汁少許謂之功夫茶

十二日游新橋書肆訪圖籍然地理類多雜伊呂波文而直轉昂

十三日遊入船町四丁目二番地新富町三丁目三番地訪美利加人威艮問近事

十四日遊王子扇屋歸乘火車遇美利加陸軍將箇魯讀來自日光山亦游歷云

十五日橫濱商董陳瑞章等來初無理事商民交涉事皆理自陳
十六日游淺草
十七日游橫濱學校竭來鐵道皆趁快車是夜爲西紀除夕
十八日日本亦過西年繙譯它往遂自游新橋京橋修竹矮松千門
一碧稻草懸簷白紙間之牛車喧鼓絃者戴筐此年景也見薄冰
十九日黎大臣來方游四谷警察署遂往見之議游歷事
二十日書肆携籍復過上野
二十一日黎大臣任使事
二十二日纂圖經
二十三日徐大臣往橫濱
二十四日蒲生重章求敘所著偉人傳應之致陸軍省書訂游內地
日
二十五日纂圖經
二十六日游東京陸軍省礮兵工場在舊水戶邸有園爲明季朱之
瑜遁居處額曰後樂園署明舜水朱之瑜題七字石橋臥水林木蓊

然撫玆陳迹如見寓公二十年前華族居之今場基約十四萬坪機器三馬力或六十或倍其少佐星山貞吉導觀製邨田銃工場凡工十二次而蔵銅藥冒工次如之詳圖經又游高等學校教頭高嶺秀夫導觀學科凡四曰理化曰博物曰文曰女子師範課學有程其生送自府縣學成歸師厥學游不忍池南見中井敬所嗜六書精篆刻

二十七日由火車而人力車訪神奈川知事從四位神守固未見見書記官正七位三橋信方

二十八日大藏省來書云大阪造幣局可游覽也

二十九日饗圖經

游歷圖經餘紀四

游歷日本圖經餘紀前編下

花翎二品銜直隸即補道總辦北洋機器局前游歷使臣傅雲龍述

十二月一日定明日行程

二日辰初乘火車自東京新橋始行四十八里日本八里巳初達橫濱此相摸國神奈川縣境也午後乘火車經程谷戶塚而行隊道二千七百尺有奇隊道云者穿山鑿道也如地中行借以名之經藤田而大磯而酒白橋而國府津自橫濱至此九十六里日本十六里飯易火車行三十六里日本六里達小田原小憩於小伊勢屋易人力車西行左海右山松柏蓊然時雜茶花竹節橫通山泉石漏推挽艱甚下車步行過早川橋復車登伊豆山少憩於江浦又行夕日隱山矣電燈如豆海船過隙車聲相屬路不見人忽瞥火樹燭天則焚木祀神也其日爲西紀一月十五非行夏時之一月十五矣而猶沿舊俗行四十八里日本八里戌正始達熱海自東京至此二百二十八里日本三十八日本溫泉以熱海爲最浴者如雲

三日巳初車發熱海登日金山小憩茶店車路崎嶇步行移時如羊

腸如鳥道乘車下山過大場橋達於三島驛約行四十二里(日本七)此東海道駿河國靜岡縣境也飯於相摸屋之樓有松有冬青有流氷聲又行九里(日本里半)達於沼津驛宿元間屋自熱海至此九十九里(日本十六里半)其地距富士山麓約四十八里(日本八里)而如咫尺峯矗萬四千一百七十尺一名不二山又有白扇倒懸之目蓋象形云日本地誌畧謂四時戴雪每當中國七月爲西紀八月雪融三十餘日游之者衆日本史言孝靈時夜生一山慶宏紀聞言寶永年間山地大震發火焰生一小山於其山腹名寶永山富士山頂大坑蓋火處也其信然歟山跨相摸駿河甲斐三國境東有足柄箱根二山與鷹山對

四日早乘車行九里(日本里半)其地名原天欲雪又十二里(日本二里)元吉原(非行吉原也)又十八里(日本三里)富士川渡其水一南流一東南流皆里許入海水急舟輕兩渡皆然水漲則汪洋類中國巨馬河將渡有斂錢者署屋曰東渡札揚場札猶言字條也揚猶言發也又里許(日本五町八間)至蒲原按舊道自原十九里吉原又十七里半蒲原今行新道捷五里有奇(日本不及一里)闕自五年前又九里(日本里半)由井又里許(日本五町八間)倉津餐

於海轍樓又里餘（日本五町十間）有鐵路隊道穿山三十尺有奇過奥津橋
橋北有新鐵路橋四百尺據彼人云鐵軌漸引而申鳩工三載矣明
年繇國津府而達西京後有游者無斯紆阻又六里（日本一里）奥津日本
魚以鯛爲最鯛以奥津爲最鯛即海鯽又九里（日本半里）江尻又十七里
（日本不及三里）靜岡自沼津至此八十三里有奇（日本十三里餘）方行由井道中遇
醉弁乘人力車執刀而舞輿夫緩行以避醉者相逼而來無已驅車
前醉語喃喃且怒繙譯告所自來出視名刺乃脫帽答刺而去視其
刺蓋海軍步兵一等軍曹某
五日靜岡知事正四位勳三等關口隆吉來譚鐵道在縣境已三百
里有奇（日本五十里）將與國府津西京承接一氣縣境隊道凡九倉津其
一也鐵軌以橋爲道無算其巨者三一天龍川一大井川一奥津也
知事子隆正負笈德清揭來上海者且四年矣或食蛋餻形如截竹
有餡關口知事曰此名唐饅頭爲食物學華之一端警察署長袖山
正志亦來午初尋常師範學校長兼學務課長蜂屋定憲請見自言
關口知事遣其導游師範學校即乘車往其生百五十又游尋常中

學校見校長杉原正市其生三百五十歸咽燥甚蓋靜岡熱於沼津十度有奇數十年一雪

六日蜂屋復來將游久能山如昨日約或勸辭以疾雲龍難爽信遂往山在靜岡縣治東南十八里日本里二高六百尺螺旋而上其曲十有七其石級一千九十登第三層已背汗津津登第二層爲德川將軍家廟少坐登第一層則榊原照久塋也據圖籍人皇三十四代推古天皇時有大政大臣久能忠仁開山祀觀音稱補陀落山久能寺僅成堂塔養老時行基僧以楠木雕觀音像增坊舍三百永祿十一年武田信元領此國移其堂宇於城非如中國之城而有避兵意城代置福丹後守厥後德川氏起領至松平豐前守置成代元和元年榊原從二位大內記照久卒葬此明治初去佛與神置祠官雲龍游時其祠官出眡照久兜鎧各一伽羅一此茄楠木也長尺六寸寬五寸香盆一丹罽木爲之秋葉硯一即中國端石也長不及尺署曰御旅硯磁香爐一淡綠色它器五十餘箱山轎五鐵水缸五其中二缸文曰文久元年辛酉年九月十七日從五位下伯耆守藤原朝官木多正訥右第二層又

二缸文曰安政七年庚申正月十七日從五位下源朝臣士岐下野守頼昌（在第三壁）皆高四尺圍五尺又一缸文曰文久元年辛酉四月十七日從五位下源朝臣榊原越中奇照求（在寺門外）高五尺圍六尺書畫雖多異常者尠祠官伸紙索詩走筆應之下山即根古屋村出糖非蔗非楓非萊菔而以黍稭汁製之供導游者一飯歸是日往還積程華里六十有三（日本十里半）

七日乘人力車發自靜岡西行里許（日本五町八間）過安部橋千二百五十尺有奇其南鐵道未成（成軌里數又有異）行約九里（日本一里半）至鞠子過宇都山隧道七千二百尺有奇中有燈七然對面不見人道開於光緒三年（明治十）約行十二里（日本二里）岡部又六里（日本一里）鬼島有小學校又四里（日本一里五町八間）藤枝又九里（日本一里半）島田又一里（日本五町八間）大井川橋三千尺有奇又六里（日本一里）金谷入遠江國境仍愛知縣境也輿夫疲難可進增二人引之上小夜中山有夜啼石色黑扁而圓圍三尺許約行十里有半（日本不及二里）日坂又十二里半（日本二里有奇）掛川又十五里有半（日本二里有一里之六）袋井又九里半（日本一里有過半里）見附又一里（日本五町八間）一言橋橋下稻

田也又六里（日本一里）天龍橋三千九百尺有奇据土人云此其橋最也小憩中町時已上燈雨絲加密衣履盡溼又十八里（日本三里）濱松自靜岡至此百二十一里（日本二十里有五町八間）

八日侵晨雨止車在門矣遂旅人濡墨屬書大米屋有年樓而行二十九里（日本不及五里）新居中間鐵道橋四段凡六千尺有奇下臨濱松湖數年前一夕海水衝之湖遂通海水畔新道曰今切瀨戶切之言割今之言新也又里半（日本四分里之一）上汐見坂車不克前步行久之又九里（日本里半）白須賀又三里半（日本半里）入愛知縣三川國境又二十一里（日本三里半）豐橋其橋臥豐川上其地有名古屋鎮臺分營適遇出巡兵白又十七里半（日本不及六里）御油又三里（日本半里）赤坂又十五里（日本二里半）藤川又十四里（日本二里十町十六間）岡崎而宿自濱松至此百十三里有半（日本十八里有六分里之五）

九日人力車發自岡崎行二十三里（日本三里有六分里之五）知立有驛爲愛知縣三河國碧海郡地中間過夫婦橋長數十尺以石爲之又過矢矧邨之矢作橋長千尺亦以石而欄則鐵（或曰不經知立則經馳鯉鮒）又二十一里

桶峽間日本三里半石刻文曰桶峽間古戰場蓋四百年前有豐臣秀吉者襲今川義元於此斃之見日本外史其地有驅疾院又三里半日本半里二町三十四間鳴海此愛知縣尾張國境也又半里日本二町三十四間笠寺祀觀音又十里日本一里有六分里之四熱田又九里日本里半名古屋即愛知縣知事治也自岡崎至此六十七里日本十一里有六分里之一寓秋琴樓松竹楚楚可坐石枕流也然寒甚不似靜岡之暖知事遣書紀官山縣伊三郎與屬吏淺田勝來

十日訪愛知縣知事勝間田稔據云縣境鐵道已成百二十里將成之軌百五里又訪名古屋鎮臺司令官陸軍中將從三位勳二等男爵黑川通軌尋游端下地名工場其磁器主爲竹內忠兵衛又游南武平町松邨氏陶器工場其窰凡二月燒二次燒以二日爲率而器出窰以二十二日爲率

十一日游師範學校其生八十其長爲大窪實又游尋常中學校其生四百其長爲朝夷六郎又游商業學校其生九十是夕勝間知事贈詩索和至再答之喜

十二日黑川中將導游鎮臺視天守閣五層高百二十尺下嵌亂石上轉危梯閣脊金鼇二又視兵庫尋至觀兵場黑川中將按轡出臺步兵千餘分隊進礮兵輜車兵亦進抽操如法郎西法既而讌偕行社其社建自光緒十年（日本明治十七）取同袍誼也中將以次三十餘人起屬（雲龍）曰願得詩并叙即席應之又游兵房歸求文若詩無慮數百濡墨達旦明日行矣倚車猶補數紙

十三日黑川中將遣大尉等送至火車行五十四里（日本九里）半田又六里（日本一里）武豐而食桉半田南曰大蘆又南曰長尾初無武豐名厥後開山塡壑積而名之曰武豐屬愛知縣尾張國知多郡之半島兵艦往往泊此欲增商埠非三重之四日市即擇於斯雖已測量規畫未定又乘人力車行九里（日本半里）至鈴谷郵游酒工局一盛田（複姓）久右工門（名）之日本清酒歲製一千二百石一濱倉會社之麥酒即泰西人所謂碧兒酒歲出六千石一森田松食之葡萄酒歲出二十石有奇半田亦有釀麥酒者往還游覽約六里許（日本一里）又旋武豐乘火車仍假道於名古屋易火車行百二十里（日本廿里）至長濱中途經中井橋三

所跨皆中井川也故名從同風雪逼人戌正宿中邨屋是日搨來火車二百四十里人力車十八里凡二百六十四里（日本四十四里）

十四日冒雪乘輪船曰庚辰丸艤琵琶湖東西叢嶼積雪已三四尺蓋此地雪四日矣未至竹島先見一島曰竹生不峻而臨則深無底既過磯山颿斜松原行三十里餘（日本五里餘）僅及湖程三之一戶長大島居彥平鞠躬道左乘人力車三里（日本半里）寓彥根城北之樂樂園先是彥根爲近江國地其舊諸侯是德川氏所任之井伊氏同治十年（明治四年）廢國置彥根縣令尋併入滋賀縣設裁判所支廳支之言分也有中學校其戶減昔四分之一樂樂園初爲舊藩之槻苑琵琶湖畔大洞金龜山（一名金山一名龜山閣如城亦評金城山）有瞻山（亦名勢山）伊澤山諸名勝歷歷心目所謂三曲紅蓮者咫尺窗罅（土人數景曰大洞白櫻曰三曲紅蓮曰龜城新綠曰觀苑涼風曰兔岸峯大月曰瞻山積雪曰澤山返照曰石崎過雨曰松原漁火曰磯浦客颿）然游者非櫻春即荷夏也今則千巒一白湖光沁人心脾它櫻多紅而大洞花白洞側有淸涼寺尋步湖邊雪深路難可辨巡捕官刺曰染谷爲之吻索書者麕至

十五日有巡捕屬吏曰大平駒雄亦以詩貢依韻畣之踵謝者再輪

船時猶未至且游治絲工場其繅絲女一百二十其機尙不逮上海尋瑟湖側三椰亭有土人作獅子舞娛客或弄四丸仿彿公孫舞劍而風濤轉急僕夫欲止而輪船至矣曰太湖丸遂行西航百二十里（日本二十里）戌正泊大津即滋賀縣治也亦近江國境寓中邨屋是日人力車往還十二里（日本二里）船行百二十里（日本二十里）凡百三十二里縣知事時往東京歲輒一往其例也

十六日滋賀縣書記官來譚縣地營兵一千有奇分自大阪有績麻會社其學校有師範有醫餘與愛知略同大津則名鶴濱地形如鶴翼故名其西北有比叡山其東南有三上山俗評近江富士山者此也琵琶湖至大津之賴田邨頓狹宇治川導源於此過木橋二皆以地名湖西火車自此始晡後登車車欲西行而先向東不逮半里蓋換火車頭也車屋懸燈行隊道也西行里半（日本四分里之一）馬馬又二里（日本三分里之一）穿逢坂隊道千五百尺約行二里（日本三分里之一）大谷又六里（日本一里）宇治其茶爲通國冠俗評宇治茶高無三尺從衡一碧長濱十里仿彿近之又三里（日本半里）三品其地產竹俗評三品竹西北島上有

將軍塋在德川前車少停卽行三里（日本半里）伏見有稻荷神社祀狐又六里半（日本一里有奇）西京自大津至此二十四里（日本四里）寓淡路屋

十七日西京府知事屬吏半井眞澄來言知事已赴東京而此爲商賈雜居宜擇勝此者代覓客舍於鴨川三條橋西曰池莊

十八日移居如半井眞澄約西京圖書金石庋藏古寺居多半井眞澄實司之能詩且工和歌卽倭歌也導游以明日始聊游誓願寺步寺時過五條橋而歸

十九日游智恩院在東山四條林下町建於日本永觀中當宋雍熙年間也亦曰華頂山大谷寺山以櫻華多故名山塔建於康永元年當元至正二年有鐘樓銅鐘高丈八尺徑九尺厚九寸五分重二萬貫一鳴若震聲達四隅不輕杵也有螢窟爲圓光僧遺跡又有瓜生石七十餘歲老僧徹定（姓養鸕氏）飛錫長崎輙私携寺經與書院僧皆門外漢雜覩所藏據云菩薩處胎經爲善第一軸無書人名字古而拙相傳唐時人寫然世民皆不缺筆其省文有參發德瓔變律等字第二軸弓首識住處後人所補善權品以下陶作虒書在西魏文帝大

統十六年即梁簡文帝大寶元年爲日本欽明十一年庚午巳千三百十二年仵即伍敬史君碑可證第三軸亦陶書揔作惚偏作徧徧脥作賥槃作縣邊作邉幡作幡凝作癡寂作家溼作濕色作色鬼作兕打作朾剎作剎過作過痛作痛牙作系匹作迊疆作壃脩作脩講作講妒作妬儀作儀惑作戜牽作牽英作莣闇作闇妻作妻施作㹻厚作㫗求作求持作持堆作堆据作据拯作拯微作微對作對族作族係作俟憑作凴律作侓夾作挾佛作仏陶作陶搜作摉昏作㫚與作與西魏碑文往往而合又有契䗶偏戁數字行篋無書眩矦它日第四軸未見第五軸前十三行後入所補阿須倫已下唐人書它本僅書譯文此㚑梵字書之海龍王龍四軸第四與和法隆寺所藏大周長壽三年李元德之法華經字體相同又有大意經一軸天平前書也在唐開元前梵女首意經一軸西晉三藏法護譯也優婆夷淨行法門經二軸六百年前物持珠校量功德經一軸尾署曰神龍元年正月廿三日北天竺國三藏梵云阿彌眞那唐云寶思惟宣譯梵本翻經大德僧尸利料多證箋波羅門大首領臣李無諂譯語大興善寺翻經沙

門師利等證義聞老僧言古寫經本往往尾有諱人姓名元明後輒多削去可惜也已按唐中宗復辟改元神龍爲日本慶雲二年乙巳又有中阿鋡經二十九卷尾署曰天平寶字元年九月十五日式部位子少初位下毛野君大何勘本經覆位興福寺沙門行禪證同章十月二日散位少初下岡日佐大澤寫左大舍人少初位上大隅忌寸君足初校散位從八位下大網君廣道再校神宮舍人少初位上秦忌寸忍國三校裝書近散位少初位上秦忌寸東人裝用穀紙廿七張按天平寶字元年當唐肅宗至德二年丁酉又有黃石公三略建保二年寫本是年當宋甯宗嘉定六年癸酉又有葱嶺石出紀州古屋以彤名也又游東寺刱於桓武天皇延歷十三年當唐貞元十年甲戌名左大寺嵯峨天皇宏仁十四年當唐長慶三年癸卯空海董之爲眞言宗之始文明十八年火明成化二十二年丙午也文祿五年地震毀即慶長元年爲明萬歷二十四年丙申先是天正中即明萬歷中豐臣氏曾修講堂其五重塔建自天長三年當唐寶歷二年丙午後燬於雷火寬永十八年當明崇禎十四年辛巳德川家光以錢九

百七十貫工歷二載而成其寫經墨蹟若空海請經目錄表大同元年書當唐元和元年丙戌若眞言付法傳宏仁十二年書當唐長慶元年辛丑與夫風信帖之類皆學晉唐書法東京大藏省石印半出於此又有灌頂經七卷爲一軸郁迦經一軸華嚴經四卷爲一軸又有天長四年即唐太和元年丁未十喻詩跋一軸華嚴經一軸瑜祇經偈一軸皆空海書又有小野篁書般若心經一軸又元奘所譯顯無邊佛土功德經一軸無書人名又有唐吏部尙書唐臨撰冥報記三卷卷各一軸二行書一楷書也隋作隨換作換戒作戒修作俢又有彌勒上生經一軸天平十年出雲國寺從五位下勳十二等石川年足書附文曰維天平十年歲次戊寅六月戊戌朔廿九日丙寅出雲國寺從五位下勳十二等石川願臣年足稽首和南十方諸佛菩聞法門興聖表無量以凝尊眞相開靈隨緣幾而應物故得五根宣化遙變響於和音十念成功遠登神於補處年足慈顏永隔空懷內極之哀諱日俄臨方積終身之慼庶憑功於妙力希樹果於眞因謹以茲展敬造彌勒菩薩像一鋪寫彌勒經十部蓮臺寶相含璧月而

被光貝篆靈文貫珠星而流影伏願契道能化昇游正覺菩薩樹下聞妙法之圓音兜率天中得上眞之勝業通該有頂普被無邊並泛慈航同離憂網是文雖曰儷體可補全唐文之遺天平十年唐開元二十六年也又有天安七年歷一軸其年當唐咸通四年癸未又有玉篇第二十七卷與滋賀縣之石山寺一卷奈良縣之尊勝院二卷皆唐寫本可珍也巳牛井眞澄允爲傳鈔然古逸叢書巳補刊系部又有篆隷萬象名義三十卷空海撰是本爲永久二年抄自敦文王本猶在宋政和四年又有論語之述而泰伯衛靈季氏四卷爲六百年前寫本何晏集解原藁塗改處亦依寫之又有史記二卷起也在扶風號曰后稷亦六百年寫本又有莊子寫本逾千年矣其它眞贋雜陳書簿間亦注明又有木刊普門二字空海書也西京之東福寺泉涌寺智積院妙法院淸水寺高臺寺建仁寺智恩院歡喜光寺金戒光明寺眞如堂智恩寺大德寺大報恩寺北野神社本法寺妙覺寺相國寺凡古畫六百廿五幅七十六軸帖一屛風六東寺西本願寺東本願寺御影堂大雲院金蓮寺妙心寺仁和寺廣隆寺淸涼寺

二尊院天龍寺大覺寺神護寺高山寺古畫二百六十五幅五十一軸屏風十四銀閣寺曼珠院高田坊誓願寺瑞泉寺南禪寺本能寺妙傳寺寂光寺善導寺佛國寺醍醐寺上醍醐寺萬福寺平等院最勝院三室戶寺蟠滿寺海往山寺古畫三百二十六幅二軸帖三屏風三鐘繪一其所藏寫經以智恩院爲最多亦有藏書

二十日游天滿宮一名北野神社在上京弟六組烏居前町其宮建於天歷元年當唐開運四年去今九百四十二年祀贈大政大臣菅原道眞著有菅家文章二卷其裔宗淵爲輯北野蒙艸十卷其宮司田中尙房撰北野神社由來記出眡妙法蓮華經八卷爲一軸道眞筆也其紙硬黃其檢金絲其書金有藏書庫然古本尠善者其庭臥數黑石牛形質不惡而皆非古惟一銅牛有文五行一行曰文政二年已卯九月吉日二行曰京三條釜座住三行曰近藤播磨掾四行曰御鑄物師五行曰藤原政門作又游鹿苑寺在山城國高野郡大北山造於應永四年當明洪武三十年去今四百八十二年足利氏義滿將軍之家廟是爲義滿栖隱處以法謚鹿苑爲寺稱閣三層帖

金蝕幾盡銅鳳棲屋顛是以有金閣之目臨池其水源於園之石瀑即所謂龍門瀧者也又泉二曰盥漱曰煎茶合而注焉怪石玲瓏隨溜異形島嶼點點俗訝鏡湖湖心石皆作島狀應仁中被三好賊火金閣巍然獨存尋復其舊有茶室以南天樹爲楹以鷺宿梅爲柱曰夕佳亭取唐太宗山光佳日夕詩句意有怪松一穴幹亭亭如檣三四丈前後肖軸轤形不下三十丈有奇勢奔鏡湖五百年前物也曰陸舟松臥幹儼然一舟也松根石五色斑斕其嘖嘖人口者曰後水尾帝手植山茶曰雲根石曰露盤石曰布袋石曰走馬石曰如龍石曰獨鈷水曰渡天石曰富士形手水鉢曰義政所遺石燈籠曰白龍石曰臥龍石曰安民澤曰鯉魚石曰龍門瀧曰虎溪橋曰岩下水曰銀河泉曰九山八海曰夜泊石曰葦原島曰鏡湖池曰赤松石曰皀石（日本有皀字近時諧）曰淡路島曰出島曰出龜曰入龜曰紅葉山曰夜嘑石其中銀河泉水爲烹茶上品出漢投壺銅器其筒肖竹蟠龍底方四角作連環狀又有銅磬四其質古其蝕綠惜無款識導游者同至今出川中邨樓一飯而雪如掌尋游大德寺在愛宕郡東紫竹大門邨

龍寶山建於元應元年爲元延祐六年去今五百六十四年書畫羅列而宋徽宗鴨圖明仇英漢宮春曉圖款署以八分書王建宮詞百首於後其卓卓者雪不得止僧濡筆屬書龍寶山額而歸

二十一日學務課官名三吉艾人名等導游尋常師範學校在上區二十組兩御靈町立於明治九年當我光緒二年其校規定於十九年爲我光緒十二年有校長教頭教諭助教諭幹事舍監訓導書紀諸目其男女生凡百二十有三附小學校生二百八十有一是日鎗操者一十有奇又游盲啞院在樵木町立於明治十一年當光緒四年其男女生盲四十三啞五十八其學修身讀書算術地理史學物理體操皆同所異者盲生識字以厚紙凸其字畫天地圖輒判高低珠算削子之半習書借木爲規指南鍼缺鍼尖處手試之而識芟地草作螺轉形環行即可知方曰感覺練習場亦有直行練習場其專精音樂者以十三絃箏爲妙品鼓秘曲十又雜以琵琶歌越後獅子曲其它琴有數種曰須磨琴須磨在大坂西即一絃琴也曰八雲即二絃琴也曰吾妻即四絃琴也俗以東爲吾妻故舊訶東京爲吾妻意者

綳自東京歟又有月琴木琴（二種一十三木一四木）胡琴其技有以紙條織盤盂諸器飾以漆若金工細絕勝有目者啞生工繪與木與銅啞者必醉而有發音之學以嘬唇譎掌諸法教之能以字形手勢應又有高等女學校在上京區第二十一組駒之町立於明治五年當同治十一年其生普通學科百七十八縫紉科百三十八綴錦科二毛絲科十八洋服科百七凡四百四十三其學不外漢文國語英語倫理地理數學史學理學家事圖書音樂體操按體操爲學校通例木器四曰球鈴曰球棍曰拏環曰當拔耳（長尺餘日本無定名此襲其語）而女獨無當拔耳適見體操鈴棍二法又游畫學校在二十一組第一舟入町立於明治十三年當光緒六年其生男九十女九其學大較有八曰水墨曰寫生曰淡采曰着色曰摹寫曰縮圖曰幾圖曰投影所謂投影者臨畫法也所謂線圖者照影法也又有醫學校商學校皆無大異

二十二日游繅絲製絨磁器諸所

二十三日游日本舊皇宮之清涼紫宸諸殿紫宸惟繪中國名臣伊尹以次如董仲舒鄭康成以學與焉又游二條城離宮則德川將軍

昔自東京朝時所居也既壯且麗亦堅亦精勝宮多矣叛於豐臣在三百年前德川襲之明治收權以此為京都府廳者數載今定為離宮日本之城大氐有天守閣此亦昔有今無蓋為急時自衛計非若中國為庇民計也權臣据之君弱之形如見又游桂宮作記云日本西京有水曰桂川導源丹波東南流逕嵐山麓而至桂邨故桂王別業在焉亦曰桂宮光緒十三年冬十二月廿三日為日本明治廿一年二月四日西尾氏為忠有偕游約先是人言西京多詩人治經獨尠西尾氏見即問小學出記有經術氣儻其人與游之日冒雪繇皇宮而二條城而桂邨少憩西尾氏語雲龍曰聞子治經能文盍記斯游出其舊記雲龍且游且讀其山無而有其水桂川而外無雜流紅萍半池沿影不波則月波樓也松濤一碧冷冷有絃外音則松琴樓也有亭衣茅桂皮青未盡脫則賞花亭也面渠背淑鳥語時來親人則笑意軒也園林堂鎖雲數重扉不得闢為祀詞人某處池南曰御幸殿增自後尾天皇即明治十年行幸處離宮之目以此中有桂木書庋云來自唐而月字引手蘭瓣古釘疑皆初建時物按厥宮始天

正中豐臣氏代式部卿親王爲之其石半爲島津加藤福島細川諸氏助之也雲龍起而質疑於西尾氏曰樂樂園以淡遠勝金閣寺以清潔勝皆借山水非盡人爲是宮獨以人而不翅一一出之於天何工何術而克臻此西尾氏曰善哉問鳩工者小堀政也寬永中所補之工亦非異人任初與豐臣約云太閤不興是役太閤苟欲興之不趣功一不惜費二不自出己意三豐臣如約以有此也雲龍聞而多之慨然曰世或任工輒謂勿緩也勿費也勿違也嗟嗟雖微乎其微如功難奏何況所責十百此哉桂非花時有留人意嵐山速游車不克停乃掬泉滌塵歌曰桂水清兮斯濯纓年三百兮松倒生人之力兮如天成既而烹雪重曰雲石拳兮雪山起西復西兮止非止工代天兮約眎此又游嵐山山麓水即桂川上流其山春以櫻勝秋以楓勝四時一碧則松也

二十四日屬圖經餘紀草

二十五日游工廠

二十六日冒雪游本願寺建自四百年前明治初燬在我同治七年

後明治十五年爲光緒八年鳩工修之今未及半日本巨寺罕有其匹工用髮繩大者重五千斤小亦數百凡一萬數千斤皆獻自尼詩僧小川泰導游涉成園初爲源左府融河源院莊舊址其改園名曰涉成園於慶長之幕議寬永之教旨文政七年爲我道光四年署扁者紀侯也作記者賴襄也（攷作詩十三）今玆園屬之本願寺僧矣賴襄詩所謂印月池者猶在而傍花館已燬滴翠軒襲其舊目而小且欹臥龍堂峙之島間四面皆池水也泊舟一無楫有松爲一千歲前物有石燈籠蓋豐臣氏以兵獲自朝鮮者也旣而僧擁絹紙數十幅環立索詩應如其意而歸明日行

二十七日檢點行李晡微雪乘人力車至火車頭遂登輪車經東奇而向町而高槻而山崎三十六里（日本六里）交大坂界未至山崎里餘過木津橋長百五十尺有奇跨木津川又行茨城而末田而大阪四十二里（日本七里）自西京至此七十八里（日本十三里）逆旅輒患人滿投中島一丁目弟一號之自由亭與西人狎而中國人前無宿者求一安枕亦難大阪知事又赴東京於是致書其書記官遣屬吏前田辰次郎來

客舍乃定夜風烈甚東區火被燬者曰難波神內彥六座曰古木場說教所社務所曰吾妻橋揚弓店曰禿祠手洗所土藏所

二十八日大風府書記官今井艮一來訂游歷也午正井池筋西川火九十九戶延及大阪橋又火舊橋八百八十八戶其地方隅以高麗橋爲中心自由亭西南面水曰淀川有淀層橋又有浪花橋在其東南直跨東北橋下水曰堂島川在其亭北

二十九日前田辰次郎導游造幣局其長曰正五勳三等速藤謹助其局立於明治元年當我同治七年其工試銀爲先以硝強水鎔銀謂之硝強銀水水無色以鹽水再變謂之鹽酸銀水色白則銀之渣滓去又一法以白蛤粉窩鎔銀渣滓入窩則窩黃而銀淨有鎔解所設爐三十有五每爐日鎔銀二千五百兩入鐵模爲板有伸金所壓板以機再壓則燒三壓則薄欲成圓形亦假機器有枰量所幣質既圓入機分三路而出一如式一過重一過輕輕者再鎔重則以機磨邊而再衡之枰量之機見其三種一雙入二單入也有極印所既以機起幣之邊入火燒之以淡硫酸水洗之欲其白也而復印字與花

兩面如法則成造銅幣亦如之鉛與錫居銅百之一歸晡復游礮兵工廠在攝津國東區杉山町明治三年爲我同治九年移自香港汽罐一十有六視馬力二百二十有四日需煤一萬二千五百斤所謂熕銅者亦稱唐銅此取法中國之一端也礮式不僅效義大利即如鋼銅礮之名文珠者自法郎西人文珠始也有野礮有攻城礮有海岸礮分等凡七伊藤博文所致於天津者第六等也其機器有壓水力較油力倍速啓厥鐵管則四百頓水力托鐵器而上矣又有壓油力礮門入銅模三漸入漸巨以緩爲功故不用水凡鎔銅爐銅置火前反射之力較平鎔爲猛

三十日爲日本紀元節在官一例休息此猶沿舊紀之一端游博物場在本町橋之橋詰町其中兼勸工場植物動物塲晤厥長天野皎園池傍有寬永十一年甲戌所鑄中鐘高四尺許有銘此德川家光獨大阪民租民鑄以報者也在明崇禎七年又游生玉宮建於天正年當明萬歷年祀生國榮國兩魂神是日適觀舞祀一女赤足衣白持縣綫杵立湯釜前入酒米於釜以竹梢攪之盤旋四灑而舞兩道

士鳴鼓與鉢舊俗然也
十四年戊子正月一日癸丑是日本二千五百四十八年爲明治二十一年二月十二日即西千八百八十八年二月十二日游天滿橋欲視鐵道橋也其鐵購自英聞山陽鐵道會社議修鐵道由兵庫至神戶岡山兩縣之岡山廣島縣之廣島山口縣之赤間關欲鳩銀五百五十萬圓歸据知米直者言是日米直三田米五圓四角播州米五圓二角生駒米五圓三角作州米五圓一角五分三田別製米五圓五角上米五圓有五分三田糯米六圓二角播州糯米五圓七角五分肥後糯米四圓九角五分肥前糯米四圓七角小麥則播州四圓六角肥前三圓八角五分肥後四圓一角備中三圓八角五分參州四圓二角新麥安二圓六角五分大豆則肥後新三圓五角朝鮮新三圓三角五分岡三圓五角五分小豆則肥後新四圓一角備中新四圓三角五分大和五圓五角空豆備中二圓四角大和二圓六角大阪之精米所在西區幸町二十目
二日游大阪鎮臺在上町其鎮有步兵四聯隊礮兵工兵輜重兵各

一大隊其分營滋賀縣下大津步兵一聯隊兵庫縣下姬路同京都府下伏見工兵一大隊凡三千六百天守閣毀於火以其址爲測量處近石墻有前十年美利加舊伯里璽天德戈蘭德手植山茶高四尺許又游硫曹製造會社在北區天滿橋筋三丁目十番地立于明治十九年在光緒十二年機器二各視馬力二十有五礦强水即硫酸也硝居礦十之一入爐蒸氣與別管水氣同入密室盤旋出管其氣轉入煤筒者再以煤堆之筒中氣出其中猛力少遜復入磚煙筒而出硫酸底質如靑礬而淡可染衣物硫硝各半謂之硝酸水硫十鹽六謂之硫酸曹達其水爲鹽酸曹達礦强鑛石灰高島粉合此三者謂之粗性曹達浸水再熬謂之苛性曹達苛性可去油其餘潔物同功又有硫酸會社在西成郡湊屋新田十二番地大致同此又游製銅會社在中島北區玉江町一丁目汽機三其馬力一五十也一三十五也一十五也又風器爲催火鎔銅之用其工八十場狹然礮工廠大小礮帶皆出于此船工銅板亦然歸晡復游紡織會社在西成郡三軒屋刱于明治十五年即光緒八年汽罐二一四百馬力一

百五十馬力日用煤二萬二千斤男女工千二百有七機器四百有奇紡筒三萬二千由綿花粗質而淨而鬆而勻而鋪而條而縷而分而精而織皆以機器其三層樓上下皆有機梯其四層機鳩工未竣據云已備五百馬力汽機歲紡綿四十萬貫綿以美利加爲最然煖不及中國與日本之産越南綿用亦不少據云去年用中國綿千二百貫又渡安治川游鐵工會社始於明治十三年時光緒六年也汽機一視馬力十有半又有鎔銅罐火光作金黄色日用煤萬斤工四百造送泥船二將成其舊者亦工雲龍登船視其底有窗蓋送泥至海開而出泥者也其浚泥者曰浚沙握摑機械船大坂鐵工所造首尾兩桔槔各懸取沙器入水自開得泥則合若牙牀然又修輪船曰正義丸又小鐵甲商船二皆鋼鐵也成而拆云送琵琶湖再成之是日至鎭僅晤參謀生兵大尉石橋健藏礮兵大尉伊地知季清大佐牧野毅少佐土屋光春晩歸知陸軍中將子爵高島鞆之助至寓適相左也

三日游尋常師範學校始明治八年當光緒元年其生九十四其課

程以四年爲期越七年附小學校其生尋常科二百六十七高等科百十五其程期與師範同是日視體操有年八歲者而如法又游女學校始明治十五年當光緒八年其生二百四十二其學英語以英婦人爲師其課程本科亦期四年而手藝科則期三年又游內外用達會社在西成郡難波邨六百六十三番地此革工肆也牛革居多新舊參半臭難嚮邇詳圖經尋至播件樓飯又游製燧社在南區日本橋弟四丁目始明治七年當同治十三年謂燧曰摺付木即中國所謂自來火其工女六百男五十其料以鹽酸加里入赤燐沙粉皮膠爲之燐取自骨赤其色也沙粉即河沙也工有六七歲者以禾鐵夾横木條條有齒齒有準數如數則安置方架層層不紊男工醮燧汁乾由女工入盒如數不另算也其木質木匣皆造自二支社一在奈良縣之大和一在鳥取縣之但馬據云年售銀四萬九千五百圓又游硝子會社即玻璃工肆也在西成郡川崎邨立於明治二十年當光緒十三年滊罐一視馬力五其地六千四百九十二坪其料稱硝子以硅石爲君藥詳圖經又游天滿宮亦祀菅原道眞如西京者也有

銅獅其尾署字曰天明六年造蓋乾隆五十一年其它銅牛銅爐皆
製自近年
四日大阪府屬吏外務課宮本貞幹導游西南十二里之礮臺日本里
在天保山其臺一十有三其火藥庫如之四十年前未之有也有燈
臺高六十尺有奇有扁署字曰明治五年壬申八月二十九日初點
蓋同治十一年誌始也三面臨海若爭形勢雲龍眠之直無用臺六
里內水淺日本里兵艦萬不克到戍此有陸軍一等軍吏正七位勳六
等關本茂行是日陸軍三等監督篠原國清亦至
五日前田辰次郎等言别於火車頭遂行緜大阪而神崎而伏見過
二隊道一三百尺有奇爲故諸侯尼崎藩地一一百尺有奇取道西
宮迄於三宮又過隊道二百尺有奇此三隊道始于明治六年時同
治十二年也行至神戶凡六十里有奇日本里見中國駐神戶蹇理事
咸念是役三十餘日紀載罔非席地食無豕肉
六日訪兵庫縣書記官牧野伸顯訂游歷也兵庫縣知事治神戶而
赴東京未旋牧野伸顯暫代厥職大久保利道子也明治十一年爲

光緒四年大久保以內務卿勸其國君被刺尋游湊川其水導源縣治西北有馬郡之有馬山東南流入海其山有溫泉可浴

七日鈴木行雄導游師範學校在攝津國神戶區下山手通五丁目番外一番地立自明治十年時光緒三年也課以四年爲程其生一百十四女生亦在其中坿小學校生二百四十有奇又游商業學校在四丁目立後師範校一年課以三年爲程其生一百五十又游鶯石山房（茶商鄭氏居）有池有瀑布

八日兵庫縣書記官乞書字

九日游川崎造船所在神戶區東川崎町初屬工部省明治十九年爲我光緒十二年改歸商業滊鑵六其視馬力或四十或十七或十六或十五或十二或十一日燒煤萬四千斤錘鐵器二一力二噸一力半噸有輸船器以池豬水亦曰水溜以蒸滊力壓鐵臂激水通入龍節筒盤旋引船上架修畢則閉上壓管而開下壓管引船入水口船架與塢異架凡二一盤木二百九十尺寬二十五尺一盤木二百尺寬二十尺其工八百五十三見所造船二一爲四十九馬力名未

定一爲六十五馬力擬名眺望丸所修船二一木骨鐵皮即紀伊丸也一木質炏造自英其工料皆可貸日本人稱借用者曰借稱借與人者曰貸其工約分四等曰伍長日銀一圓五十錢曰職工日銀七十五錢曰人足小頭日銀五十錢曰人足日銀三十錢又有作工于水曰水中働半時（即一點鐘）貸銀二圓五十錢用器于水曰水潛器械每日貸銀十三圓其他升降器械瀛輪引船皆有貸直又游海軍造船所在兵庫縣攝津國菟原郡小野濱創自英人喀然領日本購船銀二十五萬圓未歸是以明治十七年爲光緒十年將造船所歸之海軍瀛罐一馬力三十九有半日需煤一萬一千五百斤其工六百三十六改歸而後造兵礮艦五已成之艦二曰太和曰摩耶將成之艦三曰赤城曰滿珠曰千珠此外有鐵甲一又造水雷艇二十期以三載其長一百一十五尺有半又夾板船二曰弟兄船造于一時故云有礮位四（雲龍）登覩之其木用美利加松取諸無節而長也又小輪舟一面松而底檜

十日游生田社社千餘年矣階西有木欄環梅曰箙梅譯石刊日本

文亦曰平梅其花白其幹瘦四百年前樹是日祀蛭子神日本舊俗于中國正月十日祀之猶中國祀財神意也又游布引山至厥西麓舍車而步螺旋上土坡未半水聲迎耳小憩寺廊觀瀑石凹一瀉二十尺許注塘清鑑毛髮茶旣過架板攀松石間如蛇行南望海岸川崎和田兩礮臺火車揭來與輪汽艦颿歷歷在目高野山雪貢白對岸而大阪在蒼茫一色處山風冷然而汗浹背蓋行一里有奇始達觀瀧第一樓其水停頓而下四十尺許與前直瀉者異又東南流里許入海飛瀑處松或露根倒生紅櫻初胎易路東下水出石穴以木作槽引溜過澗蓋製米水舂也其第一處立自明治七年本今井氏時同治十三年也水舂四十有一以一橫木參差出板撥舂米杵而以水車動木舂水車隔板慮濺米也其他舂戶視此炭酸溫泉亦引自此山便道游清和別野引水爲池高下石溜有聲相距數十步有慈雲院爲華商創祀關壯繆廟

十一日訪知兵庫縣礮臺所謂川崎石堡者外周四十五邁當六十生低邁當內周三十七邁當七十生低邁當外徑十四邁當五十生

低適當內徑十二適當內面積一百十三平方適當總面積一百六十五平方適當高十三適當礮門十一適當及生低適當詳專例

十二日屬餘紀草

十三日屬草如昨

十四日上日本郵船會社輪船曰山城丸小於橫濱丸十之一有電氣燈船經玉崎有燈臺去神戶二十六里有奇海里八

十五日船出大洋風非極烈然載輕輪震開窗颸難可禁闢則汗出如雨竟夕不寐兩餐未克一咽日本人所謂七十三里浪者此也陸程行濱松間正沿此岸酉正至橫濱而未泊岸易小輪舟冒雨而登自神戶至此華里千一百二十二海里三百四十三乘車小憩理事署即乘火車行四十八里日本八至東京時亥初

十六日撿點圖籍

十七日見傳鈔日本學校梁皇侃論語義疏而有邢疏推敘注較鮑本多十五條詳日本圖經中國逸藝文志每篇前有睦子二字此經理足利學校僧也有爨文庫三字印章朱文義疏與鮑本偶有異字

十八日屬餘紀艸

十九日饕如昨

二十日晡雨止游書肆搜海圖得寰瀛水路誌諸書厥直昂甚歸證所聞不覺夜牛眼脂四起

二十一日游文久橋跨溪水索過橋錢應之而靈壽橋而新大橋跨隅田川而中之橋至龜戶神社即天滿宮也在龜戶邨其梅多數百年老幹雪蔓牛胎中雜紅脂有神詩碑刋于近年神即菅原道眞也有紫藤架于水面又游邨之左立馬園而梅彌多有花塚茶筅塚臥龍梅各碑又游小邨之梅園園主爲梅山氏名松彥樹百有奇又游木下川園梅數百株如醉如卧多白者有綠蕚一樹枝皆倒垂在小山麓歸路經淺草上野過吾妻橋成于光緒十四年十一月亦曰東橋日本吾妻云者有東意此亦一證橋三百尺有奇以鐵爲架可以起其橋板欲其橋下行舟也其欄亦鐵是日外務大臣伯大隈重信來未見

二十二日黎大臣出視須眞經其經似是上中下三軸此卷中一軸也曰荅法義品第二法純叔品第三聲聞品第四无畏品第五其後跋一十三行曰維神護景雲二年歲在戊申五月

十三日景申弟子謹奉爲先聖敬寫一切經一部工夫之莊嚴畢矣
法師之轉讀盡焉伏願檣山之鳳輅向蓮塲而鳴鑾紛水之龍驂泛
香海而留影遂披不測之了義永證彌高之法身遠暨存亡傍周動
植同茲景福共沐禪流或變桒田敢作頌曰非有能仁誰明正法惟
朕仰止給脩慧業權門利廣兮拔苦知力用妙兮登岸敢對不居之
歲月式垂同極之頌翰此亦可補全唐文也神護景雲二年當唐大
歷三年以戊爲戊以景爲丙又見日本秘閣金澤文庫古鈔本春秋
經傳集解三十卷每紙十六行行十二字字寬八分半頁高尺六寸
有奇注夾行傳經字皆列綫外隱十年傳鄅人下有郳人二字桓十
三年傳以濟下有其水二字昭二十五年傳館於公下哀二十五年
傳少畜于公下夶有宮字與昭傳杜注所見本符昭三十年傳使監
馬尹下有樂字定十年傳城其西北下有隅字類此以增異與作与
土作土寢作寑無作无史作叟隱十一年傳隰作隰僖二十八年傳
鄭伯傳王之鄭作傳類此以文異戊作戌襄二十二年傳莒恆之恆
作恒類此以缺筆異他如春作萫奉作拳左作𠂇謂作謂雖作雖齊

除記卷四　十八

作齊叔作秝類皆日本俗字無關原書之異同非多校其書未易判然隱五年傳注鉋土革木旁別注土木鉋革下有和字轉倭爲和蓋其八音次敘少異中國非杜注也其本杜注亦有增減其校勘署名七卷後云建長六年以叅州本寫校宋理宗湻祐九年至寶祐三年又云延久五曰十七點延久在熙甯二年又有治承建告文永校勘題名卷八署云建長六年以清家累葉秘說奉授洒掃少尹闍前叅河守清原在判又云壽永三年朝間受童御說三水正良業又云文永五年以累家秘說奉授越後次郎尊閤畢音博士清原編卷九署略同卷十署云建長六年以家秘說奉洒掃少尹尊閤畢前叅河守清原在判又云應保二年以證本移點大外記在判造酒正在判又云文永五年以累家之秘說奉授于越州才郎貢殿朝請大夫潚卷十七署云正元二年以清直講本書點又云保延六年重校閣本仁平三年後覆勘賴在明判又云久壽二年見合弍本平建曆三年以家秘說授仲宣助教在明判又云天福元年以家說本校點直講在判又云延應二年以累祖之說授隆尚助教在判又云右以累代之

秘說遂四庋之校點時正嘉元年明經得業生淸原直隆在判又云文應元年以家秘說奉授于越州使君尊閤下直講淸原又云文永五年九月以外記大夫本校畢與本同又云六年以累祖元秘訓奉授于越州二郞才子朝請大夫淸原又云應永己丑相之醉醒吁主系門怡老卷十八署云治承四年於攝州重見合家本畢于時關東兵起稱義舉台岳恃亂勸還都鶴髮前儒獨耆左史類杜預之居襄陽也大外史在判又云文永五年以外記大夫本校畢又云甲子歲讀合畢保延六正廿重合朝之摺本畢賴又云仁平四年以式本并正義讀合畢直講在所判又云長寬二年以證本校合畢造酒正淸原祐安又云天福元年以家之證本校點畢直講淸原又云延應二年以家說校隆尙畢助教在判又云正嘉元年寫畢孔門貫首在判餘非校勘其名從略黎大臣有光緒九年校于杜注補輯本又視其新購白氏文集七十卷亦日本活字本與歸滂喜齋一部同長慶集五十卷後集五十一至七十卷

二十三日游兵學校

二十四日纂日本圖經凡例

二十五日纂日本圖經經緯表測自中國京都春秋例也

二十六日纂中國日本月朔表

二十七日摻海軍圖土木長從五位西郵捨三招游靑雨亭就地書十餘幅

二十八日纂中國日本較時里差表

二十九日纂晴雨寒暑表

三十日訪氣候

二月一日纂沿海氣候表

二日纂日本偏多風方向表

三日乘火車游新橋西南六里之品川（日本里許）礮臺峙海水中凡五又行十五里（日本二里半）至大森一山梅數百本繞麓其頂頗平茅屋數椽其角四出窗眼無定格棟與柱曲直無定形所謂八景園是也（日大森秋月日鈴森夜雨日池上晚鐘日根田歸颿日蒲田落雁日富士積雪日大江落日日寒洲夜風其景不俗而必以八景爲目其能免俗乎鈴森有松竹舊爲戮罪人處池上有不動禪寺羽根田在大森東三里）又三里（日本一里半）至蒲田梅林白蘘

數百紅者三本耳有水有小山又三里餘日本半里餘至立春梅園水沼之中小嶼鼎立板橋牛通環水之梅幾近千本有白有紅有卧有起而一老幹爲數百年物謂之立春梅蓋以地名名之也歸

四日籑日本沿海偏盛風表

五日籑日本潮候表

六日籑日本圖經疆域

七日攷疆域異同

八日籑日本四至八到表

九日籑日本沿革表

十日籑如昨

十一日游勸工場

十二日游學校

十三日游圖書館

十四日早攷圖籍午初黎大臣偕游日本新宮工起明治十二年當光緒六年今將告竣進東北向之坂下門先至宮內省皆西式繼至

原書闕

原書闕

五日纂日本圖經府縣廳至東京里表
六日纂日本圖經府縣廳孔道支道表
七日纂日本圖經北海道關路表
八日纂日本圖經商港繫年表
九日游修船廠
十日纂日本圖經中外名港里表
十一日纂日本圖經聯約國里表或至墨江觀其競渡而自標曰帝國大學運動會其船四十有二其學生各七以競十四次爲率每次三船一白一赤一綠而前三次皆綠勝由吾妻橋艤隅田川上流即墨江也勝者旌之金牌
十二日纂日本圖經島表
十三日纂日本圖經山表
十四日纂如昨
十五日纂日本圖經火山表
十六日纂日本圖經水道仿桑經酈注爲之爲日本書未有之例

十七日蠶如昨

十八日蠶如昨

十九日日本東京等處地震起巳初三十三秒其震自南而東而北而西其中震甚者八秒驗地震器曰鐘水平動至平尺一分五釐上下震多之時六秒動至平尺五釐始則微動經十二秒大震五秒既猛且急自明治九年即光緒二年以後莫此震若日本人謂此爲第一震次則明治十八年又次則十五年又次則十二年十六年又次則十一年十三年十九年又次則十七年方震神奈川縣久良岐郡西太田郵距淺間山五十尺有奇崩土四坪約二十四尺是夜或求詩字應之

二十日蠶日本圖經水道分合表

二十一日蠶日本圖經東京神奈川引用水道表

二十二日蠶日本圖經鑛泉表

二十三日蠶日本圖經湖沼

二十四日蠶日本圖經瀑布

二十五日中國立夏即西紀五月五日也日本民間猶沿端陽舊名

而以此日當之游龜井戶邨之龜井寺藤架水灣多二百年前物夜歸纂圖經餘紀

二十六日纂日本圖經橋梁

二十七日纂日本圖經世系表

二十八日纂日本圖經權臣柄政年表

二十九日纂藩國表

三十日纂日本圖經風俗

四月一日纂日本圖經前代人口表

二日偕黎大臣至虎門內工科大學觀教育會此其第五會也

三日纂日本圖經戶口表

四日纂日本圖經敘目校錄郵寄總理各國事務衙門

五日游勸工場

六日訪游美利加水陸程

七日增備行裝

八日乘人力車至新橋於辰正四十五分携繙譯等乘火輪快車行

四十八聖田本野八至橫濱易人力車赴本町通五十二番地急訂輪舟
而艙位例不逾千此次香港茶商竉定若干艙無餘席矣東航非十
九日不可
九日游高島在橫濱高島町高島氏著易斷十卷與其易占四編相
表裏而問敘於雲龍敘曰易之辭危羑里尙矣至精至變至神幽贊
於神明而生蓍其見端耳然謂蓍象非易則否否日本學漢學殆二
千餘載一變學西輒與舊異庸詎知西學源流亦範圍不過而不自
知歟算學自畫卦始含萬物而化光未始非化學光學之目之濫觴
坤道承天時行未始非地繞日動之說之端倪雲龍於游日本見易
道曰窮則變於游橫濱見高島氏合於易者曰器尙象動尙變高島
氏名嘉右衛門字吞象象以爻見即象其物宜之謂嗟乎易亦難言
辭主理或失則襲筮主數或失則虛當泰西人欲掇橫濱瓦斯燈時
非高島氏燭利民之理鈎利用之數幾何不利歸之彼鐵道亦圖始
難高島氏自橫濱達神奈川塡鐵道基納之官即所謂高島町者是
後乃營居町側重櫻老梅爭露松石間國人評高島云入其廬圖書

雜陳易學居多先是學易未能有罪入囹圄不自以无妄之災解而讀易知悔七年乃出改過勇遷善彌勤可不謂風雷益與與譚斟厲語而眉宇有奇氣自言積金六十萬一旦國家有緩急當上之問何不仕曰商吾本色也然獨受從五位亦褒章變例雲龍蕭然曰獨筮云乎哉形而下者謂之器舉而措之謂之事業不圖于游歷見之不圖于日本貨殖中見之或且沾沾焉就易斷一書謂其尚辭尚占也毋乃淺之乎視高島歟

十日道路喧傳中國黑龍漠河鑛務已開鑛師延自美利加人云

十一日屬餘紀艸

十二日詢輿地家何以橫濱爲日本第一埠答曰斗出國之極南地名本牧是一岬角嘗設燈船其間灣港即橫濱也先是源義領此迨源賴朝敗於石橋山觀兵隅田川大破平氏新田義貞與上野與北條氏戰於武藏國亡北條後新田義興脅屋義治等破足利尊氏於武藏野既而足利氏誘殺義興於矢口渡其季年小田原北條氏掠取此地有氏康者與上杉氏爭川越示弱而勝上杉謂之川越之戰

豐臣秀吉攻小田原事平封德川家康於關東八國於是家康以江戶爲城江戶即今東京地也嘉永六年當我咸豐三年美利加使議通商將軍許之橫濱之爲埠最始此明治改元當我同治七年日本德川將軍敗北於山城窮奔江戶是年冬改江戶曰東京以橫濱爲堨來要道雲龍假道五次矣

十三日屬餘紀艸

十四日爲羅理事題明黃忠端崇禎十五年詩畫册又見忠端手寫孝經是日本之弟二十八也寫在前一年又見忠端所著曹遠思推府文治論在順治元年

十五日游工廠

十六日游書肆

十七日行六十三里日本十里有半游江島歸里如之越十數日補游江島記於太平洋舟中其記曰實者名之符也如名輒過實何雖然實至名果歸耶而如江島者勝不在島臨亦非江何也橫濱要津也雲龍堨來數而耳江島名自光緒十四年夏四月始名亦微甚其月十日

將游美利加不遑游未幾艙額滿易期求詩若敘者麕至應之游高島歸羅理事嘉猷戒從導游而于塾師希璟金隨使采沈工部繹盧繙譯永銘澤村繙譯繁太郎理事子肇烇從子肇崐皆至雲龍與焉以十七日爲期而西地阿夫里澳疊日鴉尼路輪船至自香港游幾中止然在休息日遂獲如約以華里計凡馬車二里火車四十里人力車二十里又踏沙行里許而江島相望島中料理人迎道左日本謂授餐日料理識者目笑曰陽鱎也自登島巔惠比壽樓先是日本以人而神者七蛭子其一也主祥瑞日本語蛭子爲惠比壽遂依聲名樓俯瞰潮沙得少佳趣乘潮未至訪巖谷或倦游強之起螺旋而下小憩石燈側步巖谷外蠔結石若階海草紅綠或肖珊枝文身六七出入洪濤探石決明蛤蚌屬擲錢於海應手取之視谷狹甚入而仰之若我

京師城門然其下五色石若霞若雪若墨若翡翠行架木上具棧道體而微至龕各手一燭入七十三丈有奇忽一而二又前彌狹風難可燭遂出相傳或裹糧行三日即出富士山足所未詳也巖乳滴石飲之清且甘或語雲龍曰子嘗欲於遊見道於斯遊何有曰抑知瀑

布莫大於賴各宜海莫大於太平洋乎當科侖布未游時誰得而名之雲龍將於賴各宜瀑布見詞源之大於太平洋見文瀾之雄而先於江島之巖谷見潛學之密而邃邃矣密矣奚怪其無名也而江島何損羅曰善盍記之爲圖若詩先聲時倚裝矣航一萬五千八十四里而至三法郎昔斯哥即所謂舊金山者是回首橫濱則對岸也舟中作記亦如約後有游江島者即以此記爲徵實劵可乎

十八日檢點游美利加行裝

游歷美利加圖經餘紀前編上　　游歷圖經餘紀五

花翎二品銜直隸即補道總辦北洋機器局前游歷使臣傅雲龍述

凡游合衆國華盛頓都至自三法蘭昔斯哥者輙繇嘉里符尼亞而列法達邦而尤達部而歪阿明部而拏布拉士格邦而愛阿窪邦而伊利那倚斯邦而英薹阿納邦而倭海約邦而賓夕佛尼亞邦而紐約邦而紐折爾西邦而瑪理蘭邦以至其都此自西至東之中行鐵道雲龍行南太平洋鐵道何歟耳聞密士昔比河工與中國黃河相頡頏不得不假道紐阿林究其源流僅言弗欲與歸道複猶其次也或曰是有二危德格懿斯執拓無人之地路劫宜鑒前車一也暴風損人畜無算相去二日耳二也然皆履如坦道既著密士昔比河工說遂游厥都擇聯邦工肆之善事若舟若車若兵若農器若五金鎔鑄撮厥大要著之圖經而心目所治依日識之航海以太平洋爲寬瀛車亦難可以南太平洋鐵道爲短也南太平洋鐵道詳上光緒十四年秋八月十五日車發士伯林飛耳將有英屬地之游遂以是日爲斷述游歷美利加圖經餘紀前編

四月十九日辰正登西地阿夫里澳臺日鴉尼路輪船巳正羅理事等纔小輪舟別於英止波場而輪發橫濱船主名而布里其船造自寶夕佛尼亞邦之給斯太初爲巴西人船繼歸美利加公司長三百五十尺寬三十二尺容二千二百七十五噸有奇蒸氣壓力一寸方面約七十五磅受七百七十五客上艙三十四其牀倍之無中艙所謂中艙者即下艙之有臥榻自成片段者也以竹支布臥輒抵足布筒引風裁足通氣呼吸皆穢無病亦病其艙載廣東人七百有奇雖尠畧賣然無資者外國人輒自香港假銀三百圓橫濱如之行至舊金山償乏告貸以二年工償之償足傭錢乃可自得雖然月直多輒百餘圓少亦二十平均以三十圓計之十四萬人即月得其銀四百二十萬圓歲計無慮五千萬有奇矣是以貧趨若鶩礦務鐵道工省且捷用者初無禁意而埃利士工忌之以彼入籍與公舉權而華工則否奚以敵耶洋面無邊初航暈浪輒不克食

二十日午正計自展輪至此海里二百八十八合華里九百五十東航少北北居里六十二東經百四十四度四十五分就英吉利綠威

起算航海通例也北緯三十六度五十七分太平洋潮有寒熱兩綫此行涼潮氣候頓減

二十一日午正又行海里二百五十八合華里八百五十一東航少北北居里六十七東經百四十九度三十八分北緯三十八度三十七分

二十二日午正又行海里二百六十五合華里八百六十四東航少北北居里六十一東經百五十四度三十九分北緯四十度四十四分風少緊鄉者聞廣東香港至寧波一帶七月風多天津上海江蘇海面二三月風多二月初九十九二十八三月三日尤忌而太平洋則以華紀三月後八月前爲平

二十三日霧重午正又行海里二百六十五合華里八百七十四東航少北北居里六十三東經百五十九度五十二分北緯四十二度四十三分雲龍不食五日矣強起少食漸可坐立

二十四日午正又行海里二百四十五合華里八百有八東航少北北居里六十九東經百六十五度有四分北緯四十四度十分

二十五日午正又行海里二百四十合華里七百九十有二東航少北北居里七十四東經百七十度二十五分北緯四十五度十六分風雨交作浪巨甚未時輪欹停修移時廣東人爲雲龍薙髮下艙華工以疾頓少其一

二十六日午正又行海里二百七十合華里八百九十有一東航少北北居里七十八東經七十六度四十三分北緯四十六度有九分與日本北海道千島嶼緯度同

又二十六日午正又行海里二百七十五合華里九百有七東航少北北居里八十一西經一百七十六度四十七分北緯四十七度有九分船主云昨日休息今日仍休息也按每日日出遞速十七分有奇多一日之說原不必定其多於何日然航海人輒平分航程增於其間

二十七日大風鼓浪午正又行海里二百八十五合華里九百四十東航少北北居里八十七西經百六十九度五十七分北緯四十七度有九分申時輪頓停蓋瀛罐受損也酉初修竣復行

二十八日午正又行海里二百七十合華里八百九十有一東航少北北居里八十九西經百六十三度三十三分北緯四十七度有二分與日本樺太島緯度同

二十九日午正又行海里二百八十五合華里九百四十東航轉南南居里八十一西經百五十六度五十分北緯四十六度十六分

三十日午正又行海里二百九十合華里九百五十七東航少南南居里七十七西經百五十度有七分北緯四十五度十四分

五月一日午正又行海里二百八十五合華里九百四十東航少南南居里七十五西經百四十三度四十四分北緯四十四度有四分食臥少慣

二日午正又行海里二百八十合華里九百二十四東航少南南居里七十六西經百三十七度三十分北緯四十二度五十五分下艙又一病者疑痘不知所終

三日午正又行海里二百八十合華里九百二十四東航少南南居里七十四西經百三十一度三十九分北緯四十一度二十五分

四日午正又行海里二百八十合華里九百二十四東航少南居里六十六西經百二十六度有四分北緯三十九度二十二分大風起尋雨如注夜船頓停以爲至舊金山矣時方子正問知滊罐重損而修逾半時復行五分時又停五分時開行如常

五日午正又行海里二百一十合華里六百九十三達三法蘭昔斯哥埠自橫濱至此海里四千五百七十一合華里一萬五千八十四其埠隸嘉里符尼亞邦始得此地者法郎西人三法蘭昔斯哥也因名環游地球錄三藩城即此埠口雙島對峙如門西向無草木夕日射潮作金色遂訝遏盧田拖多譯言金門也華人謂之金山曰舊對新金山言也彼不知痘視勝於疫患者兢醫而船歷十四日乃泊是船入口醫驗上下艙不一遺稅務司至又驗客行裝語繙譯曰中國游歷官未至時外部已行文矣船雖不泊得以小舟自達海關未初藉得力風知照中國總領事之駐此者西初至署計不履地者一十八日五洲洋面此其最寬回首

京都地分腹背出使美利加日斯巴尼亞秘魯張大臣已於四月十

日赴秘魯留代使徐參贊壽朋
六日與彭隨使承謨視自行街車前此未之見也其行以汽而罐在局
不在車車轉四輪行鐵軌上軌道之間嵌鐵條二相離寸許一鐵綫
行機流轉於中凡車欲行鉗着鐵綫脫鉗則車立停創自士丹福詳圖
經日本榊原浩逸歐米鐵道經濟論所謂綱牽鐵道即此而核厥名
不若稱汽機自行街車然非地無酷寒如三法蘭昔斯哥難免凍而
滯當別策以運轉之
七日綵嘉里符尼亞街乘車游拉達耳邱是其公塋地也地高於海
面百尺百卉爭妍其碑半雲石爲之或方或圓或如銳塔或肖經幢
與汕馬爹山相對譯言新米勝山也山有白貞烈女墓爲文表之曰
白貞烈廣東南海人一纏足弱女子也略賣舊金山逼狎不從被虐
無告而志堅自即于死時道光年間瘞汕馬爹山在士得頓街東南
約華里十有五綵是美利加人謂貞烈爲好女子而忍辱女逢中元
輙埽墓以爲常雲龍游外國墳山而貞烈孤墳相望律陵且惡遑論
文姬女墓而表亦宜嗚呼貞矣嗚呼烈矣南海志其可佚乎

大清光緒戊子夏游歷使兵部郎中德清傅雲龍譔文將勒貞石藉維氣節於二萬數千里外

八日屬餘紀草游書肆

九日游工廠

十日至中華會館華商述厥始末援筆記曰光緒十三年雲龍游始日本同文國也華人無舊金山之夥明年夏五至此訪紳耆於中華會館其總也分館七曰陽和立自東莞香山增城而博羅坿人萬有奇香山居十之八曰三邑立自南海番禺順德而三水高要四會高明花縣坿人數同曰人和立自嘉應惠州新安歸善人三千曰寧陽立自新寧人近六萬曰合和立自開平恩平及新寧余氏人三萬而余居半曰肇慶立自開平恩平人八千曰岡州立自新會鶴山人萬五千新會居十之八先是華人來始道光二十六年寧波最先或汕頭或澳門後皆航自香港數未百次年四百許二十八二十九兩年盈萬新寧新會開平恩平香山人較多立公司目三十年人且三倍公司遂分新寧新會開平恩平立四邑公司於唐人街尾東莞增城

新香山立陽和公司於天仁街南海番禺順德立三邑公司於華盛
頓街後山咸豐初四邑公司將徙板仁街尋分三一寧陽一岡州一
合和新安人又與嘉應惠州歸善立人和公司六公司目始此今板
仁街岡州館即四邑公司欲徙處同治初無慮十餘萬人立公所一
曰六公司此中華會館權輿合和公司尋分恩開肇慶二館光緒初
復合和名肇慶自爲館七會館目緣此八年六公司更名總會館旋
緣出使大臣定名金山中華會館以
聞設董事初六繼八護照給自大臣其期一二年有差總董事一揀
自總領事四月爲期紳董無定額司務通事律師各一內以解紛外
以禦侮第而曰鄉誼云爾哉食用一如中華不忘本也人逾十萬不
一資是邦物產招忌以此微獨掩土著工力而已雖然鐵道礦務賴
華人居多藝以工習工以商濟道以藝見何莫非
國家儲材外府與會於斯者其庶乎日新月異而歲不同也
十一日總領事偕至麻其脫街觀玻諾拉麻蓋油畫也三法蘭昔斯
哥有二一在夜治街一在此圓幕高四十尺許徑三十尺中有高臺

觀畫於斯其畫張壁寫美利加南北黨交惡戰事數百里烟火如在目前羣峯疊雲古木撑塹停峙起伏旋頭隱露有伏兵有疑兵有棄甲裂胄血漬短髮者有馬斷脰猶騎不得下而指麾未已者其畫瑣維理安之弟子爲之謂之密生那里勒治忙騰拔突譯之拔突之言戰忙騰之言山密生那里勒治則南軍所踞山名也鹿克澳奪山加他奴俄溪初亦南軍壁壘同治二年爲西一千八百六十三年西十一月二十五日北軍攻自平野自朝至暮勝之詳圖經兵事畫側有西斯脫者自言戰場將也言之歷歷尋游穩文園或謂之吳司闌畧近博物院非銀半圓無入以有華盛頓石像刻文詳圖經鯨魚骨二交立爲門海象八九尺許雙牙光潤亞於象齒海馬海豹之屬以藥乾之海狗生畜池中獅毛黃高三尺長五尺又有虎豹熊鹿狸猿更格盧狼狽之類狽前足五六寸後足五倍之骨節外曲與犬相反尾長四尺有奇前後判然兩物有洞壁嵌玻璃障水爲池游鱗可數園之中央有沼著艇如環上懸三帆童子以小槳蕩之則盤旋而行其石人衣紋畢肖其油畫形影自分其機轉山水附之飛走如生其花薰暖室玻璃四圍入則汗

淋淋下其草翦如茵而雜花成錦歸路視九層樓逆旅彼人言五大洲客店高莫此若謂之巴列斯和退西巴列斯云者宮府也和退西云者客店也高百二十尺屋千有奇

十二日屬餘紀草

十三日屬草如昨游機器肆

十四日傅烈秘（詳領事）導游鑛局晤局長愛蘭多見一試鑛新機器名福育士創自國人哈斯金八年以前未之有也（詳圖經物產）所用煤油謂之瓦斯多兒其試鐵法以二次綠鐵水一二滴入水加安質母宜鑛水變茶褐色如加費路丹亞內脫鈲水變深藍色其試銅法以銅水加安質母尼水變青色再加輕綠酸水復原色其試汞法以鈲礁水加二次綠汞變黃色有名費祈粉者色白和火酒變紅局中有天然金高一尺有奇成假山形有魚曰波基尼曰星（詳圖經物產）有木如砧其質石如其色漆如據言開鑛時所用木也壓久而堅有日本古銅鐘（詳圖經金石）又游立庫比澳尼亞會有星石擊之如磬

十五日屬餘紀草

十六日游凱風衛又游鐵庫所謂歇夫低波治脫利是也凡埠中極珍重物皆代藏之凡四千六百號每號門設三重以二頓鐵爲之中設機關機動則十六櫃紐俱開其鎖有表日以巳初開酉正閉爲常儻遲早有更則前一日約準開時未至其時無以啓也水火均不克入守藏銅人十有奇環游地球錄所謂最奇鐵櫃見於賽奇公會總院者殆此類之具體而微歟

十七日游船工廠傅烈秘等導乘馬車至華盛頓石君瓦福石君之言街瓦福之言馬頭也廠主愛文燕蘇克拖自迓道左蘇克拖其氏愛文燕其名也登輪艦行十三墅（海里四）至由爾安愛安瓦庫士即其船廠名道光二十八年（千八百四十八）始立同治九年（千八百七十）始增修創之者二一名比達一名日本斯士納書光緒九年（千八百八十三）始歸於此前後本銀二百萬圓地二十五野格凡野格云者猶言畝也然爲二千六百四十方尺登岸視厥船塢長四百三十五尺寬六十二尺深十九尺渠水十一尺其揚水器渠之左右各十有八名克莫利那壓力一寸四方受四百頓據言此塢已用銀七十萬圓廠開五年矣今爲諾

維耳修船其修船之弟十也價銀二十萬圓視馬力一千二百載千四百頓又修商船名久因巴希費克視馬力二千二百載三千頓而爲合衆國造鐵甲船今共第一擬名茶列司頓長三百尺入水十九尺視馬力七千五百其載三千七百三十頓其速率每時十九諾脱按諾脱譯言海里也合華里五十有六首鋭如魚可用以衝鐵甲厚處二寸有奇緊要處以鋼不以鐵其輪軸長五十一尺左右各一其輪葉以銅爲之工始於光緒十三年夏可成於此後六閲月也其廠有圜鋼造物器直徑三十三尺圜三倍有奇據廠主言游歷别國參酌而製五大洲大莫此若又有運物器懸鐵鉤大於手肱數倍形如轎車著於二梁鳴鐘發機可南可北而又可東可西其錐眼機巨細隨意先於鋼板畫從衡文文中錐小眼而器首平處露尖入之而壓如鑽厚紙其釘火鍛紅時安於眼中以模逼鎔如鑄其試銅鐵鋼器有鐵衡長二尺有奇懸錘而扁衡東置機輪繫繩衡西立分物器是日以銅條寸許竪之上下加鍥操縱其繩則機立動須臾扁錘漸移而西銅條亦長逾一寸有奇而細而斷視厥衡數爲萬三千磅力若

鐵可六萬數千而鋼力增欲知鋼鐵甲可受若干礮力非此末谿驗之又造商家鐵甲船一則單輪也小于茶利司頓又造二十餘尺小鐵甲船一則好事者爲之然體罔弗具凡造舟始圖其形繼以木爲模無所取之取諸精也歸艤輪舟如初廠主手觴祝曰此游前未之有非無禪於中國富曰願實事求是其子羅人斯愛蘇克脫送至海關而別

十八日携繙譯偕傅烈秘等游阿利加揣司地名礮臺乘馬車至華盛頓街馬頭其營官胥徠撥亦至同登輪舟行六里餘二海里達阿利加揣司是三法蘭昔斯哥埠東一小島也在海水中泊岸兵持鎗立四弁握手上馬車行視大礮二小礮一十有奇然多舊式兵監醫室食宿所罔弗備其兵日支麥粉二十二兩可蒸麵包三十一兩每食約餘八九兩以備不足復乘輪船西北行里如初二海里經莎士里頭亦一小埠又三里餘一海里經地曰南音榜曰擠倚耳比奇皆列小礮復經礮臺曰因羗阿倫又西南行九里三海里經法旁倚有方礮臺安礮如孔數又東行里餘半海里白斯低約亦有礮臺然皆非所經意細詢

厥繇民盡知兵萬一倚礮臺爲援工匠四出月餘立辦蓋適用在泥沙不在磚石也又南行里餘（海里半里）至法美士（地名）而骨徠撥留餐出眡兵器導訪福鏊米斯譯言提督也名豪穩見客獨以左手握視其右則無手也自言南北兵起中槍劃之伯里璽天德而下提督分等凡三一等一人二等三人豪穩蓋三之一也三等三人親兵千所轄之兵五千見其家人飲中國茶而別往還約六十里有奇（輪舟行海里十八馬車行一英里有半）

十九日屬餘紀草

二十日眡海濱要隘

二十一日屬草如前

二十二日三法蘭昔斯哥埠火者三電鐘一鳴救火車立至火不成災以此凡報火鐘之數以其地異聞者不問而知（尾臣及睩罷街數二十得顚及邑連刮桂街數三山峇及邑連刮桂街數五猛金及邑連街數六乾利及邀寅街數八攏委路及邀寅街數九乾利及喀鎛寬暱街數十二付及命及步律委街數十三士得顚及步律委街數十四企鏊及衣士街數十五怕思域及尾臣街數十六巴思域及乾利街數十七積儐及山峇街數十八爹華士及華盛顚街數十九企鏊及乾利街數二十一企鏊及爹納街數二十三企鏊及攏喊路街數二十四華盛顚及

（都扳街數二十五企釐及畢達釐街數二十六猛金及衿尾臣街數二十八卡𨫼寬呢及士得顚街數二十九希力及山岑街數三十一喀𨫼寬呢及地冢緑街數三十二尾顚及士才街數三十四猛金及扁街數三十五科岑及士才街數三十六畢達釐及保樹街數三十七升杰及弟二街數三十八考話及士卑街數三十九尖打及尊士街數四十一加釐及尾臣街數四十二柯化路及都扳街數四十三柯化路及尊士街數四十五乾利及石打街數四十六壹地及鋪喊路街數四十八士得顚及石打街數四十九科岑及卑釐街數五十一尾純及弟付釐杺街數五十二須及弟三街數五十三考話及弟二街數五十四罢櫨寅近弟一街數五十六罢蘭崙及弟二街數五十七科岑及弟一街數五十八唐山火船馬頭數五十九其數所無一日十曰十一日二十日二十二日三十日三十三日四十日四十四曰五十日五十五止於五十九）

二十三日游扳爹毡工廠華人謂之廣英記元利自咸豐八年始（西千八百五十八）中有華工羊毳之精麤製造之良否工費之損益諏度較易（詳圖經考工）

二十四日此西七月四日即華盛頓自立爲美利加合衆國日也其方言謂之弗耳四茨弟倭夫之鳩來（詳圖經風俗）是日已正游兵於埠市恒例也或步或騎或礮車或火藥車繼以救火開山伐木之役下逮授餐雜流罔弗用開國時衣物厥意有二一不忘舊一以勵新南北戰場之餘生老者癃者裂面者損目割耳者折肱斷脰者皆得褎束

而出以一車載穉女三十有九其一居中象合衆國也環坐三十八象三十八邦也凡法德義諸國入籍之兵增其國旗別之隊長皮冠或高二尺有奇上插紅纓而皮毛則黑白互異中國爆竹火珠之屬前二夕已有聲未若是日從朝至暮厥聲未已約直銀二萬圓云而救火電鐘鳴十三次

二十五日覩海狗山一道火車其車二艙其艙列几十有五其几容二是一車之客六十也繇汽機自行車而乘之行曠野而海岸而隊道（約六十餘尺）約華里三十有六（英里十二）至蘇獨樂園草茵蔟花瓤與華異或蕚近海棠而葉光或葉似雁來紅而形變罌粟之花壘丁香之花黃皆見所未曾濱海平臺墻如城雉有三十六桀半立泥石人於其上所謂海狗山者可俯瞰也危石三四怒蹲潮頭海狗昂首上石厥毛蒼黃前牛類犬喙又類狐尾寬有歧出形或曰即後足也殺海狗者罰有定章此道火車專為此設車旋山灣猶聞海狗聲也如呵如哈不與吠同

二十六日屬餘紀草

二十七日訪鐵道工

二十八日屬草如前

二十九日遇聲學家與之考究聲傳一秒時之速率視所傳而異如傳自空氣約一千一百四十二尺傳自水約四千九百尺傳自鐵約一萬七千五百尺傳自銅約一萬三百七十八尺傳自木約一萬二千至一萬六千有差然則速莫識若

六月一日鑾游歷美利加圖經經緯表測自中國京都一如日本圖經例

二日測如昨

三日定中國美利加月朔表體例郵致雲龍子范晃等按日排比

四日訪鐵道公司言及隧道凡洞巖而出其高以三十六尺爲適用欲減其高勿不及於二十六尺也寬亦如之欲減其寬亦勿不及於二十七尺也

五日鑾中國美利加較時里差表三法蘭昔斯哥寅初三刻五分我京都午正

六日籑美利加圖經寒暖平均表

七日籑美利加圖經晴雨表三法蘭昔斯哥雨少然夜多霧

八日校美利加地理圖游養兵院

九日按圖如昨

十日按圖又如昨

十一日定合衆國總圖初蘽青田縣圖石商林氏等五人登岸先是五人至埠既無護照（上海及横濱埠有給照權）又尠同里欲登不得遂航檀香山所携路資銀一千五百已罄復虧千金以石抵償復至乃登

十二日游阿路美達之開礦火藥引工廠導游者衛福榮也携繙譯等乘雙馬車至海岸而上輪艦初不知車在船中鼓輪乃覺汽船塌來凡十此其一也名紐蓰長二百尺寬三十尺載五百二十一頓每一方寸面約一磅壓力每泊十五分時而開行十五分時而至海面十六里有奇（海里五）復乘馬車行海濱淺道三里有奇（海里一餘）木梁坦甚有欄欄外即雙鐵道火車如織如飛離海又行三里有奇（英里一餘）而道迷問道於華工之解英語者乃進途見木列庫局譯言瓦局也亦以

汽機燒瓦又行三里有奇（英一里餘）至其工廠名維西坦飛屋法克立於本年春其地一野格其房八其費銀萬五千圓其汽罐馬力十有八有機器曰飛油石譯言搓藥器也器頭出樓上形如銅碗盛火藥而底有孔漏於銅管接樓下器筒其線轉之筒中其火藥承之筒孔其機旋轉成索其線別因小輪斜纏索上又機器曰拉丙吾譯言捲繰器也中置松香油鑊以機拖索一過入器而裹布條（寬一分許）至再至三拖裹如初入上粉機乾之盤五十尺爲一圍日成五萬尺其工長名傅蘭克耳爲美利加人其工十二其貲日支銀一圓有半少者一圓耳試燃厥引入水不熄凡鑛穴置炸藥以此引之其端加銅冒內置炸藥六分廠南七里（英二里餘）又面利柏火藥引廠工器略同歸乘汽船與來船亦無大異是游往還航四十里（海里十二有奇）車行十五里（英里五）

十三日屬餘紀草而腹疾起食物不化

十四日饗美利加圖經疆域原始

十五日饗如昨夜分始寐

十六日饗美利加合衆國沿革

十七日釋疑於美利加人之地理家
十八日纂合衆國方里表游鋸木廠
十九日纂合衆國四至八到表
二十日纂合衆國名稱歸一表
二十一日纂美利加邦部方類暨合衆國形勢
二十二日纂合衆國都游練兵場
二十三日纂合衆國通都大邑
二十四日纂合衆國邑表
二十五日纂海灣表
二十六日纂海濱雜識訪測海岸者
二十七日纂島表考岬峽之屬於地輿家
二十八日纂美利加圖經山
二十九日纂合衆國地輿雜識
三十日纂美利加世系表欲前游而費未獲
七月一日纂美利加副伯理璽天德表

二日至船工廠愛文燕蘇克拖宅訪聯邦工廠異同

三日欲游英屬地加納大訪之英領事言非紆道至美利加國都向英使索護照不可游也游之不克遝行如是

四日游沃魯定(金)格多(門)巴沽(園)譯言金門園也或謂之公家園其屋中央突起塔形而櫛比不一窗與瓦皆玻璃爲之先是燬於熖花火而士丹福出銀三十萬圓復之以葉作花者多池蓮紅白厥瓣銳出曲徑通車有屋七其柱帶皮橫斜皆任天然求之西製所罕見也叢樹陰裏古木一段圓形如礎平面向外直徑一十八尺譯厥標字言木歷三千七百年而伐凡高三千八十尺所存段木裂矣以釘聯之是游緣自行車而乘火車往還凡三十六里(英里十二)

五日饗華盛頓傳

六日饗美利加圖經風俗游織絲廠

七日購覩密士昔比河工及游合衆國都火車票其車出南太平洋鐵道公司其長名布拉多嘉里符尼亞人一月一察勳工此其時也與之偕行是以餐別一車彷彿輪舟餐房而小詢以車工厥直有差

如上等車之最有房一間堪容四客外房堪容三十客有奇直銀一萬三千圓其次以一千數百圓爲廉機器一車非九千圓不辦也其止車有空氣壓力鐵筒盤抵輪間停車輒覘厥輪有損則易洩漏增油其常也下車之級四凡赴合衆國都由北路居多今由南而東欲覘密士昔比河工也

八日檢點行李

九日增鉛槧册子戍初發行李凡火車上等許携衣物一百五十磅中下有差逾此索直不少假借携繙譯等乘輪舟行十五里海里三渡海即所謂屋侖也上火車戍正展輪溫度僅八十有五而車發熱增如雷如火棉衣頓却隱几竟夕睫不得交行十二里英里四澳庫蘭又五十一里英里十七合前廿一三拔布路又九里英里三合前廿四蘇布蘭低又十五里英里五合前廿九比諾里又九里英里三合前三十二鎖庫勝又十二里英里四合前三十六布士可斯達又十八里英里六合前四十二馬治宜都又二十四里英里八合前五十卑波因多又十五里英里五合前五十五根沃耳又二十四里英里八合前六十三安角庫是日行一百八十有九里停車場十有一

十日單衣汗猶浹背溫度已一百十度矣非冠非領不得與餐殆無禮之苛禮歟車軒偶闔氣不克暢當風一闢驚砂坐飛而冰水罔有缺猶幸又行十五里（英里五合前六十八）布遵多屋時子初二分又二十七里（英里九合前七十七）比龍又十八里（英里六合前八十三）碧沙宜又九里（英里三合前八十六）多拉西又二十四里（英里八合前九十四）邦達又三十三里（英里十一合前一百有五）拉斯羅布又九里（英里三合前一百有八）理本又十八里（英里六合前一百十四）沙里達又三十九里（英里十三合前一百二十七）莫低斯多又三十里（英里十合前一百三十七）達羅庫又四十五里（英里十五合前一百五十二）理文斯屯又三十里（英里十合前一百六十二）馬斯多又四十八里（英里十六合前一百七十八）阿斯龍又二十一里（英里七合前一百八十五）馬遵達又三十六里（英里十二合前一百九十七）馬低拉又三十里（英里十合前二百有七）哈密屯又二十七里（英里九合前二百十六）不內色而又三十三里（英里十一合前二百二十七）法拉又三里（英里一合前二百二十八）金斯拔又四十二里（英里十四合前二百四十一）我信又三十里（英里十合前二百五十一）主納又九十三里（英里三十一合前二百八十二）低拉諾自三法蘭昔斯哥至斯皆坦塗也然水少此地一井資以飲者四十五邑過此行兩山間六十里（英里二十合前三百有二）三拏而山之分者合又三十六里

英里十二合前三百十四維奪有隧道一又二十一里英里七合前三百二十一客林多有隧道二又四十五里英里十五合前三百三十六比兒彼理有隧道六又十八里英里六合前三百四十二基爾有隧道九長者逾四千尺或出洞中或越洞頂蓋螺旋蝸折則崎嶇頓忘而非測斜度之引力難可敵車受之阻力也又二十四里英里八合前三百五十露布又六里英里二合前三百五十二低哈差比又三里英里一合前三百六十二加米龍又二十七里英里九合前三百七十一摩日布又三十三里英里十一合前三百八十二路沙茂又七十二里英里二十四合前四百有六蘭加斯達又三十三里英里十一合前四百十七阿耳冰又三十里英里十合前四百二十七阿庫屯又十五里英里五合前四百三十二沙阿斯才土有隧道四長短有差又二十一里英里七合前四百三十九蘭又三十三里英里十一合前四百五十蘇客斯又六里英里二合前四百五十二雞厚耳又十二里英里四合前四百五十六堂宜耳又十五里英里五合前四百六十一法南土又三十里英里十合前四百七十一拔颯苦又九里英里三合前四百七十四西帕耳比達又二十四里英里八合前四百八十二羅士安治而又二十一里英里七合前四百八十九學布又六里英里二合前四百九十一三客布理耳又九里英里三合前四百九十四沙拔納又三里英里一合前四百九十五懋地又十八里英里六合前五百有一本地又三十里英里十合前五

百十一斯帕士拉又十二里（英里四合前五百十五）波莫麻又十八里（英里六合前五百二十一）音達里澳又九里（英里三合前五百二十四）客客茂沃又四十八里（英里十六合前五百四十）哈而丁又九里（英里三合前五百四十三）茂士希低又十二里（英里四合前五百四十七）布耳庫才士是日行一千四百五十二里停車場四十六自三法蘭昔斯哥至此千六百四十有一里

十一日又行二十一里（英里七合前五百五十四）衣而白阿司時子初一十七分又二十七里（英里九合前五百六十三）比茂士又十八里（英里六合前五百六十九）拔宜又十八里（英里六合前五百七十五）加拔迭又二十四里（英里八合前五百八十三）懷士沃達又二十四里（英里八合前五百九十一）希文巴木又六十三里（英里二十一合前六百十二）印治沃又三十九里（英里十三合前六百二十五）沃達斯又三十六里（英里十二合前六百三十七）沙而屯又四十八里（英里十六合前六百五十三）刷鈴庫士又二十四里（英里八合前六百六十一）士布林庫又三十里（英里十合前六百七十一）夫羅林維耳又三十六里（英里十二合前六百八十三）麻磨斯當庫又三十三里（英里十一合前六百九十四）晉斯幾士又四十二里（英里十四合前七百有八）士和林又十五里（英里五合前七百十三）加多達斯又六里（英里二合前七百十五）澳治而比又四十八里（英里十六合前七百三十一）尤馬此猶嘉

里符尼亞邦地也過此入阿里瑣那部界又十八里英里六合前七百三十七加落比里又二十四里英里八合前七百四十五幾拉西低又四十八里英里十六合前七百六十一亞屯低又三十里英里十合前七百七十一達庫那又四十八里英里十六合前七百八十七莫哈布又十八里英里六合前七百九十三低基沙斯希耳又三十九里英里十三合前八百有六亞低庫又三十里英里十合前八百十六斯堂維庫又十五里英里五合前八百二十一千治宜耳又六十九里英里十三合前八百三十四北因土路庫又四十八里英里十六合前八百五十幾拉本土又二十七里英里九合前八百五十九路斯幾又三十里英里十合前八百六十九野斯土里拉又二十七里英里九合前八百七十八茂低都馬又二十七里英里九合前八百八十七希東又十五里英里五合前八百九十二馬里哥拔又三十里英里十合前九百有二西土沃達又三十三里英里十一合前九百十三加沙沃蘭蒂又三十里英里十合前九百二十三土耳低庫又二十七里英里九合前九百三十二比加葛又四十二里英里十四合前九百四十六列土路庫又四十五里英里十五合前九百六十一理利土又三十三里英里十一合前九百七十二日宜土又十八里英里六合前九百七十八打苦送又二十一里英里七合前九百八十五威耳磨土又二十四里英里八合前九百九十三拔拔沃又三十九里英里十三合前一千有六邦達諾又三十里英里十合前一千一

十六美司加祿又二十四里英里八合前一千二十四辦送又三十里英里十合前一千三十四沃嶲亞是日行一千四百六十一里停車場四十有八自三法蘭昔斯哥至此三千一百有二里

十二日又行二十七里英里九合前一千四十三土拉昆山時交子初又三十里英里十合前一千五十三客治斯又三十三里英里十一合前一千六十四維可庫司又二十七里英里九合前一千七十三列路巴斯又四十五里英里十五合前一千八十八波爲又四十八里英里十六合前一千一百有四杉石茂又四十二里英里十四合前一千一百十八斯定斯巴司此阿里瑣那部界也過此入紐墨西哥部界又東北行四十五里英里十五合前一千一百三十三比拉美士又十五里英里五合前一千一百三十八羅士拔又三十三里英里十一合前一千一百四十九利斯本又東南行二十七里英里九合前一千一百五十八西礱又三十三里英里十一合前一千一百六十九維而那又二十七里英里九合前一千一百七十八格致又三十三里英里十一合前一千一百八十九久宜司又十五里英里五合前一千一百九十四笛鳴又四十二里英里十四合前一千二百有八都宜又四十五里英里十五合前一千二百二十三昌布列又四十二里英里十四合前一千二百三十七亞田又三十六里英里十二合前一千二百四十九阿夫屯又三十里英里十合前一千二百五十九拉那庫

又三十六里英里十二合前一千二百七十一斯土羅斯過此入德格瑟斯邦界又三十里英里十合前一千二百八十一羅瑟斯又東行十五里英里五合前一千二百八十六葉落怕蘇停車二時易車而行蓋察軌之鐵道公司長至斯回車也先是三法蘭昔斯哥車發時一聯十有三車漸行漸減今皆易之餐必下車僅十餘分時從者嘆難果腹申正五十六分行又三十六里英里十二合前一千二百九十八世斯利達又九里英里三合前一千三百有一利北拉又十八里英里六合前一千三百有七三世利沙羅又十五里英里五合前一千三百十二古土利拉又九里英里三合前一千三百十五法辨斯又二十四里英里八合前一千三百二十三理沃柯蘭又五十四里英里十八合前一千三百四十漢柯庫又二十四里英里八合前一千三百四十八麻田又二十四里英里八合前一千三百五十六冰列又二十七里英里九合前一千三百六十五美龍又二十四里英里八合前一千三百七十三野所達又十二里英里四合前一千三百七十七而拉布蘭客又三十里英里十合前一千三百八十七奧利訂又二十七里英里九合前一千三百九十六多拔託又二十七里英里九合前一千四百有五達耳拔又二十七里英里九合前一千四百十四哈斯幾耳又四十八里英里十六合前一千四百三十治斯筏又二十四里英里八合前一千四百三十八文地耳又二十四里英里八合前一千四百四十六窪達金又四十

八里英里計十六合前一千四百八十二梁又五十七里英里計十九合前一千四百八十一馬法時已亥正五十分是日行一千三百八十里停車場四十五自三法蘭昔斯哥至此四千四百七十里

十三日又行四十二里英里計十四合前一千四百九十五碧沙諾時子初二十二分又二十四里英里八合前一千五百有二德而仍忒又十五里英里五合前一千五百有八麻比斯維里又十八里英里六合前一千五百十四薩路比又三十里英里十合前一千五百二十四阿路治拉又四十八里英里十六合前一千五百四十麻拉送又二十七里英里九合前一千五百四十九窪維苦又二十一里英里七合前一千五百五十六赫茂又二十四里英里六合前一千五百六十二第拔又十八里英里六合前一千五百六十八麻送斯布林又二十四里英里八合前一千五百七十六路先飛鐙又二十四里英里八合前一千五百八十四龍飛路又二十四里英里八合前一千五百九十二野馬送又二十七里英里九合前一千六百有一三達送又四十二里英里十四合前一千六百十五野耳士立治又二十一里英里七合前一千六百二十二土雷田又二十一里英里七合前一千六百二十九沙斯屯又四十八里英里十六合前一千六百四十五路綺沙又二十七里英里九合前一千六百五十四沙美班又六十里英里二十合前一千六百七十四藍士理又三十三里英里十一合前一千六百八十五上拉又三

十里（英里十合前一千六百九十有五）邊低土給博其間有隧道二長三里（一英里）一長一里有四分里之一（英一里餘）相去僅二十尺（辰初過之）又二十四里（英里八合前一千七百有三）夫來忒又三十三里（英里十一合前一千七百十四）昆斯土庫又三十里（英里十合前一千七百二十四）費列又三十三里（英里十一合前一千七百三十五）低維耳穿又十八里（英里六合前一千七百四十一）馬地生又二十四里（英里八合前一千七百四十九）德綾洛而又二十七里（英里九合前一千七百五十八）絨斯屯又四十二里（英里十四合前一千七百七十二）宜維耳又四十二里（英里十四合前一千七百八十六）斯波法土又五十一里（英里十七合前一千八百有三）漥耳土又十八里（英里六合前一千八百有九）古領又三十六里（英里十二合前一千八百二十一）紐我昔司又十五里（英里五合前一千八百二十六）尼入路倉又三十三里（英里十一合前一千八百三十七）加多飛又三十三里（英里十一合前一千八百四十八）沙比那耳又三十九里（英里十三合前一千八百六十一）土哈宜斯又二十七里（英里九合前一千八百七十）漢士又二十七里（英里九合前一千八百七十九）當列又四十五里（英里十五合前一千八百九十四）拉可斯低又廿一里（英里七合前一千九百有一）麻庫土那又五十四里（英里十八合前一千九百十九）三安土呂又三十九里（英里十三合前一千九百三十二）昆拔斯又三十六里（英里十二合前一千九百四十四）馬絨又三十六里（英里十二合前一千九百五十）

（六）西元又二十七里（英里九合前一千九百六十五）金斯拔列又三十六里（英里十二合前一千九百七十七）路林又二十七里（英里九合前一千九百八十六）哈吳土又三十九里（英里十三合前一千九百九十九）維耳達又三十九里（英里十三合前二千一十二）福拉土宜阿又十八里（英里六合前二千十八）原治耳又十八里（英里六合前二千二十四）斯可連拔又二十七里（英里九合前二千三十三）維麻又十八里（英里六合前二千三十九）拔田又二十一里（英里七合前二千四十六）庫利田又九里（英里三合前二千四十九）科侖拔斯又九里（英里三合前二千五十二）司壘司又三里（英里一合前二千五十三）阿列屯又十八里（英里六合前二千五十九）蘭西又十八里（英里六合前二千六十五）以苦路累又二十一里（英里七合前二千七十二）紐費里地又三十里（英里十合前二千八十二）以斯土拔那是日行一千七百七十六里停車場六十三自三法蘭昔斯哥至此六千二百四十六里途間向夕東南電掣壘雲游美利加國之見電始此車中人言一年半前邦之匪人於斯刧車外鎗一發內應四出初不辨孰客孰匪也戕其客官二多傷者雖禽治不移時行者不無戒心蓋德格瑟斯境內鐵道罔非短艸黃沙叢生若蕪挺出若樹皆仙人掌也印甸人渴即剖其實飲之初尠鎮市然後此東至力通難以今概

十四日又行二十七里（英里九合前二千九十一）郎登時子初九分又二十一里（英里七合前二千九十八）路先拔又九里（英里三合前二千一百有一）立致猛又二十一里（英里七合前二千一百有八）臥克又十八里（英里六合前二千一百十四）斯他法又三十三里（英里十一合前二千一百二十五）比西又三十里（英里十合前二千一百三十五）好司頓又四十八里（英里十六合前二千一百五十一）西路用又十二里（英里四合前二千一百五十五）嘎拉司比又四十五里（英里十五合前二千一百七十）低屯又十八里（英里六合前二千一百七十六）利北而斯屯又三十六里（英里十二合前二千一百八十八）低拔斯又三十里（英里十合前二千一百九十八）斯窪列又六十里（英里二十合前二千二百十八）比茂又三十里（英里十合前二千二百二十八）低理又三十三里（英里十一合前二千二百三十九）沃達怡又三十三里（英里十一合前二千二百五十）西粉又三十里（英里十合前二千二百六十）野土沃列又四十五里（英里十五合前二千二百七十五）西湖加列又九里（英里三合前二千二百七十八）累茶列斯又三十三里（英里十一合前二千二百八十九）愛呵窪又三十六里（英里十二合前二千三百有一）雉而治又三里（英里一合前二千三百有二）日宜庫又四十二里（英里十四合前二千三百十六）麻緬酒又三十九里（英里十三合前二千三百二十九）庫路列又二十一里（英里七合前二千三百三十六）列因又三十里（英里十合前二千三百四十六）斯格多又十八里（英里六合前二千三百五十二）拉飛治又三

十三里英里十一合前二千三百六十三給士又二十四里英里八合前二千三百七十一紐以拔利又六十里英里二十合前二千三百九十一波士運又十二里英里四合前二千三百九十五夫來音哥另又四十二里英里十四合前二千四百有九拔達送維里又十八里英里六合前二千四百十五拔維庫又三里英里一合前二千四百十六磨昆又七十五里英里二十五合前二千四百四十一斯苦利拔又九里英里三合前二千四百四十四地司阿列傍又一百五十三里英里五十一合前二千四百九十五亞而幾亞又三里英里一合前二千四百九十六紐阿林英有地名阿林此謂之紐猶言新也蓋入魯西阿納邦界已七百餘里英二百餘在邦治別東路之東南是日行一千二百四十二里停車場三十有九自三法蘭昔斯哥至此七千四百八十八里向例以申初三十五分爲限而到時已申正三十分矣尋乘輪船度密士昔比河河面三里有奇英一里餘船與三法蘭昔斯哥相似而艙間亦有軌道直與鐵道相接旣泊以行李付運物車而自乘車投逆旅曰先多茶列斯其廳鋪地皆雲石也電燈纍纍如白茄就椄書名即呼波伊携鑰指屋波伊云者猶言僕役也有黑奴有白人從者皆云甚矣黴憊面黧目赤唇裂腹枵而屋絕點埃扇支半帳帳從旁門入上斂下哆黑奴手一磁盆盛清涼

水滸面頗爽遂檢美利加外務省許視河工之書繙譯加函分致厥官多避暑未回積倦而臥雙睫一交猶覺簸如震如身在輪鐵風日中也中途目擊牛馬或狼籍欄左木根半露板屋四欹問知前二日烈風雷雨無慮八百一十里（英里二百七十）覆煤艦二十有七人畜遇之輒損所損物直銀二百五十萬圓無怪車塲電桿非中傷即交倚也此數十年未見之災或曰游早二日將毋危

十五日旨雨乘馬車訪海關官熱那斯坐中有電氣扇銅葉徑尺涼颼頓生據言此地歲稅無慮五十萬雖遜紐約而實爲合衆國之弟二也導登屋頂步馬口鐵東望河流如帶即所謂密士昔比者是問工則曰有治河長召之即至偕游河工署其署分自棉花公司遂乘機梯自上層樓視河工分圖隨叩隨鳴惜繙譯汗出如雨未克一一講求也訂明日同履河隄之約而退尋游醫學校其長名蘇列其生三百二十有五其陳列諸骸無間人禽此外大校二小校七莫遑遍眡歸又雨如注向晚雷游美利加之聞雷始此

十六日天將明起乘馬車如約與河官等歷視密士昔比河畔問源

窮流復覽所謂堅隄者或受急湍或抵沙灣亦惟是立樁障板編梆雜石焉耳問別有善策乎曰若減寬若去曲若濬中若疏口是其著效者此次雨不決河亦未始非築隄之大驗一言以蔽之曰實（雲龍）於是述密士昔比河工說載之游歷美利加圖經未正歸店疲不堪言從者皆欲且息而房一椽之宿五金一飯之飽二金一馬車之往還十金一客來之酒茗果食又輒數金囊且罄矣於是申初強起即携繙繹等乘火車行九十里（英里三十）墨西哥灣水歧入紐阿林西北而鐵軌以橋爲道飛車過之夾道漸多長松出魯西阿納邦界又入密士昔比邦界六百三十里（英里二百一十）

十七日入阿拉巴麻邦行千二百里（英里四百）出界又入若耳治尼亞邦行三百三十里（英里百一）十一出界又入叟司喀爾勒那邦行二百七十里（英里九十）出界是日於阿多蘭達見豕犬首狼尾其耳立叟司喀爾勒那邦土色多赤厥木多松厥土宜棉蔗

十八日又入諾司喀爾勒那邦行一百八十里（英里六十）出界又入勿爾治尼亞邦行二百七十里（英里九十）出界又二百一十里（英里七十）至華盛頓

都科侖布亞時交辰初自三法蘭昔斯哥至此凡一萬有六百六十八里（英里三千五百五十六）雖然軌道有交有讓有分支車程之伸縮視公司異同難可以彼例此（雲龍）就所行言也

游歷美利加圖經餘紀前編下　　游歷圖經餘紀六

花翎二品銜直隸即補道總辦北洋機器局前游歷使臣傅雲龍述

十九日徐代辦使商定游歷事

二十日游議院是合衆國立法處院分上下議長皆居中高坐餘則層坐圍向之高樓聽議男女閱有或阻面議長者別國使臣以次坐也是日人約數百上院議南黨多黑奴舉伯理璽天德未若北黨之實下院議整飭水陸諸軍聽者鼓掌或離坐私語議長以木拍案蓋遜上院之嚴肅矣其院上左下右其間高屋頂圓而銳中繢人物第三層望如鐫石實亦畫也別有圓屋環立石人厥地鋪石如中國方磚形黑白相間司事者導立某石自語而音如出石又導二三人分立某某石一人語而音如分出人人所立石或者奇之雲龍曰殆圓壁歛聲歟有通物理學者曰然又游公家博物院有中國磁器云購自稅務司赫德然明元磁贗歸路臣華盛頓紀功碑以石砌成其高五百五十二尺其體四方其首四削而銳其上四面八窗面各二窗其下有門可螺旋上

二十一日徐代辦使偕往列司台德（或譯列巴多門多爾夫士迭多）譯言外部其長稱塞格雷達（或譯塞古理答宜）猶言伯理璽天德參贊也名蚆嗄言伯理璽天德願見游歷使以中國八月朔爲期蓋避暑即回也凡訪官商繙譯名刺得隨投之獨訪外部不投繙譯名刺若識外部長未出别國使罔或先行殆重之歟然治事多瑣屑即一商出境罔弗親簽護照兵部海軍部與外部署中分外合毋亦謂玉帛或窮干戈相爲倚伏歟時陸軍長卒議院石柱圍青布一幅亦識素也訪秘魯使飛加拉英使威使德日斯巴尼亞使模盧活嘉或見或左所需游歷護照亦或給或否見朝鮮使朴定揚（其書記李長榮李商在隨使姜進熙李憲用曾同舟於日本）參贊未至凡中西使有參贊日本使有書記朝鮮門兼效東西

二十二日許隨使導游養老兵院去使館十五里（英里五）先是休息南北戰兵之老且瘻者歲汰亦得與焉地約三里（英里許）厥屋有增卉底闢軒木下臥几優游此間兵且七百

二十三日游工廠

二十四日游華盛頓阜多譯言華盛頓礮臺也乘伯格馬車（無障以細鐵柱）

支頂帳二十七里英里九至奢文石多理多譯言第七街即輪舟馬頭也登舟泝下葡萄壘河亦謂之婆多麥河行一百五十里英里五十至業拔河也飛由景致也曲橋起伏五六鐵軌盤旋無所取之取諸游也小車四輪如榻如欄橫板七八雲龍初不知其若飛也坐第一板厥機一發馳軌上下耳邊生風渴驥之奔未遑多讓況痺筋力爲之一舒飯後呼艇二彼人坐蕩雙槳無異華人須臾微風出岸木恍行餘不溪灣也六里餘英二里餘泊華盛頓礮臺磚石爲之据戌者言此其躬定故名同治十一年後千八百七十二無所用之南北兵戰於四十五里外英十五里外少戒嚴也今存舊礮一百一十覘之將歸而大雨傾盆避之臺畔雨止即步入艇未幾日出炙背如火尋登輪舟申正展輪酉初三十分易車而歸是日往還舟行三百一十有三里車行五十四里步行六里

二十五日訪圖籍書坊不如紐約

二十六日游練兵場

二十七日至外部得游英屬地加納大護照

二十八日徐代辦使導游合衆國戶部印紙局詳圖經致工其局長吳列

布士出視伯理璽天德像蓋局工鏤之鋼板而印者也歸時冒雨游拍登阿夫斯其拍登孰謂謂器式也其阿夫斯孰謂謂公所也此屬巴敦特拔或譯作木遜拔□□綿多譯言工部也亦謂之內部凡自出心裁不由勦襲不落窠臼有用於世者則給文憑許專利若干年否則却之此機軸之淵藪亦藝苑之生面也儻獲寬以歲月相觀而善視潛悟爲何如耶其長達利西苦列他往其副馬耳多倫令其屬偕覽罔有阻其地五色磁如毯如錦其上蓋玻璃瓦其層樓丛器櫥成行其器式槍礮舟車與夫裝飾細物罔弗新益求新其農具環游地球錄所謂無從記載者皆堪目治即如揚糠器之與華暗符播種器之無齒無縱收穫器之不勞不滯藝圃器之隨行隨得譯圖紀攷工會於司事哈窪道處見圖

二十九日游野襄雅耳昆公司是修水雷者在蟻史忒石多理多譯言東街然司事所居非鳩工之肆也公司中人哥理登一譯古列柬言去年創造空氣水雷礮堪洞一尺四寸厚之鋼板今於紐約之山答阜多廠造四水雷皆帶撞船每船礮四其礮後膛受一千二百磅開花

子以機引入空氣一一二分時即發自言水雷勝前者四不見煙一也首銳而堅可衝敵二也近敵堪行水中三也容二十人四也厥功未蕆又游公印書處其長曰勒宜古多答問不厭初視鉛字集印無異常處次視單印機亦與上海日本略同然篇幅大而器亦精一器輒直銀三千五百圓繼視雙印機則見所未曾它機一女工坐置紙張此用不斷之紙寬四尺有奇長二里有奇置之機中不須人司也凡西書一紙分印兩面此印一面即自轉下輪印其背面自截而出一印四紙一紙爲十六葉是一印得六十四葉矣其器直銀二萬二千圓又一雙印機器將紙卷置之機上前後二軸各嵌圓鉛板三十有二如瓦列爲四行行各四板則一印亦六十四葉捷莫捷於此矣其器直銀一萬五千圓其鑄書板法有三一曰泥模泥有三種曰苦雷曰被沃林皆白色庫拉史拉黃色調之勻之以鐵抹於鋼板以陰文銅板印之至再至三即成二曰紙模溼紙鋪之陰文板面如拓金石層層溼紙再拓再加入之壓機烘之蒸氣旋拓旋烘應手而成此二模者板皆鉛鑄以銅鍍之即紙模亦用二十餘次三曰蠟模傾蠟於

鋼板上以鋼鐫字模壓之點畫極深刀削浮蠟微烘一過濯之硝強銅水即成紅銅形再入電氣水移時成薄銅片然非附鉛於背可印而不可久此皆雲龍躬歷目驗不日成之者有摺書機一女工鋪紙揚機自入機軸摺之再轉再摺自置機下有印書面金字機貼金入機即壓即字有截書器四面旋截如臂使指有釘書機以書就機一着一册銅絲一如穿綫而絲端不露自蟠孔内矣所恃以運機者氣罐巽於印紙局彼臥此立居一屋地視馬力一百有五一日需煤九噸而書成就束之壓器獨藉水力凡男女工二千二百五十日用紙二十噸所印農書歲以四十萬部爲率務農之意從可知已據言曾印紐約海關書一册重百七十七磅

八月一日偕徐代辦使見伯理璽天德如約申正乘馬車至槐得好司譯言白屋也白堊塗垣故名詳圖經合衆國都速客者導入寢屋外書舍伯理璽天德出握手爲禮圍坐雲龍言懍遵
朝諭游歷至斯伯理璽天德言至自文物大國固所願見問來程去路答之復言官兵部耶惜兵無奇制堪供游目欲游何處罔有或阻

酬答數四起辭伯理璽天德握手言再見歸飯後至阿爾美譯言兵部也代理長言無相隱遣其屬吏導視諸圖一爲嘉慶二年（千七百九十七）創設兵部於費納的費牙圖一爲各營分戍圖歷任部長皆有油畫像第一層樓藏書亦富兵事居多機梯上下有銅扇機又至內威譯言海軍部也厰長避暑未回

二日朝鮮姜進熙來筆譚能作指頭書工鐵筆求叙印譜

三日檢點行李而雨未已從者告假一日遂以初五日爲出游期

四日乘馬車行十二里（英里四）觀營房是其最先者也又半里（英里六分之一）至阿林登中間過一鐵橋長數百尺蓋跨葡萄墨河也雨後泥滑而轍跡凹凸其地爲兵骨藪先是南北兵起南將李有其地兵靖公之有石砌方塋寬數尺高倍之譯其鐫字藏戰塲骨二千一百一十有一修於西一千八百八十六年時光緒十二年也李言南北之戰始終厥役願葬於斯後如其言其廳簷圓柱磚石爲之其園圍廊如環非柱非壁亦石亦磚其上架木距不盈尺朱藤葡萄而外幹葉雜花多不知名蹔蘭輒以木爲盆（曲木爲盆鐵絲爲底）行自三法蘭昔斯哥以來竹

十數竿（如中國所謂京竹者）獨見此耳老兵云移自南阿美利加

五日申正攜繙譯等乘馬車至火車頭氣輪既展道出水師馬頭過火藥湖湖水無波中央一道塡實非架空也將至瑪理蘭邦之波治磨穿隧道二煤煙不得散雖車軒四闔猶撲鼻也既至又過隧道一經費緑的費牙是賓夕佛尼亞邦大埠適爲餐時餐自有車（每頓各銀一客）（圓）獨紐約車道然也它道間食車中廠直昂甚下車食又恩甚又行經突達登是爲紐折爾西邦會城又行渡乞臣河亦謂之赫遜河或謂之赫臣河而至紐約時亥正矣凡七百有二里（其國都至費緑的費牙一百二十四里又至紐約百里凡英里二百二十四）

六日見同文館總教習丁韙良子牛爾爲產律科司事雖非官立然紐約房土受授此其總匯本銀五十萬圓長一副二有印字小機器牛爾邀往廠家以未遑辭

七日視演礮如約先是礮工廠長一名漢屯一名漢奪是黨判南北兵分於昔而工合於今者也約視礮至冉且言礮出新製非陳陳相因比亦非取人所棄比至是行與之俱辰正乘馬車七里有半（英二里半）

稅駕於南擺渡上汽輪艦行三里餘（一海里）泊總督島亦礮臺也雖合衆國都陸軍地其境則在紐約舊礮四十有奇兵百晤兵官麻庫費耳脫亦欲同游於是登艦行六十九里（二十三海里）經拉羅拔塞吉當海灣最狹處兩岸礮臺相望南有空臺礮一又行三里餘（一海里）過養痾院凡航海不能無恙則留過此風濤數倍舟輕不翅一葉矣有警鐘有浮標立標又行三十九里（十二海里）泊三地虎捕礮臺時交午正飯後歷視厥礮非仍舊貫即未新修也而導游者曰重不在此克林礮可五發者猶舊製也有空氣大礮於同治二年（千八百六十三年）造自干揑底嘎奪邦之文特亨姆長二十尺有奇中徑一尺三寸重四十四頓用彈一百二十磅直銀二萬九千圓礮架亦籍空氣壓力旋轉自如直銀一萬三千圓取空氣之機器車一管引蒸汽二管受空氣直銀一千三百圓是日所演則臼礮也半年前造自馬沙朱色士邦波士登即導游者廠也其廠曰叟波士登愛安寍苦士重四十頓彈重一百一十五磅火藥六十五磅表綫揚六十度連發二次遠高如率直銀一萬三千圓又發陸路鋼礮三每發用藥三磅有半彈到四里外（一海里餘）海

水躍高十數尺其屋電機黏銅皺發則落乘輪艤歸往航岸南還航岸北無甚逕庭也往還舟車凡二百四十五里（有英里有海里）八日辰正十八分乘瀛輪快車游賓夕佛尼亞邦之費納的費牙午初至止約二百七十里（英里九十）易馬車行三里（英一里）游茶利司苦艮布造船廠視未成之鐵甲船擬名拉得摩廠主苦艮布以其猶子導游復乘火車游路色恩忒（或譯來司店）亦賓夕佛尼亞邦地也有鋼鐵工廠曰美治拔耳司治理距費納的費牙十九里有奇（英六里有半）展輪在未正十五分中途易馬車辛已未正二十五分戌正乘車投拉費知福泰耳（福泰耳譯言店也）在費納的費牙之白露吐街是日行二百九十四里九日游費納的費牙華盛頓故居名瞞脫飛鈴在賓夕佛尼亞邦都南一百三十五里（英里四十五）當葡萄疊河之西邦人思厥遺愛下逮婦孺皆出己銀葺之又游繪畫石刻院即百年賽奇會五院之一（四院已改）當門石礎立一銅人手按一書入門有樓四五有園時花街衢四通日以已初羅列舊物雲龍以游鐵工廠有約莫邊少安恐誤火車也廠在納而司黑姆頓（或譯自司列狼）距費納的費牙百八十三里（英里六十一）火

車約行半時四十分已初展輪所歷隧道曰三吉當曰苦艮布長短有差停輪車塲易以馬車至廠已午初矣鐵軌之鑄以此爲最（詳圖經攷）

工又游鋼工塲曰密多拔耳其鋼每磅直銀一角其鐵每十磅直銀二角五分導游者腹枵偕飯於八層樓高處約一百四十尺許其店名鉢耳拔林在福十飛奇譯言第四街也餐房三百五十巨繖騶曰機梯不階而升也尋馭車於車塲酉初三十分開車行一百九十五里（英里六十五）至匆爾治尼亞渡尋乘馬車而上輪舟泊岸車行至紐約亥初矣是日舟車積程四百里有奇

十日乘馬車行九里（英里三）游仙濯拔克譯者曰仙濯之言中央拔之言大園也克語助詞也費出有恒產者公立非私有也有渠有閣有廊有石亭有卉有叢木有飄艇十數裁容稺子有綠几三五坐臥游人有海虎海獅之屬畜之曲沼有紀念石幢移自埃及（詳圖經鉎石）又行十里有半（英里三里半）過鐵綫橋彼人謂之懷崖布理厨既於東河造鐵橋復於對面海埠所謂布綠連者以鐵綫（繫）橋長三千四百七十五尺高一百三十五尺寬八十尺有奇首尾以徑尺六寸鐵纜數條繫之

謂細絲合糾之纜勝於巨條自成之鍊多矣以方寸計可勝十六萬磅之重云紐約火車飛行空際與英倫敦之輪行地下相爲對待未游時已耳治之應游歷試巳曾述及然未目治終嫌惚恍是夜自弟六橫街拾級而上鐵道乘車行至百五十六橫街每過一街輒停須臾凡上者下者易票者扶出醉者爭論者皆其時也其道自下觀之若迴廊初立雙柱今以一柱支橫木中非測量左右不偏不倚無以臻此間承鐵盤寬不逮丈而長倍之其軌往復交互而預留相讓地其車駕馬客位或縱列窗下或橫置短几以容四五十人爲常其車軒高與市樓三四層齊俯瞰煤爇若星電燈若月雖然行空與行地無異轟聞懸車之目失厥誼矣橫街軌道此類有三一達一百五十有二一達一百五十有八一達一百六十有六按紐約埠市形長而街作田字形縱大街一十有一橫小街一百九十有八而自八始無一至七橫街也尋游蠟人院入門左置收鈔櫃側立一人逼眞覩之蠟其貌也一稗女鞠躬着履老者待之其右數人立覩壁字又進則坐羅馬教皇與別國君其它臥者倚者笑者泣者掀髯者拊掌者握算者簪鉛

者佩劍者診疾者對飲者鼓樂者又進則若耳語若假寐若驚刺若鬥獸若老吏斷獄若戰馬濺血罔弗惟妙惟肖而形神無一似者獨華人像五耳行當凹鏡自形矮人樓列萬國影圖我京都儼然在目也一室坳甚稈子坐側索錢乃入一虬髯木偶坐桉能舉手與人對着且拾所謂且拾者與中國象棋略近或與之校輒不克勝或曰其棋以機動以譜勝也一媼坐側又一層樓油畫居多以機梯上是日往還行百一十里有奇

十一日游紐約工廠

十二日倩美利加人薙髮用胰不用水也索銀半圓而不克梳辮午後游救火公司名符庫拉達蓋以車名立於同治四年（千八百六十五）車長五十五尺第一層梯以鍊繫一轆轤其輪臥置車前機輪則梯立引而伸之再接一梯可高八十五尺又有蜈蚣梯四其直木徑二寸許鐵皮夾之長十尺有奇橫木排之其梯首有鐵鈎可鈎之屋上此即拉達之謂登者腰繫鐵環可連之梯間此即符庫之謂再接再上視此凡馬三官二夫十其直銀三千八百圓別一車名呵達達窪譯言

水筒如墻也車後置鐵筒如空氣礮形三段相續約長五十五尺筒端接樹膠筒其口銅可曲而上也筒座機活左右軒輊悉弗如意有副筒二欲其助未逮也人馬如前車直銀四千五百圓凡警電無市無匣啟匣之鑰非別以小鑰離之則匣雖啓而鑰不自出也其電達車房則鐘鳴繫馬之鍊自脫馬躍就車一人乘一人轡一人手繩聞鐘歷五秒時則車出矣夜聞電鐘則臥樓者板立而靴袴着體抱銅柱而下（樓門如輛中立銅柱八九寸許）它車亦如之又游十四街之眼認公司譯言器械救火也以膠筒車隨器械車出一車二馬其器用銅其爐醮油然柴則機轉其筒接市面水管復分接膠筒於器孔吸水四飛其用不竭車後一銅球大如盆取勻壓力也未試車二亦如之據言馬直銀三百圓耳而訓馬之資相埒火不成灾其以是夫

十三日申初攜繙譯等乘火車行自紐約渡干捏底嘎奪河出干捏底嘎奪邦境入馬沙朱色士邦界烏駛西下飛輪自東車達波士登巳亥初矣是馬沙朱色士邦治亦一著名海埠商鶻亦工藪也計自紐約至此五百四十三里（英里一百八十）遂投逆旅曰馬沙色倚多一飯

一宿一馬車輛論金一十有奇刿日復一日人非一人耶

十四日游礮工廠曰叟波士登愛安窪苦士前此視演白礮叩鑄自此遇導游之漢奪先視空氣礮圖而木式而泥模而鎔鐵而鑄礮歷歷研究（詳圖經攷工）又游鉛工廠曰茶吐維苦列士窪庫（詳圖經攷工）在哈街一百七十六號其鉛百磅直銀五圓八角其廠屋六層有如塔者高百五十尺可以瞭遠東多工肆筒煙四起南港與喀羅司河相掩映西畤保險公司樓高二百尺郵局與鄰遙見礮臺二北望六里外（英里二）拔客希耳紀功碑高二百二十尺是廠樓中有印紙局被火而寄印於斯視厭印機每秒轉二千六百次直銀七百圓字板形如筒瓦而大倍之造自是廠云又乘馬車上瀛輪艦渡波士登港六里有奇（海里二）艦長二百五十尺瀛機視馬力二百泊岸車行里餘（英里半）游陶工廠（亦曰燒泥工廠）曰羅士泰兒窪苦替耳西（詳圖經攷工）廠主羅求畱游者名爲署英文而曰願得漢字豈非孔道溢洋之機歟臨歧投一磚有伯理璽天德像隱起如畫遂以照影畣之歸寓啜麵包難可下咽時將申初恩恩檢行李升火車發自波士登行二百九十四里（英里九十八）戌

正至士伯林飛耳亦馬沙朱色士邦境也厥土宜農雖秋亦春士伯林之言春也飛耳之言田也投逆旅曰布艮司維庫其地華人三千學校罔有缺以短槍工著名

十五日游短槍工廠曰士米史阿多維宋在士得地街（詳圖經考工）又游官鎗工廠曰由內低士底阿眞阿在伯里士路街先至支廠曰瓦打黍布在我那士街此藉水力者也麤工聚藝於斯課工長邀至所居噉園中葡萄三種一綠而長一紫而巨一紫而細時工授餐於是雲龍先游火車工廠而復游此（詳圖經攷工）歸飯戌正升火車行而英屬坨加納大之游始此

游歷英屬地加納大圖經餘紀

游歷圖經餘紀七

花翎二品銜直隸即補道總辦北洋機器局前游歷使臣傅雲龍述

雲龍游時之久暫未嘗不視歷地之廣狹若加納大大於英三島者三倍而游時最暫無它一限於時一限於費也雖然天之經緯地之沿革兵制之異同商船之出入工肆之良窳農務之進退漁獵之損益學校之大小疆吏議紳之黨伐翁打里約貴璧之險要昂弗以見證聞撮厥綱領而吳爾密凜凜有生氣尤於貴璧低徊不置云且南冰洋於游巴西道中極之而北冰洋則於加納大北境近之迹游歷

英屬地加納大圖經餘紀

八月十六日巳正三十分至加納大之夢犇里耳先是十五日戌正火車發自士伯林飛耳（法經約直逕僅英里一百三十六合華里四百有八）行九里（英里三）停知柯比戌正十八分又十五里（英里五合前八）停哈埋基戌正二十一分又二十一里（英里七合前十五）停孟多堂戌正三十八分又六里（英里二合前十七）停諾三布屯戌正五十九分又三十三里（英里十一合前二十八）停叟達費託亥初一十七分又二十四里（英里八合前三十六）停客林費託亥初四十五分又四

十二里英里十四合前五十停叟窪農過此出馬沙朱色士邦界亥正十分又三十里英里十合前六十停布拉多而勃其入窪蒙邦界始此亥正二十六分又二十七里英里九合前六十九停拔多宜亥正四十七分又三十三里英里十一合前八十停威士特名司達亥正五十七分又十二里英里四合前八十四停秘魯司法耳十六日子初十五分又二十四里英里八合前九十二停茶利司頓子初三十八分又三十里英里十合前百有二停客理雅茂子初五十五分又二十四里英里八合前百一十停文多叟子正又四十二里英里十四合前百二十四停懷多里拔丑正二十五分又百二十里英里四十合前百六十四停維司里拔寅初十五分又六十三里英里二十一合前百八十五停先多約翰卯初十分又百三十二里英里四十四合前二百二十九停紐波多辰初又九十里英里三十合前二百五十九停立知法士過此出窪蒙邦界亦即出美利加界自士伯林飛耳至此七百七十七里易加納大火車客位之潔瀛罐之精聯車之富皆弗如美利加遠甚見一司事者雙眉一道左右不分辰初二十五分又三十三里英里十一停沙屯車道之入加納大境始此辰正二十分又六十六里英里二十二合前三十三停繙漢巳正三十分又一百九十八里英里六十六合

前九十九至夢奪里耳是貫壁部落境也吳爾宮之略貫壁在乾隆二十四年千七百五十九法軍聞之膽寒非有是役安在其爲英屬地也厥後授命戰場嗚呼忠矣加納大人追往事不絕於口加納大之有夢奪里耳猶美利加國之有紐約也商船出入此埠居多工事繫之農具倚之疆吏有自主之權利亦實因之不然西北山鑛多則多矣如招徠難何哈奪迸灣衆維魚矣如氣候寒何此雲龍所以欲游翁打里約而先眷眷於此也軍區弟五與六皆屬貫壁而夢奪里耳在六區中其工肆本銀二千八百一十七萬一千八百七十八圓游北多倮牙魯蓋園以山名者也馬車行二十一里（英里七）見北多猓牙魯山高一千一百尺鐵道凌空火車銜軌而上與紐約高軌同而不同其撐道皆鐵柱也鐵道之木直列者五軌側有鍊凡休息日車行揭來如飛過此有木架空如梁是穉子冬行冰上者也又游學校藥室歸寓申正三十分升火車行十五里（英里加）停麥耳緣土申正四十五分又二十一里（英里七合前十二）停先多馬金申正五十五分又十五里（英里五合前十七）停先多路司酉初五分又九里（英里三合前二十）停先多施列斯酉初十四

分又二十一里（英里七合前二十七）停先多沃司金酉初三十六分又三十里（英里十合前三十七）停先多哈馬司酉初五十六分又三十六里（英里十二合前四十九）停先多比理比酉正三十分又二十四里（英里八合前五十七）停庫連爲理酉正四十四分又六里（英里二合前五十九）停加拉美地酉正四十七分又四十五里（英里十五合前七十四）停孟地比路酉正五十二分又三十里（英里十合前八十四）停諾宜生戌初二分又十八里（英里六合前九十）停沙蘇戌初二十分又十二里（英里四合前九十四）停路庫艮戌初三十九分又十八里（英里六合前一百）停坡金漢戌初五十二分又十二里（英里四合前一百有四）停沃田戌初五十九分又十五里（英里五合前一百有九）停東田布耳戌正三十三分又十五里（英里五合前百十四）停答知紐戌正五十二分又十二里（英里四合前一百十八）停夫耳亥初又六里（英里二合前一百二十）至阿打窪自夢奪里耳至此三百六十里自士伯林飛耳至此六百五十七里（英里二百十九）自紐約至此一千九百四十八里（英里六百十六）甚矣。德而海關阻行李涼不得衣飢不得食出視護照關吏曰司事歸矣行止難可專擅以得立風語之而不至於是呼車投遞旅曰粒施耳在埃立根街步行五里有奇（英一里有半）訪海關司事巴魯（人名）飭吏勿阻而寢食幾廢十七日天將明繙譯起入盥室失時辰表指北鍼（即中國所謂指南鍼）此風與美利加異矣巴魯來言海吏瓶見中國游歷使行李之少滯以此過此罔有或阻又言海關長爲加納大三等官其人姓布列士登氏居適同店願一見也見之有訪副疆吏之約蓋領加納大全境疆吏它往未歸也先是明萬歷二十八年（一千六百）法郎西人至此我乾隆二十八年（一千七百六十三）屬於英三十九年貴璧合爲一部落五十六年（一千七百九十一）分貴璧爲東加納大而以翁打里約爲西加納大道光二十一年（一千八百四十一）併貴璧於翁打里約其領地弟一疆吏之治議久不決而英國君決之於是首治在翁打里約之阿打窪時咸豐九年也（一千八百五十九）同治六年（一千八百六十七）復分爲二各設治一部落之疆吏而弟一疆吏領全地如初卯正游其上議院其弟一坐爲疆吏位其弟二坐爲欲言者設此又與美利加異議員八十二人又游其下議院議紳二百一十有一凡開院歲以五閱月爲率而以春二月始此總議院也凡兵農工商之事皆得操是非因革之權此外部落分設議院疆吏得可否

之又游圖書館是其公家藏書處圜樓環列立十二年矣藏書十二萬箱又游書肆搜厥圖籍既而見疆吏之副治獄長亦在坐焉又游木工廠曰阿多米耳以雙河交流之水力助工勝火力多矣灘石激濤如鼓如噴其它農具工織紡工穀麥粉工金銀鐵鑛工綜而計本銀凡三千八百萬圓較貴璧多三之一而木工居多加納大軍區一十有三第一以至第四皆在翁打里約而阿打窪在第四區中額兵四萬五千阿打窪爲其樞紐於是察其經緯覘其氣候攷其沿革問其風俗綜其食貨權其工商諏其兵農以屬圖經初草又游公園旋寓一飯計費雖可久支戌正乘火車行

十八日卯正換車計自阿打窪行四百五十里(英里一百五十)又行七十五里(英里二十五)至多朗特下車時交辰正非午正二十分無車行也甜火車塲有玻璃匣列乾魚十二或如鯉而鱗細白點輒凸紅珠或蝦首而鱗如鋸殆鑽穴者歟一獸伏目灼灼齒露如生狼首鼠足獺毳而尾無毛形扁如魚翅皮紋如鯊魚亦歧亦合長三尺詢之彼人亦尠知名火車一至乘之行申初行二百四十里(英里八十)至哈密屯下車無

待車屋駐足俟之前途無相識者繙譯亦非就熟問津不置有願導游者遂偕登火車行五十一里（英里十七）酉正至賴宜各拉蓋交美利加合衆國紐約邦界矣自阿打窪至此八百一十六里（英里二百七十八）賴宜各拉云者譯言瀑布也彼人謂之五大洲第一瀑布雲龍莫遑或息遂登馬車游之記曰賴宜各拉之水流急處石巖壁立斷壑千尋其上數椽間道步入推軒瞰飛瀑如銀如雪惜少遠也未幾機梯藉其水力轉輪激之自下而上如車如樓可受一十二人雲龍乘之繩轉如行屋漏中板隙駒光玻璃透之下一百五十尺有奇乃近水岸梯止則室内也出室觀瀑如怒如狂如傾如沸如文瀾機不可遏而又如海潮受月吸也錢塘潮尋常高四五百尺耳獨八月十八日倍故俗評是日爲潮生日是游在浙潮數萬里外亦於是日觀五大洲弟一瀑布覩觀錢塘潮逮耶不逮耶方坐石騁目照影者曰中國游歷使至此前未之有不留影可乎坐雲龍側者繙譯澤郎繁而雲龍面黧形悴十倍於游三法蘭昔斯哥時何也一晝夜行數千里五官並用遑計勞耶對岸危棧斷續機梯形如小艇亦藉水輪轉之而高遜

此起視所乘機梯丹塗厥外如煙筩而方如禽籠而巨半倚危崖目
眩心駭復入而升乘車里餘(英半里)觀飛瀑迴流亦謂之轉水潭回首
機梯如尺咫也又行七里(英二里餘)過鐵綫橋跨賴宜各拉河者四此其
一也綫高數百尺鐵柱斜支懸綫如綱一如紐約橋法長一千一百
尺有奇橋南爲瀑落最寬處雖然瀑非一目可盡北曰馬蹄瀑水寬
二千尺水落一百五十四尺東南二瀑名與河同南寬六百六十尺
東寬二百四十三尺水落皆一百六十三尺較北瀑且高九尺也如
堰開閘如水倒峽雖可以它瀧如簾如練例噴水如氣如煙又如霰
過雲輒數百尺許澎湃之聲如霆擊如戰酣又如两火車狹道相逢
離不盈尺過之成磨電聲也旁睨其餘或數尺或尺餘如雨後滄如
石竇泉雖曰檜下抑亦餘姸歟瀧沙競下堅土擁之其外如瓦其中
如甕水氣乘風輒出洞中所謂風洞者是從者趣歸(雲龍)答曰不問
源可乎以圖質說賴宜各拉在野裏湖之東北即翁打里約湖之西
南翁打里約湖或亦謂之恩打熱湖而加納大弟一部落翁打里約
與湖同名誠重之也雙流既導一河遂成謂之賴宜各拉河或謂之

湖河就源言其南爲美利加合衆國紐約邦境是天之所以界英屬地也殆如鴻溝不然加納大欲畫疆自戍其奚以哉或僅以壯觀目之非雲龍所敢知矣記畢游水邊樓羅列水中所產或似玉而脆或似珠而幻一種金黃半雜黑紋謂之虎眼瑪瑙亦有珊瑚高裁數寸凡言珊瑚者率沿陳說指爲海中樹非也蓋蟲爲之或謂之珊瑚蟲或沿木或沿隄未出水時厥性韌出水則堅此可與格物者言又游公園尋至授餐館曰阿布耳計游賴宜各拉往還積程二十一里(英里七)導游者索酬金五圓而去乘火車已戌正矣行十二里(英里四)停倚士多拔費路又二十四里(英里八合前十二)停可林司爲里又十二里(英里四合前十八)停路宜爲里又六里(英里二合前十八)停文地又九里(英里三合前二十一)停庫利天田又十二里(英里四合前二十五)停柯肥又十五里(英里五合前三十)停庫路布都又十八里(英里六合前三十六)停拔達比雅又二十一里(英里七合前四十三)停比侖又十二里(英里四合前四十七)停爲司多拔田又十二里(英里四合前五十一)停拔田又九里(英里三合前五十四)停茶治爲里又十二里(英里四合前五十八)停智理又十二里(英里四合前六十二)停柯路多沃達又二十一里(英里七合前六十九)停路提司託又九

里（英里三合前七十二）停布理屯又十二里（英里四合前七十六）停邊肥耳士自賴宜各拉至此二百二十八里

十九日子初行六里（英里二合前七十八）停法波多又二十四里（英里八合前八十六）停馬施屯又六里（英里二合前八十八）停窪耳窪司又九里（英里三合前九十一）停拔米拉又二十四里（英里八合前九十九）停宜窪庫又十五里（英里五合百有四）停來音司又二十一里（英里七合前百十一）停庫來地又十八里（英里六合前百十七）停沙拔納又九里（英里三合前百二十）停法庫司立直又十二里（英里四合前百二十四）停波多比侖又十二里（英里四合前百二十八）停爲多司波託又十二里（英里四合前百三十二）停約切又十五里（英里五合前百三十七）停面比司又九里（英里三合前百四十）停窪拏司又九里（英里三合前百四十三）停安勃倚又十八里（英里六合前百四十九）停西拉柯斯又十五里（英里五合前百五十四）停留維士又九里（英里三合前百五十七）停滿立司又九里（英里三合前百六十）停可庫爲理又十二里（英里四合前百六十四）停治地南沃又六里（英里二合前百六十六）停加納西拉沃又十二里（英里四合前百七十）停加納司多達又六里（英里二合前百七十二）停王司爲理又九里（英里三合前百七十五）停沃宜達又十二里（英里四合前百七十九）停維路來又十二里（英里四合前百八十三）停庫林司

根又十五里（英里五合前百八十八）停羅馬又二十一里（英里七合前百九十五）停沃里司可宜又九里（英里三合前百九十八）停懷土勒路又十二里（英里四合前二百有二）停由治柯又三十里（英里十合前二百十二）停夫艮庫發託又六里（英里二合前二百十四）停倚侖又六里（英里二合前二百十六）停哈幾馬又二十一里（英里七合前二百二十三）停立土耳法耳司又二十一里（英里七合前二百三十）停倚司土庫利庫又九里（英里三合前二百三十三）停先多約翰爲理又十八里（英里六合前二百三十九）停法多布運又九里（英里三合前二百四十二）停拔拉金樵又九里（英里三合前二百四十五）停司布拉柯又九里（英里三合前二百四十八）停約司多又十五里（英里五合前二百五十三）停風達又二十四里（英里八合前二百六十一）停土來布司希耳又九里（英里三合前二百六十四）停野金又十二里（英里四合前二百六十八）停安司達唐又九里（英里三合前二百七十一）停庫拉宜司又二十七里（英里九合前二百八十）停哈夫滿又二十七里（英里九合前二百八十九）停司金笛又三里（英里一合前二百九十）停柯納又十二里（英里四合前二百九十四）停維司多阿拔宜又九里（英里三合前二百九十七）停阿拔宜又三里（英里一合前二百九十八）停倚司多阿拔宜又二十一里（英里七合前三百有五）停加司多耳屯又十二里（英里四合前三百有九）停司柯達庫又十八里（英里六合前三百十五）停司達爲杉又九里

（英里三合前三百十八）停柯庫司沙基又九里（英里三合前三百二十一）停司多庫波託又十二里（英里四合前三百二十五）停哈託松又十二里（英里四合前三百二十九）停加多幾耳又六里（英里二合前三百三十一）停利文屯又十二里（英里四合前三百三十五）停日滿屯又十八里（英里六合前三百四十一）停治勃理又十二里（英里四合前三百四十五）停拔理屯又十八里（英里六合前三百五十一）停來因拔庫又十五里（英里五合前三百五十六）停司達都拔又十二里（英里四合前三百六十）停海地拔庫又十八里（英里六合前三百六十六）停波基布西又十二里（英里四合前三百七十）停加密路徒又十五里（英里五合前三百有七十五）停漢拔又六里（英里二合前三百七十七）停羅波因又十二里（英里四合前三百八十一）停飛絲幾耳又三里（英里一合前三百八十二）停達直司又六里（英里二合前三百八十四）停司多金又十八里（英里六合前三百九十）停加立松又九里（英里三合前三百九十三）停海浪又十五里（英里五合前三百九十八）停比庫司基耳又九里（英里三合前四百有一）停懋多樂司又三里（英里一合前四百有二）停庫納沃又三里（英里一合前四百有三）停沃司加溼多又六里（英里二合前四百有五）少停又十二里（英里四合前四百有九）停新新又十五里（英里五合前四百十四）停達里屯又九里（英里三合前四百有一十七）阿文屯又九里（英里三合前四百二十）停赫司金又十二里（英里四合前四百二十四）停絨柯絲又四十八

里英里十六合計四百四十至紐約自邊肥耳土至此一千一百有四十里英里三百六十八自賴宜各拉至此一千三百二十里英里四百四十所行皆紐約邦境午正乘馬車行海濱登輪艦渡海小憩於火車場未正升火車行七百有二里英里二百三十四戌正至華盛頓都

游歷圖經餘紀八　游歷使臣傅雲龍述

游歷美利加圖經餘紀二編

花翎二品銜直隸即補道總辦北洋機器局前游歷使臣傅雲龍再游美利加合衆國華盛頓都蓋至自英屬地加納大時光緒十五年八月十九日也將有古巴秘魯巴西之游而非此末繇得費且非此末繇得各國使臣護照否則逕行焉假道焉無俟轘轉道左爲不其快歟雖然有紆地無曠時也舟車一停丹鉛再接雞未鳴即起伏案卷非夜過半不掩也此數十日間已屬之草無論已如兵制之簡要兵事之勝負與夫水師之阻道兵艦之攻工礮臺之宜泥不宜石罔弗識之筆之爲異日排比計十月二十九日投筆行矣以前一日爲斷述游歷美利加圖經餘紀二編

八月二十日檢點圖籍

二十一日乘馬車至仁多耳曼史來因克眎印甸人門馬雖近於戲而舊俗宛然其長美利加舊武職也使人耀馬抛玻璃丸高數十尺輙騎擊以槍尠不中者三千人環目鼓掌聲騰先是裝束如印甸酋者戴白羽冠以鷺毛排插冠簷餘皆被髮赤身塗朱與黃或衣紅綠

先後馳馬出沒莫測被刧之車與室皆美利加人短鎗一發煙火四出一垂髮女槍擊球皆中又立鐵竿二丈二高三尺竿首有螺旋塞以繩繫球貫於二竿而有一人持其一竿轉之則球舞靡定其女對鏡以鎗背擊之亦中有馬善舞殆亦中國古者舞馬遺意歟又游倭特祿視磚工廠是日往還十八里英里六

二十二日饗美利加圖經民數年表

二十三日饗男表

二十四日饗人類表

二十五日饗人數繫里表

二十六日饗來徙民數年表

二十七日饗民業大較表

二十八日饗職業分類表

二十九日游內微亞耳譯言水師礮廠也內微之言水師乘馬車行十二里英里四至葡萄壘河岸水師練船泊此長一百八十五尺寬三十五尺其教習士特里曾使秘魯凡率水師遠戍三載必移之近家亦以三

載爲期復出此美利加水師通例也其生二百習技於斯廠外列臼礮一十有六八寸徑口礮五十有奇（詳圖經攻工）其新增廠屋方以機立椿也置架如梯上安轆轤以繩端繞蒸汽機輪以繩彼端繫一重錘一人挽其輪軸一起一落椿即立矣是日行二十七里（英里九）

九月一日纂美利加圖經民業雜識

二日纂邦部公地表

三日纂五萬人以上邑表

四日游頗石馬沙畲（郵政）日彌拉耳（總署）底拔多面託（譯言郵政總署也）其樓四層其機梯如鐵網據司事人言合衆國信局五萬五千有奇日需收信紙據之屬直銀二萬餘磅皆支自此信之留此皆未由交者也本國日約二萬一二千函以女工一百有五拆之記厥姓名別國函數差少儲櫥待之二年爲期逾此則售物充公擇罕見物羅列之一蛇長十尺盤玻璃瓶火酒中殆好事者故作驚人歟郵寄時發匣猶生又游內威（或譯宜比）底拔多面託（譯言海軍部也）補前游所未逮視鐵甲船樣首尾巨礮各一側礮左右各三此即茶利司頓輪船

式也久游阿沃里可耳酒窪底拔多面託譯言農部也改自農局曾未匝月五穀百卉種囿弗具農圃或購自此以紙包之女傭凡百驗繭者三一室雜列植物棉本穀華倍高且巨絲麻蔗藺淡巴菰之屬細大不捐果實既酒浸之復蠟肖之黎徑五寸瓜長三尺非虛擬也玻璃柱一十有奇內實花穀果蓏之種旁列鑛石五色燦目或似是而非則自三法蘭昔斯哥鐵道闢時所出者也羊毳細者來自剛色斯邦一木板長十一尺寬六尺六寸據云此四百年前木也有花室十餘椽以玻璃爲瓦署前公園兩亭對峙裁容橫几一水中噴紅紫資潤動物之屬不過猢猻熊牛而已歸路過干捏底嘎奪街有科侖布亞學校覗之

五日饗美利加圖經物產

六日由門氏導游德雷索里銀庫猶言戶部銀庫也覗新增庫十有六鑿地營室內砌以磚其外鐵柵以寬一寸厚三分鐵條從衡交加成方眼格門亦如之欲移賓夕佛尼亞邦之銀儲之於斯每室可儲銀八百萬圓其存銀行票三百四十兆凡富者慮銀行難可久恃即

以銀易合衆國公鈔銀行或虧則官爲分償百分之六十五凡作僞鈔者攝厥影懸壁緝之獲輒嚴禁一十五年然收僞鈔已至銀二十五萬圓是日馬車往還十八里英里六

七日饕美利加圖經農産大宗表

八日補游紐約工廠申初四十五分火車發自華盛頓都行七百二十有二里英里二百三十四亥正至紐約中途隧道車場皆已詳前寓五層樓雨

九日張大臣至自秘魯見之商游地且借路費也乘馬車游海岸觀礮臺形勢往還十八里英里六

十日欲乘早車而休息日輒減車行次數申正四十分滊輪始展冒雨行七百二十二里詳上亥正至華盛頓都

十一日饕美利加圖經麥類近年比較表

十二日饕希嘎骨麥直低昂月表

十三日饕農地産直表游治絲工廠

十四日饕食貨大要表

十五日覽食要緊地表游工廠

十六日覽財產十年一計表

十七日覽食貨價目低昂表

十八日覽鹽表据日報言天文家預測氣候今日當減溫度二十然覘寒暑表五十六度較前一日夜間五十九度僅減三度而較之十六日六十四度則減八度冰始見

十九日覽美利加圖經鹽法雜識

二十日覽糖表

二十一日覽酒表有戒酒者然無間晨夕無分男女亦一漏巵

二十二日覽淡巴菰表美利加婦女無嗜淡巴菰者然男輒癖

二十三日覽油表連日雨

二十四日覽棉花年表及收織成物兩表

二十五日覽輸入生絲繫年表

二十六日覽治絲條目表

二十七日覽羊毳年表

二十八日纂鑛類繫地表游鑛局
二十九日纂金銀鑛產繫地表
三十日纂產煤表
十月一日纂鑛務雜識分類三辨鑛第一開鑛第二補識弟三
二日纂紐約金直低昂表而腹結氣下之乃愈
三日纂備鑄金銀表是日西千八百八十九年十一月六爲美利加公舉伯理璽天德之期南黨多舉固落薄欲其聯也而北黨舉忭雅閔海里孫居之不其操舉權四百有一人舉忭雅閔者居三之二
四日纂造幣金銀出入表求游古巴諸處護照未來
五日纂合衆國紙幣表
六日纂銀鈔表
七日纂官局印紙表
八日纂銀行本銀存銀表
九日纂國立銀行條目表
十日纂國債年表

十一日饔公債繫地表國債條目利率二表

十二日饔利率異同表

十三日饔計入計出年表敘彭贊使大東攬勝圖記

十四日饔國費總目表

十五日饔內稅諸表

十六日饔邦部互出食貨表

十七日饔輸出輸入年表

十八日饔食貨輸出比較表三十年食貨出入比較表合衆國損本商表

十九日饔許嫥售年表美利加工無勦襲商無冒嫉其以此夫

二十日饔攷工源流四鼓始臥

二十一日饔如昨張大臣令陪讌日本使陸奧宗光先是游歷日本與晤再四然未知厥字六石自言取磊磊意

二十二日饔如昨游書肆出銀二十五圓購阿得納司一册譯言五大洲輿地圖說也重二十斤著自英公司曰蘭多馬沽那列名公司空

拔業司成於光緒六年千八百八十年一作惜說尠條理

二十三日覽工廠合表雪滙生白地積寸餘時也木葉盡脫而雙柳婆娑垂絲留老蒼色與矮柏相映帶可不謂後彫柳乎以常柳例將毋失之詩言柳往雪來蓋謂柳雪異時也雲龍將有古巴秘魯巴西之游而柳往雪往見所未曾

二十四日覽工類表新英邦工廠利率表土木工費滙地表

二十五日訪火車公司覽鐵道攷工

二十六日覽如昨是日美利加謂之士克司給憤得譯言謝貺日意謂酬謝天貺猶之中國報秋成誼其期諏自伯理璽天德非有定日合衆國人皆食火雞又謂食火雞日

二十七日覽鐵道諸表

二十八日覽如昨夜深忽忽整裝明日進游古巴

游歷圖經餘紀九

游歷古巴圖經餘紀

花翎二品銜直隸即補道總辦北洋機器局前游歷使臣傅雲龍述

凡繇美利加合衆國往古巴島大率航自紐約海程千二百三十九合華里四千有八十八捷航四日爲期否則航自紐阿連海程七百五十合華里二千四百七十有五捷航三日爲期而雲龍欲補未游道出灘壩以此將行聞灘壩疫起而亦進弗改途也古巴亦北阿美利加洲以其埠果龍爲斷述游歷古巴圖經餘紀

十月二十九日行自華盛頓都凡往灘壩火車之期有二一休息後三日一休息日令即休息日也開車者再早車卯正五十九分雲龍則乘巳正五十七分之車張大臣令徐參贊送至火車頭轉述古巴秘魯官署初至亦難借橋之故而別申初二十分火車逕勿爾治尼邦之理治門將逮車場穿隧道千尺有奇煤煙濃不可散定時爲未正五十八分行少遲矣過此定時酉初四十二分維耳堂同上屬邦亥正十分諸司喀爾勒那邦之爲明屯而皆少遲夜行疲甚

十一月一日寅正逕叟司喀爾勒那邦之茶利司頓辰初六分停諸

司喀爾勒那邦之沙拔那易車行額外索銀六圓据車人云疫起戒行否則車不易也定時己初二十五分停諾司喀爾勒那邦之維苦羅司未正二十五分停佛勒里畲邦之日庫送微理申正三十分停杉發多亥正五十五分灘壩亦謂之湯拔（二屬同邦）亥正猶差華里三百有奇（英里百餘）

二日丑初五十分乃至灘壩幸輪艦未開急步而登自華盛頓都至此千四百六十里合華里四千三百八十其艘名我理別低光緒十三年（千八百八十七）造自美利加賓夕佛尼亞邦長二百七十五尺寬二百有八尺吃水三十二尺其膨張機視馬力七百其噸數二千三百有奇其速率每半時行十八海里至二十里有差艙位莫大於此空氣流通電槅上縮下伸坐臥便之電燈與喚人機罔弗具餐堂踞頂而近輪食則琴作丑正行午正泊基威士多計百八十里合華里五百九十四威士多之言西基之言島此沿日斯巴尼亞語與英吉利語鍵義略殊今屬美利加之佛勒里畲邦初尋自日斯巴尼亞人是以僑居於此者較歐羅巴洲阿美利加洲人爲多約略言之其人凡三

千有奇中有華人十六姓袁氏者卷淡巴菰工也聞雲龍至自來問
訊且慰勞久殷如腌如可感也已亥正行前一時風起舟子鎖玻璃
窗濤影滔滔高三十尺身轉如丸汗不克止以清氣壅遏故也行墨
西哥灣過基威士多則大西洋潮與之無迸風亦捲云
三日卯初至古巴行百四十四里合華里四百七十五自灘灞至此
凡三百二十四里合華里千有六十九陸程並計至自華盛頓合華
里五千四百四十九是夜悶不可支輪止狂飈亦微李隨使驥之未冠
而通英吉利日斯巴尼亞文偕譚署領事照料呼艇登岸行李至海
關啟視不少假借游歷以來海關悉重華官免驗此獨眈眈無可吹
求乃已乘車至布拉奪街寓店名八沙赫其店最也房百二十傭三
十六歲入房銀一萬六千一百一十圓出官稅五百煤氣燈費三千
雜用二萬九千五百此光緒十三年數然水無自來浴無熱湯地不
毯以熱故也砌雲石方六寸許黑白相間其室地用磚其屋高其窗
若門居三層樓房凡三雲龍取厥陋者華盛頓都淵度五十此六十
餘蚊多牀有帳大類華製牀柱用鐵足有轆轤取易移也鐵網承褥

柔甚

四日薙頭華人業此數百其直銀一圓有半洋餐燥甚華人飯館爲致蔬食於旅次訪張總領事等訂見古巴疆吏夏灣納官之約期以明日未初

五日未初如約往無一見者食言若是何民無肥往還未及一時馬車費銀十三圓亥初游嘎司羅埃西班譯言曰斯巴尼亞公讌所也立於同治八年（一千八百六十九）會友二千五百司事者名特我波多枚列八哈兒有跳單神房雲石利行與鋪板異室肖曲尺與洞闥又異油畫多且精皆描摹其國古事其工日斯巴尼亞人也一幅繪其前女王出首飾資科侖布亞尋新地國人謂之神品有一畫學校兼習英法文字是分此會費所增置者凡茶會起戌止丑是夕雜遝數百樂三停遂不欲觀而歸

六日游書肆購圖箚道出大宮園李隨使偕往觀之曰此義大利優也說而不歌其園爲六園之最中懸煤氣燈三層一貫纍纍如珠不下百餘廊燈無算尋出有媪形類枯木伸手乞五仙錢亦美利加所

無

七日訪李隨使轉諏火車鐵道工程師洋員理察該（理察其名該其姓）用華字名刺曰溪理察蓋廣東語溪如該也厥子名拉烏該又一洋員卑卑葉朗得士卑卑（卑卑其名）其子維多育葉朗得士爲中華學堂洋教習

八日訪譚署領事考礮臺兵船

九日聞知華人會館或曰堂或曰社凡九並有商董欲訪之藉擴見聞而總領事領事並云可勿訪遂從士著諏電綫郵政

十日李隨使爲屬古巴圖草（雲龍）乃諮要埠注之隨譯隨正初稿漻此

十一日欲覽馬丹薩田寮而停工未開聞其寮以嘎拉迭納士爲多輸之美利加其埠距夏灣納百里約華里三百三十火車行無停日地沃戶約三千人逾二萬

十二日偕李隨使訪葉朗得士卑卑以古巴近事

十三日攷古巴地理

十四日攷古巴農與工商

十五日冬旭可畏晡白雨點窗一陣而歇是島冬恒雷雨而此數日天氣二年來最爽者也夜雁多育來見華字愛之贈數箝以其友雁多約得力照相贈曰有力如虎其相影於馬口鐵片膊大於首問所業則曰擊球也得力其姓雁多約其名

十六日友言古巴蔗一種可留數載或十餘載其收豐歉視雨多寡異所聞矣聞蔗宜旱一種六穫俟至秘魯博諳以證夜考古巴食貨

十七日聞華人方登衽席尋操室戈者有之已可扼腕而恃博之孤注則不可爲而爲也嗜好又不自覺而誰歟覺之也噫夜考學校官制

十八日攷山水又跋古巴圖曰此圖得自古巴領事署之洋員子拉烏該於電綫獨詳譯厥體例一爲雙壘圍而中黑諸省電綫房也二爲壘圍三層總電綫房也三爲壘圍一而中黑電路斜交也四爲黑點開電房也五爲單壘圍閉電房也六爲紅點火車房也七爲直綫而横短如毛火車路也八爲藍綫國王電也九爲藍點直續官電待補也十爲短竪斷續廢電也然今已修拉烏該增日斯巴尼亞字以

此十一爲紅綫海電也十二爲紅點珠聯擬增海電也十三爲點竪相間支電與孔道異也十四爲黃綫舟道也其雙曌文若尺載數一至十者每數爲十奇兒美得祿圖中視如其長則得百奇兒美得祿也奇兒美得祿者古巴人里數之方言其一爲八分英里之五〇六二五合之中華則爲二里〇六視如其長則是爲中華六百里有奇雲龍既爲漢字古巴圖而始得此遂識之

十九日冬至總領事約於寅正拜牌此地夜出輒有戒心時不得車雲龍遂攜解日斯巴尼亞語之通事盧阿昌偕街巡捕往巡捕喃喃意謂衣冠早行自米士得傅始詘與英吉利同尋歸天猶未曉聞輪艦至遂往購票古巴人語船曰馬波問直多少曰管多多馬薩立立乃奴

二十日申正譚署領事同車至馬頭上輪艘先歸盧阿昌向晚乃歸賴盧通言語者十八日舟名冕得師柳約同治十年千八百七十一造自英吉利長一百三十尺寬二十八尺吃水三十六尺其機器視馬力六百其頓數二千四百其速率每半時十一海里以運貨爲宗客艙無

差等門夾餐席規模低且狹清氣罕逮而每食輒酒每逢令節則香餅酒此大東洋艦所無然不飲如雲龍未見其勝

二十一日卯正東行少南經抹羅礮臺側是夏灣納入臺之一水寬七百尺夏灣納灣口也朝雨晡後東風吹斷雨脚所謂買賣風者是尋復微雨夕暈雙虹南望有島

二十二日朝虹尋雨而風南有山色紫土質含酸化鐵有巨鳥名水師午正行三百三十四里合華里一千一百有二北緯三十二度十二分三十秒東經七十一度十七分行峽間浪緊甚

二十三日午正行二百十五里合華里七百有六北緯二十三度二十五分東經六十八度距岸三四里許西南行見一兵船南來問云出自海地島按海地島一小國耳在古巴之東南及北美利加洲之間而兵船遊歷乃克如是西人謂其自立未始不由於此夕餐糖果飣餖大類華盤

二十四日辰正泊山地亞低古巴計三百六十里合華里八百五十七八自夏灣納至此八百九十里合華里二千三百九十七將泊舟艤

灣口東寬三百尺容一舟行其東山嘴有礮臺一又東有譙樓臺一高一百七十尺輪艦進口約三里合六華里有奇灣內小島爲藏火藥處灣東巨室爲造煤氣處其埠街十字形一東西一南北而多斜据山控水地勢然也市屋瓴板人類五一日斯巴尼亞一法郎西一黑一雜六萬有奇中有華人二百皆工也方言雜法郎西有法郎西公所音樂正副並置日一交申其國醫士於斯避暑酉正驟雨打窗尋歇亥正行

二十五日朝虹西懸見一島曰惹美格是英吉利屬地午正南行二百四十四里合華里八百有五北緯十七度三十四分西經六十九度

二十六日西北風巨午正南行少東六度許二百六十四里合華里八百七十有一北緯十三度十二分西經六十九度二十八分

二十七日辰初泊馬達里那計二百二十八里合華里七百五十有二北緯十二度西經六十九度五十分此屬新加拉那大國（詳下卷巴拉馬）馬達里那（依地理全志與聞符）即瀛環志略馬黎濟大是其國之一部所治會

城曰加大其那瀛環志略云紅大與所聞異海口一埠也凡海國城率虛名此則石堞百雉高海面二十五尺四面環若華城泊舟處門二上嵌時辰表高六十尺其居沿日斯巴尼亞舊式泥石爲之以海關兵房郵局教堂爲巨庭輒植蕉衙較古巴少潔其賈多女其兵三百五十其人一萬五千無一華人埠東約華里四十九海里十五有礮臺一其埠南隅亦有礮臺一礮數有差其埠西南高處又有礮臺一舊礮六尙可用也其寒暑一年平均九十三度其產加非蔗糖與夫造金雞納霜之木皮居多

二十八日辰正行午正計五十里合華里百六十有五北緯十度四分西經七十度四分有一颿船逆風遲甚舟輪稍停所以避也据識路者云少逾經道否則不見來船

二十九日辰初停果龍之灣口一名箇龍與古巴譯即音近計二百六十五里合華里八百七十有四自夏灣納至此千八百六十二里合華里六千一百四十有四北緯九度四十分西經七十度二十分果龍疑即瀛環志略所謂索各羅也此大西洋與大東洋相隔處有泊舟馬頭然

它船先至酉正乃得泊之否則即至即登其往巴拉馬火車一日而三一辰正一未初一申初無須權宿舟中矣埠於赤道較巴拉馬少遠然聞熱則過之果然濕度九十蚊如雷睫不得交當西紀十二月三十一號其除夕也夜半船鐘競鳴有爆竹聲云來自華有童叟歡呼聲街車達旦

三十日侵曉雨小而驟冬暑微輕卯正登岸其火車之例與美利加巽行裝計磅如數支費語文既判金銀復差大難大難遇一華人車位之直藉以無浮果龍沿岸形長蕉椰之類結實纍若貫珠華人四百有奇皆商也辰正車行半道輪阻蓋貨車前覆軌間車旋里許停馬美下車無逆旅不知所之遇華醫談顯良自言居一邨曰噢威步設雜物店曰永萬祥然距此較遠轉致同車陳志元導憩其兄恩信之致祥店烹茗爲黍同人曰出游以來莫甘於此飢者易食非歟瞼之小影據云華官經此無下車者華人四五踵至問勞猶憶去年西紀弟一日於日本東京學操方言一二乘人力車游新巴西即新橋也視戴鬼面者作婆娑舞於松竹間相去何翅天淵然飽猶幸申正車場紅

幟易白見者欣欣然蓋西例道梗旗紅否則白以爲常少頃車至遂行酉正至巴拉馬自果龍至此僅四十八里耳而輾轉車途不下九十里合華里二百七十其停車場著名者三一布郁一納西陸一科猓沙魯而馬美在布郁納西陸間當馬美下車時司票者言易車可無易票不再加直也至是再索但云給收銀單自向鐵道局取前所給如言至局適無一人轉詢亦支梧而巳乘馬車投一店曰將來生徹戶台樓宇高且敞而無喚人電機

游歷秘魯圖經餘紀上　　游歷圖經餘紀十

花翎二品銜直隸即補道總辦北洋機器局前游歷使臣傅雲龍述

以赤道言巴拉馬尙居北緯以阿美利加言巴拉馬已屬南洲果龍爲大西洋止境巴拉馬則爲大東洋始境故記秘魯之游始此巴拉馬屬新加拉那大國瓦亞基屬埃瓜度國皆在秘魯北其南有國曰智利與秘魯毗連麥哲倫峽西亦智利境也東有巴他峨尼境過麥哲倫峽即南冰洋矣人跡罕至故去路以麥哲倫峽爲斷述游歷秘魯圖經餘紀

十二月一日訪巴拉馬爲新加拉那大國義斯斯麻部之一大埠先是明時日斯巴尼亞人科侖波尋地得此最先嘉慶十五年千八百有九畔後八年自立爲科侖布亞國道光十一年千八百三十一國分爲三一埃瓜度一委內瑞竦一即新加拉那大也新加拉那大仍沿科侖布亞名義斯麻部埠二其東曰察機利其西即此埠而西勝其城踞巖石巔堂院插霄卉木怒發水性雖劣南洲名勝罕有其匹一街橫貫半島緣海達海別有皇街自西至東居樓輙用拔耳可宜木窗戶高而闊

天熱然也㓻雕鏤工亦日斯巴尼亞舊式壁多壘石地㓻鋪毯有學堂一教堂一（左大圓西甚壯）尼院五尼室一其地出水陰箭鳩工尋綴然土城斜下海潮亦高兩則自然瀦之無少滯其城南曰散打阿納其城西三里（英里一）山曰安昆商高五百四十尺東南青葱掩暎邊野山陽島二一曰扶拉面可一曰百理可並多農畝其城東北十二里（英里四）小河口遺故城基造自康熙十二年（千六百七十三）莫而昆作亂奪之今蕪矣剩塔一圓門一（或稱弓門）橋一泊舟馬頭二堞垣零星往往而有其城北三里（英里一）燈臺一定色紅天晴四十里外（英十三里餘）見之自嘉里符尼亞及科侖布亞鑛見金脈此地爲𥁕來要津人物因之漸臻嘉里符尼亞至紐約之鐵道一成而此地頓減巴拉馬至阿司冰鵝（一曰科侖）鐵道長英里四百七十合華里千四百一十工蕆於咸豐五年（千八百五十五）越二年入銀二十七萬二千磅是每一英里五千七百二十五磅也計百分率即客五十三有二分之一物二十七貨幣九有二分之一郵便八有二分之一小包一有四分之一雜類四分之一其氣候二一乾一溼溼起四月（西五）訖五月（西六）餘月爲乾蓋五月兩多且巨過此

雨少土人謂之小夏十一月（西十二）後西北風烈雨（[illegible]勢）暑重寒輕終年一例溫度七十五至八十七黃疫多咸豐九年（千八百五十九）不起者日百嗣是疫時時起今夏錢隨使（廣濤）經此而有斯疾至瓦亞基不救西法欲免魚腹先浸以酒既出貫喉側入藥水取不腐也銀費數千櫬乃歸華人罹疫難更僕數以海岸無稅而趨未已然細問之非無稅也華商歲出銀五千圓附于英商納之張大臣所派商董二一正爲曹（兆賓）一副爲曾（桂鵬）曾業酒曹則永安昌號司事也其本鳩自廣東人招（裕田）舊金山曰永和生秘魯（利馬）曰永安昌智利以秘魯同香港曰祥和店廣泰南北行巴西尚未設也曹所貿以外國女披肩爲大宗采繡之屬售美利加紐約論直銀五十圓黑地繡黑之屬售秘魯智利諸國論直減十之二繡自廣東女紅無慮二萬此亦通惠一端歟它如鏤牙器或直金千漆器半雜廣東日本其地華人數百皆商今春來工四百未數月嬰疫死過半倖免者歸矣用物率資別國不自爲工所謂工者即浚東西洋腰束一道也計自果龍四十八里約華里一百四十四此天所以限東西斧工強鑿皆法郎西人有局歷年八里

工猶未半近以費且不支議停然停亦不久美利加領事埃東生語雲龍曰果停則工無食睥睨華商居多以告曹曾炔隱慮之埃東生者曾由前鄭大臣照會美利加外部令其照料華商者也新加拉那大國亦轉相照會允之故與華商素不膜視雲龍答拜遂游公所三一曰華安二曰人和三曰三邑据曹述近事甚悉而曾有豪氣蹤跡之自言十年前流落美利加南北兵起北將亨利納李以之率戰十五百槍礮身先無虛發後商秘魯科侖布亞諸國輒自慨無用武地扼腕久之噫此才而棄之此耶微獨魁梧已也有姓易氏者鑽濡筆求書柱銘是日時雨時晴溫度八十六暑非酷甚然溽

二日卯正三十分曹曾導登小火輪艇埃東生來贈小影答之少坐聞解纜報鐘乃握手別將展輪秘魯領事必列多亦至岸側脫帽送行航數里登智利公司輪船名開鐵木耳造自英吉利長三百八十尺寬五十五尺喫水十九尺馬力三百頓數二千八百下艙與牛豕同居客位多在上艙窗門面海延空氣也否則熱難可支有電燈有喚人電綫而無澣面胰船頂以魚油黏布凡用魚油非入英吉利之

一種泥不易乾也五年一易縣視之如鋪馬口鐵日餐三午正開輪夜月弦見

三日午正行八百五十八里（海里二百六十一）北緯六度東經七十九度雨珠灑濤溽暑微減

四日午正行八百五十八里（海里二百六十一）北緯三度三十分東經八十度未正過小島之東其島名伊納拉入納達高五六十尺以測遠鏡視之近北四分之三麓開洞門四圍色白不見人也艦側一物如犬逐波上下然尾尖不類海狗

五日辰初泊博龍計行九百一十七里（海里二百七十八）此屬埃瓜度國戶五十許人栽數百船頭發鐵礮一有小艇盪槳來眎蓋關船也舟輪尋展小嶼間異禽貢語奇花娟淪板屋竹籬爲觀海目別開生面不意於近赤道處見之午初泊瓦亞基計行一百九十八里（海里六十）自巴拉馬至此凡二千八百三十一里（海里八百五十八）南緯二度十二分西經七十九度五十一分是埃瓜度國一大埔頭日近長安遠不翅爲此行詠矣國都曰瓜度地當赤道故以埃瓜度名國譯即赤道誼也然

都地高海面三千尺可居以此否則熱難可支瓦亞基灣爲南阿美利加洲海灣弟一在基路島之北距陸約華里一百五十（英里五十）灣口寬五十六里（海里十七）灣南樹多而岸低近岸十里（海里三十餘）水恒淺灣南有柏鴉納瀨有布納島巨船入灣賒水手目力何如布納島木無算近岸亦淺然爲瓦亞基河口南阿美利加洲大河以瓦亞基河爲最巨凡船喫水不逾十八尺者可達瓦亞基埠九十九里（英里三十三）較小之艇可達一百二十里（英里四十）河寬處四里有半（英里里半）兩岸小嶼無數毒蟲蜥蜴之類其恒見者游人裹足河口大島二一曰孟多拉貢一曰馬多宜羅司然亦人跡罕到布納島北水深時可十八尺先是南阿美利加洲土酋印格司治此土人便之日斯巴尼亞人碧紗羅沿海探南阿美利加洲西岸至此繇瓦亞基河口入布納島自以爲南洲之地觀止矣後進嘘之其島有鎮屬埃瓜度而後曾被八嘎美約人恣掠鎮人逸於瓦亞基尋復厥居屋高市潔空氣流通無一蚊蟻瓦亞基人於雨多時輒於此避暑布納島之東南曰阿理賴岬在沙里納司岬東三十三里（海里十）對岸之僕柯養必立岬西北三十九里（海里

二十航難始於此岬燈臺形方高於海面五十九尺色紅一分時發光十六秒散光四十四秒晴達三十九里（海里十二）布納島之東北曰蠻荊格岬燈臺形方高於海面一百有八尺定色白光晴達三十三里（海里十一）是岬之北曰野司巴羅納岬在馬納岡東北十三里（海里四）岬高北行之舟可見其南三里有奇（一海里）水深三十六尺鼓輪無滯也岬上燈臺高於海面一百三十尺定色白光晴達三十三里（海里十）瓦亞基灣之南有巴鵝納島又四十六里（海里十四）曰阿木耳窩牙撻島亦名散達苦拉拉在沙納司岬西南三十九里（海里十二）高甚長四里餘（一海里半）島上燈臺九爲塔頂高於海面二百五十六尺色光炫白一分時散光八秒晴達七十九里（海里廿四）入灣之舩稱便故稅亦有額舩載每噸風颿輪六仙有半流輪輪風颿之半又有不讓古岬南阿美利加洲西端也南緯四度二十分西經八十一度二十分岬有邱二其間爲高尖岬麓有小岩石岬北約華里十九（海里六）有阿耳昆山西面肖樂器管故名蓋謂樂器曰阿耳昆也未初雲龍方欲乘艇登岸新昌和之張（盛興）李（鈞秀）邱（灝生）適至導游瓦亞基埠城在瓦亞基河西岸大率以板

爲屋以馬口鐵片爲瓦其地窪溼其城西氣穢濁而沿河樓高軒敞海關峙焉其城南三阜總名西路低拉苦留司其中阜高三百二十尺長約華三里(英里一)有高山曰金勃拉蘇距城約華里四十八(英里十六)可望也在其國都西南約華里二百七十(英里九十)雙峯猶戴古雪嘉慶七年(千八百二)測量者二一漢勃多一潘布蘭至山一萬九千二百八十六尺道光十一年勃新可耳多測至萬九千六百八十四尺而未極頂今据測量家言山高國都地面萬一千九百五十八尺高海面二萬一千四百二十四尺然秘魯高山四智利高山一與此同出安地師山脈而皆高於此此居南阿美利加洲弟六或云弟一非也(雲龍)小憩於華人會館曰惠慶公司踵相問訊無慮百餘有杭州徐四林者言府城不守逸出年裁十二後充蔣(益澧)營兵戰場被掠繇舊金山至此市酒餬口江西李某販米至自秘魯云獲直倍然稅重廣東潘(祿則)爲商冠招飲以不飲辭堅留一飯其鋪三一生隆一和生一和安其司事劉(福堂)亦江西人餘籍廣東人影在地難可獨歸送至輪船者六人其一爲千總黎(孜政)蓋將同舟往秘魯者也自言昔僑秘魯爲其

國造鐵甲船司工而不司費六閱月船成如式智利之役遁巴拉馬中道輪舟瀛罐壅不可行客多泣下舟主傳語誰歟克修酬銀三千圓黎自應之歷時四鑽孔三十有六舟行如常後見鄭大臣令回廣東曾捧檄入西局爲彭尚書造營礮然入自光緒十一年冬明年夏即出夙資一罄海賈復爲亦一馮婦也聽語未終慨然一再

六日晨起有登舟售波羅密者云它產無如瓦亞基之佳金雞納霜亦產自埃瓜度國以木皮製治瘧奇品也此埠前十八年（一千八百七十一歲）計來舟一百九十噸數四萬二千九百十三自法郎西居多其輸入直六萬七千四百八十六磅其輸出直二十七萬七千七百六十二磅所出莫多於哥葛鴉（食物名）今則出入倍午正行未初出灣少停關船來覘復行

七日卯正泊擺達此秘魯北境第一艮埠屬比五納部在部西百八十里（秘魯里九十）自瓦亞基至此計七百二十有六里（海里二百二十）南緯五度五分西經八十一度十分通比五納部火車約需二時其部林地農地皆藉安地師山一脈之水而擺達一埠無可飲者亦引自內地赤

日黃沙艸無一碧沿海童如薙如過此諸埠比比然也終年無雨而瀬鹹不孳然山之東霖雨霹休未可概從此例擺達歲泊別國輪船二百數十其輸入載數凡十八萬布些有奇雞子五十枚裁直銀一角抑何廉耶果品或如黃李綠纏扁核味酸且澀或如甜瓜煮食去核橙桃蕉實之類於詳圖經舟客所携有松鼠有果子狸又有禽酷似鸚鵡而小四之三喙不紅而黑呼之爲北野哥司

八日辰初泊比民太耳（一譯平民得）計行五百有六里（海里一百五十六）南緯六度五十五分西經七十九度五十四分在倚鼎岬西北二十里（秘魯里十）水淺泊難距岸五里（海一里餘）水三十尺輪舟所泊在十一里外（海三里半）土人運載輒資木筏未正泊先得布拉司埠計行二十九里（海里九）南緯六度五十五分西經七十九度五十四分岬突出其沙阜二南阜高且險內地二山相去海岸一二十里（秘魯里十）高千九百尺一四十二里（秘魯里二十一）高二千四百五十尺海上可見戌正行

九日丑初泊八嘎美押計行百一十二里（海里三十四）南緯七度二十五分西經七十九度三十七分臨水屋尠正埠在其東南戶二千餘當

八嘎美押岬之北麻拉布里可知西北二者之間岸窪而險距六里餘二海里深六十尺安可那岬距麻拉布里可約四十里有奇二海里有半行舟在三里外海里許近則有暗礁產米華商梁祿文來自秘魯買米而返錦名寶芳遂同舟焉解日斯巴尼亞語而未嘗金玉爾音此亦一助爲雲龍購一古陶器曰芝渣哈羅土人呼粟粥曰芝渣呼餅曰哈羅此四百年前物今復出土文樸拙形類胡蘆然上節環管曲通即出粥處未正行酉正泊沙魯尾耳計行二百二十七里十九海里六距篤六溪約三百里英里一百有火車道先是日斯巴尼牙人比沙路欲立而古蹟古器往往而有其人萬八千華工初困田寮領事既置工身盡贖然聞贖後或復自買如篤六溪約隱毒猶有餘者所未詳也產米與蔗智莫山谷地最腴沙魯尾耳人約千六百水三十尺至三十六尺通舟鐵棧運物便之無風而波未泊以前見島二一長形名臉得羅一斜碪形名伊納得瓦押六英里出鳥矢既泊見西南數十里有山如鐘名寫綠岡板牙謂鐘曰岡板牙謂山曰寫綠此日斯巴尼亞語英吉利語曰昆巴羅方音略轉鐘義則同

十日船載增糖六千米千五百炶以包計牛二百豕百餘其牛以繩繫角懸轆轤而上每牛酬載資銀十圓三豕同登繫足以繩號聲攬耳不似牛之寂然載直輙五圓

十一日未初行酉正泊金博汀計行二百有四里海里十二六埠依沙峽在費路耳灣北岸灣以勃良可島及陸地而成形橢圓長約二十三里七海里寬約十三里四海里內有小島又有金勃低島與鐵比生島相近處一島曰費路耳此勃良可北大島也又有勃良可石甚巨勃良可島側多岩石而金博汀埠前泊舟良便戌初三十分行亥初泊裳莽谷計行四十九里十五海里南緯九度十五分西經七十八度二分秘魯海岸大灣也由西北至東南袤十九里六海里廣半灣口之南爲裳莽谷岬北爲西路島口一十八尺灣內水一百二十尺東南岸一漁邨當尼納河入海處南岸沙多難近水黑不可飲河之左岸有井汲引賴之輸出爲米棉木畜之屬是舟增載豕百

十二日丑正行經埠二日格馬曰華美炶以疫聞未之泊也午正泊粟碧計行三百六十三里百一十一海里南緯十度四十九分西經七十七

度四十七分倚山爲居率多板屋嶼麓一洞潮入復出山水所潤遙瞰蕉青戌初行

十三日丑正至嘉里約天曉乃下錨泊定中間舟經瓦足埠距粟碧百三十二里（海里四十）未泊也瓦足至此約百六十五里（海里五十按自粟碧若至嘉里約海里九十）南緯十二度四分西經七十七度十三分自擺達至此二千五百二十四里（海里七百六十五）自巴拉馬至此凡五千三百五十五里（海里一千六百廿三）燈臺峙六十尺高於海面九百八十尺色黑定光達三十九里（海里十二）卯正秘魯醫士來舟審脉無恙海關長復來曰待中華使署官來乃登岸辰初林代使（怡游）劉領事（福謙）偕鄭梁張諸隨使照料下舟至火車頭少憩辰正乘火車行二十四里（秘魯里十二英里八）巳初至利馬爲秘魯國都（經緯詳圖經）乘馬車投旅舍曰福來西司因立水問直曰日銀三十圓勢難驟出且居其次日減三之二餐浴在外別尋客寓直較廉然外人視之於

國體不無關繫遂假館於養和堂之樓若桉若榻若地毯類皆借移它所

十四日徙養和堂日食則購自華人所設飯館居停主陳（亨）有元龍風擅雕梨藝郭（慶颺）師和綬術堂名以此對門曰怡和堂是陳與王（安）貿易處王樂爲善先是華工瑣尾不旨輙旨無告無歸遂惻然與前劉代使（亮沅）議立旨工院解囊以倡明年通惠總局工蕆將藉屋租以繼此需也時游瓦呢未歸

十五日華商願見者多劉領事曰可以借訪即（見即）行半日而歸秘魯人約西（名）苦羅背路左（姓氏）聞（雲）龍急於諮度遂携所著利馬學問報告來談移時曰恨不易舌而語半面之懇切如此

十六日林代使導訪美利加使北客据云出使巴西者瓜期同近矣商廣經原之李（應鑾）其兄（與雲）龍之仲弟鼎丁卯同舉於鄉能詩永安昌之梁（敦豪）和昌之梁（愼豪）榮盛之黎（子榮）亦至譚地理食貨甚悉

十七日劉領事導游王家花園曰科侖石會其題科侖不忘探地之始也其稱石會譯言方也園方故名造自同治十一年（千八百七十二）其朱藤爲直幹爲巨本與中國柔條巽始花榴亦花爲白爲淡黃爲淺紅別有花似山茶而單與廣東紅花同夾竹桃高二三十尺木芙容樹

轉低夶花而玉蘭花未着本高四十尺括生野出力云者譯言千年艸大於蒲數倍北哈里多者譯言雀子花其木高三十尺葉細如皂莢樹花似豆花瓣黃心紅馬纓月季維露叢林先是動物囿弗備智利之役獅豹類皆攫去今存熊狸鷲鵝孔雀鷹爵之類鷹有異種較大產秘魯之非掩得斯埠凡有血氣者尠克高逾萬五千尺獨此飛以二萬尺爲率池側一鳥曰白罡痕鵝身鷺翅喙長尺許別一大池有橋有艇點綴略寓活機臨水一屋中立印甸土人古碑（詳圖經）屋前立費力氏鐵像費力氏即羅馬古美也又游國監所地居園左無死刑然急流灌頂亦未見之酷刑（詳圖經）出游鑄錢局遂游礦務學堂羅列礦質辨之等之試之析之有圖有說有師十六有弟子二百其鑿礦器藉水壓力逼鑽石鑽端四稜石遇之成孔復爆以藥即開日夕而歸同舟之梁偕其同事古（光盈孖文）永同輿之江（旭亮）來適陳（亨）言東義會館垂成中祀壯繆求書柱銘願嵌東義二字假筆應之曰東壁邀西園正廟貌成今神髯猶昔義漿注仁粟願僑居聚首歸𨑨同心

十八日早起饗圖經申正林代使導訪外部長阿耳沙抹納同見伯

理璽天德蓋外部署與宮通也巡捕長冠袴共紅衣綠以金緣褁佩長劍劍首及地候門延入少坐伯理璽天德出其面左戰時創痕猶見握手坐問來途去路即言明日特備火車約游基格納山而別十九日游基格納山作記曰南阿美利加洲山以安地師爲宗秘魯之基格納山亦其脈也而非其極然五大洲山之鐵道高莫高於此向例火車日惟辰初一上辰正一下共歷時四上記申正二刻下記酉初二刻今日之車來日乃下山半一宿游者苦之是游也前一日秘魯伯理璽天德面約一日往還至是備車二一正載客也一副載樂工也車停樂作禮也主爲外部與吏戶兵刑諸長賓則各國使臣參贊林代使鄭隨使與焉雲龍偕招游者如約往賓主凡二十有二鐵道之度從英不從秘魯者修自美利加人也計里計尺輒自嘉里約始嘉里約至利馬八邁高四十八尺爲茲游所未經以辰初一刻五分車發利馬行十邁有四分之一距嘉里約十八邁有四分之一經三達嘎拉高一千三百十二尺計自海面非計自利馬也下數視此又十五邁有半經職西格合前三十三邁半高二千八百三十二尺又十三邁有半經山希多猓米合前四十

七邁）高四千九百十九尺又四邁有四分之一經阿沽瓦維五格土（合前五十一邁有四分之一）常車經此不少停以視鐵橋故停車步橋橋跨兩山下深英尺二百五十六以英九華十計之即華尺二百八十也（洋尺百廿）長三百尺合華尺三百三十恃鐵繩橫柱力居多鐵欄木板車軌綴中上車復行四邁有四分之三經鑽葛（合前五十五邁有四分之三）高六千六百六十五尺又七邁有奇車停麻多格納（合前六十三邁）高七千七百八十八尺午初矣餐席二（雲龍）預第一席外部長舉觴屬曰薩魯譯言相祝也樂三作而畢復行留此者半行六邁有半經丹鉢尾宿（合前六十九邁半）高八千八百七十尺瀑布伏流山凹時露石罅雪如沸如無慮百尺半月前山水驟發損居廬漂蔬穀無算又四邁半經丹博拉格（合前七十四邁）高九千八百四十三尺又三邁半經沙馬牒約（合前七十七邁半）高萬五百三十尺其郵居車路下俯瞰之屋不逾百夾流而居又二邁許經布彎牒因飛拉宜約（合前七十九邁有四分之三）高一萬九百二十三尺吸水筒立道側曲引自巖又二邁有四分之四經彎笛笛安奇（合前八十一邁四分之七）高一萬一千三百尺又二邁有奇經埃約布郎葛（合前八十三邁）高一萬一千

五百四十三尺又三邁有半至基格納（合前八十六邁半）高一萬二千二百二十尺自利馬至此七十八邁有半英里也合華里二百三十四里有奇合之嘉里約達利馬之八邁約華里二百五十八里有奇測山高低表與所問符非臆測也凡高海面萬尺以上酸素漸絕空氣鬮輕呼吸之難以抵力減故肺氣壅者輒眩或曰嗅蒜宜如高至萬五千尺以上毛血或出不易禁也中道之止半以此聽意志使勇於游而亦覺不支（雲龍）則否然鐵道議不止此工停未蕆其上地名峨羅里牙則銀山鑛也約五十九邁綜計之一百四十五邁合華里四百三十五里有奇高一萬五千六百五十八尺其工始同治九年（西千八百七十）訖十一年（西千八百七十二）美利加人點格士造之有立相懸之火車場其費銀二千一百八十萬圓廠多格納以下仙人掌怒出沙礫皮毛作白霜色山澗四出雜樹夾滋棉蔗分潤亦油油然而山輒童過此以往巒高轉秀雖乏巨木而棕若蕉一碧千叢山骨嶙峋率黏苔蘚六如文與可畫幅襯檜下矣非雨無閒日不逮此是日白雲出山麓逐車行午初復漏日影溫度七十五六漸高漸陰裁及萬尺而雨微

如毛毯基格納則雨如注衣履盡溼避之廓少頃旋車時申正矣中止餐如前所經隧道三十有九或洞巖腰或貫壑口約略計之共長一萬七千八百五十尺由下而上一長三十丈二長四十丈三長二十丈四長六十丈五長廿五丈六長十五丈七長二十四丈此未至麻多格納以前也八長四十丈九長九十丈十長廿丈十一長五十丈十二長廿丈十三長廿丈十四長廿五丈十五長百丈十六長三十丈十七長九十丈十八長六十丈十九長廿丈廿長四十丈廿一長三十五丈廿二長五十丈廿三長三十丈廿四長四十丈廿五長三十丈廿六長四十五丈廿七長六十丈廿八長一百廿丈廿九長五十丈卅長百丈卅一長百丈卅二長十四丈卅三長三十丈卅四長四十丈卅五長十四丈卅六長九十丈卅七長四十丈卅八長五十丈卅九長四十八丈既斜且曲軌罔或阻而議鐵道者方嘖嘖謂難在必直必平也蓋亦至基格納山一游

二十日訪智利使臣索護照據云信斯可矣午後游中華通惠總局名定於前鄭大臣其地直萬八千圓修費如之貲集自商居多明春工竣寓客月租約銀三百圓藉濟盲工院經費洵善舉也越數日同人屬雲龍書匾即中華通惠總局六字並作聯曰嘗六萬里艱難權作寓公相助當如左右手歷五十年生聚每逢佳節何人不起本源情

二十一日羅馬教使函致林代使導游尼院此院難可輕游尼弗與人握手爲禮與不授受義符亦一變見端歟至則見老尼二其一有鬚引覩女學堂受戒堂亦潔亦靜凡願尼者住院二年乃定不剃髮白布冠如風帽而不曳尾僅僅露面四圍密排布管似鵝毛菊女學非學爲尼乃以尼爲師也學字學文學畫學鍼黹學音樂尼七十女生二百四十內有八十不住院以時入學然無父母與有而遠出者亦宿於斯雲龍歸繪祕魯圖戍初智利使招飲坐有日斯巴尼亞使是日往還十二里秘魯里六

二十二日劉領事導游三達嘎拉田寮即前游基拉納所緣道不曰糖寮曰田寮者不以糖限也祕魯此爲大宗詳圖經攷工寮有園卉木燦然茉莉香尤烈小蜀菊高輒數十尺花葉無異有池可浴可灌有鳥長不及寸毛綠雜赭喙似喙木飛類蛺蝶采花心食之名碧格福羅爾碧格之言喙福羅爾之言花也或曰化生自蟲殆蝶而禽歟堂後七椽不壁不簾以鐵條作格空氣既通園景時挹寮主匡羅納攜其子一飯去蓋家在百野治亦一田寮也其製糖法述自華人溫

水是其工長華工會館曰忠義堂游之少憩華吉壩田寮主壘頓西
牙至乘車與俱經大小橋各一据云成自獨力銀三萬圓取運蔗也
橋下爲山水逕道支流四出短橋無算軌道兩旁皆其蔗地種一獲
六六年更植斷續交濟宜陽忌陰宜燥忌溼秘魯之無雨處爲宜否
則漿多而淡其寮司事人四十工二十華工八十日支銀三角二分
或四角或八角視工有差米各二磅無製糖機製自三達嘎拉八十
之六歲製二萬石厥地亦種棉棉勝它產花實參半矣歲產七八萬
石蜜撻耳堞所織以此導雲龍步畝視所用機器二枚抵馬力一十
有六購自英吉利一東一西相去千尺有奇若耘若犁若種類此均
可易器就機時以器犁斜張如翼側用一面蔗根代煤機動則輪卷
厥鍊而西轉東亦然揭來如指事半功倍復乘車至其寮居背山帶
水生面別開距寮數十武一聯在門漢字也問之曰亦華工會館國
人祀天主不容耶穌一堂獨關壯繆聽華人祀無異詞寮主之言如
此昆季弄琴或紙或鐵易之則自成一調以機不以手也飯後夕陽
在山登車旋三達嘎納一宿是日行四十六里秘魯里廿三

二十三日早雲龍借馬秘魯馬一頭而田間用鐙不皆銅也以堅木穴半爲之足雖便捷梁麗同之與寮友而四馳視蔗工其犁與運用馬亦用牛嚮聞外國牛不耕種可榮也亦不盡然橫溪斷徑一策渡之迷蹊半道危埂四交與中華農莊未爲大異行約二十里秘魯十里乃返寮居午初劉領事復導乘火車游密撻耳堞之棉花工廠詳圖經秘魯工廠絕少此其魯靈光矣廠主見其子四以酒當茶視工而返是日行五十有八里秘魯二十九里

二十四日訪林代使又增通氏姓潘氏籍訪秘魯郵政

二十五日購廣東鞋銀四圓諏秘魯學校

二十六日訪秘魯鐵道分數異同又訪兵制兵事兵船兵器

二十七日訪知秘魯以外交勝

二十八日同舟之黎導游果園土人謂果曰漫織園曰我得乘車行約四里秘魯二里入門大似鄉莊園約一十有六里秘魯八里本銀一萬五千圓果木無慮萬千加非實如櫻而青時未熟也或高木細花或低枝巨瓣問名錄入圖經然難更僕數梨桃葡萄頻婆之正類熟有肩果筐者出林晚之華人也日光透葉如炙雖水聲交送未覺減炎欲歸

園主贈頻婆一謂之漫三皮紅處有日斯巴尼亞字一行字旁則青其法以紙鏤字帖向日之青實歷日七則字與實紅而紙下仍青

二十九日訪秘魯國系及其立國以前代系午後乘車往別外部催巴西使護照

游歷秘魯圖經餘紀下　　游歷圖經餘紀十一

花翎二品銜直隸即補道總辦北洋機器局前游歷使臣傅雲龍述

十五年春正月一日陰秘魯以陰爲好天氣晨起乘車至代辦使署擽

萬歲牌歸中華通惠總局董事偕華商十數來來者皆衣中國衣所謂唐人街者幾忘其爲海市爆竹弛禁三日元日已無慮直金數千將有巴西之游雲龍撿點行裝迫甚而求書楹聯者上燈猶濡筆也二日未初乘馬車行僑黎惜别爆竹送之近火車頭聲猶未歇送者四十而分袂於嘉里約居四之三車行二十分時約二十四里詳前未正登輪艦酉正艙位乃定林劉鄭梁張亦歸戌初三十分輪發按智利公司汽輪十四不及英吉利公司之夥行自嘉里約者九行自巴拉馬者五此則巴拉馬之一名伊達達長三百尺寬五十八尺機器視馬力二百四十轉錨機輪在首露鍊左下右起一撥即行一扭即止上層艙門東西面海有廊六尺廊外九尺可瞰下層支棚以布取障日也夜燃燭無喚人電機盥有膔間日屠牛一

三日辰初泊淡木耳抹林計行三百九十二里（海里百九十六里餘）南緯二十三度西經七十五度此屬倚格部無峯一沙埠也水底泥多約一里有奇（海里半）以外水深三十尺輪艦泊四里（海一里七餘）許在淡木耳抹林河入海水口之北忌西南風與金嘉島近島出鳥矢歲輙二百六十萬頓有奇工一百五十半華人也金嘉島木實亦夥辰正行已正泊比士谷計行四十二里（海里十三）南緯十三度四十三分西經七十六度十六分倚格部之埠最也距倚格四十六里（秘魯里二十三）埠在比士葛灣東南泊距岸三里有奇（海里一）忌南風謂之巴拉嘎司風起輙覺頷有起貨棧鐵木相續凡二千二百有五尺三寸埠人三千水甘甚酒名比士谷者出此一名伊大利鵶或曰以工名又出火酒葡萄豆棗棉花白糖磁泥鱗介充斥申正行酉初乘巨風低昂而出珊沽盧昔峽怒石豬黑吸濤復噴石頂黃白則鳥矢也

四日辰正二十分泊猓馬司計行五百一十八里（海里百五十七）南緯十五度三十五分西經七十四度五十四分在猓馬司岬北水深四十尺至六十尺有差雖黃沙漩底而泊便地以河潤而腴然飲水遜是以

倚格部人夏浴於斯輙携飲水火酒著名又有所謂常喀喀者紅糖也厥產多於白糖草木蕃滋宜工宜農宜牧宜漁又宜商午正行潮雲翳日

五日辰初泊基耳根先於埠口停輪少頃乃進計行五百六十一里海里一百七十南緯十八度五分西經七十二度四十九分島色黃白在活龍里約岬西北其水不深舟人至此輙以繩度水巳初行午正泊莫逌奪一譯抹臉多計行七十二里海里廿二南緯十七度西經七十二度五分屬莫格谷瓦部

六日卯初泊阿列格計行四百二十五里海里一百廿九南緯十八度二十八分西經七十度二十三分屬達格納部距達格納六十里秘魯里三十有火車鐵道部治山頂自埠岸視之非晴天不見也先是道光十五年前千八百三十五埠屬玻利非亞後屬秘魯今則智利踞之屬此屬彼期滿十年乃定然關與官皆智利主之埠首稅山壁立三千尺長倍而頂平有礮四旗一土人呼山曰未駱阿列格海關稅四十二年前六萬四千六百磅今數有增別有小島在一綫洪濤間其少凸處峙臺

一泊處見之其礮臺在倭羅支山或曰涼時可見雪山是安地師山高峯之一天晴無雲可見阿勒吉拔火山海岸一棧造自咸豐二年千八百五十二而是舟泊距岸一里有奇海里半方呼艇登岸萬利號之黃唐馬景陳勝諸商適來樂為導游勉留一飯隨問隨答停貿者數時据言游歷官雖為學術來然輒無一華官至猶勝否則貽誚當何如耶望兵輪如望歲智利之役華人死十有九劫貲萬以未設官弗克與西人同償此地兵百或曰道光二十六年千八百四十六人裁三千五百今人約五千華人百許其間浙江人一姓藍氏湖南人一姓楊氏餘籍廣東會館一曰新勝堂商以萬利為巨擘梁文祺其司事也魯至此次為和隆又酒館五一林富一關熼一林德一張養一陳生與林括同開而巨賈則英吉利美利加法郎西德意志義大利居多埠北直街二道亦整亦潔物產玉米瓜果葡萄馬草金銀銅錫而以棉花羊毛為最山羊皮則出玻利非亞土人呼米袞牙譯言山羊產山雪中能却寒毛黃其等有差領毛為最次足毛又次身毛此外有埠曰理登納去此埠四百里秘魯里二百華人百商一二耳餘皆工也會館曰聯義堂又有埠

曰理宜格去此二千里（秘魯里一千）華人不及百有傭無商二埠物產與阿列格畧同記畢歸舟智利疆吏名先謀司管猶中國巡撫道左迎見握手祝風順（雲龍）以未遑趨訪答之握手而別華商送至舟者九勞之則曰彼族且欣欣然何論我輩戌初二十分行自此同舟者美利加出使玻利非亞哈羅禮攜妻避暑據云玻利非亞東西皆安地師山山東涼甚過其東山下見阿馬所納河即巴西東境一若近甚然雪山險難可行故航海紆南而北玻利非亞鑛多而崎嶇艱於運行其國都地高萬五千尺空氣太輕呼吸匪易低低嘎嘎湖與秘魯連五大洲最高湖也

七日卯初十分泊碧沙灣計行二百三十一里（海里七十）南緯十九度三十四分西經七十度十七分島麓三百餘戶了了可數無一卉木巉巖石爭出巒高處三千餘尺長七千餘尺炊煙時露此地產硝據舟子言熙雞籠灣西北四十五里（海里十五）有碧夾羅岬過岬水石磷磷航者遠之恒風且巨泊以碧沙灣岬西北爲穩岬距碧沙灣約一里弱（海里四分之一）西北水深五十尺碧沙灣岬北八里有奇（二海里半）有碧沙灣河

可以潤地一年水多之時居四之一然水黑不能飲所飲皆井水也午初行依嶼厥色赭墨裂黃沙紋如葉上筋或曰路也如繡如繪中初三十分泊意基吉計行百二十八里（海里十九）三南緯二十度十二分西經七十度十四分五大洲硝山以此爲最歲出一千四百萬石以每石七十五斤計之是爲（華斤）十萬四千有奇其工與山廠水埠濟工之商凡四萬五百有奇其中華人六百有奇或曰二千譌也又有鹽與銀銅沙並夥歐羅巴洲之酒船來輒數十歸載硝鹽而去對面一埠烏矢輪外又上一埠銀銅沙埒此秘魯精華也而智利寶之欲游不果緣往還計時小艇已需四十分礦山火車又需四時而輪舟酉初行矣未行時萬和之譚（芝雲）與它商黃（德記）鄧（祥）陳（政）葉（成霖）雷（貴）李（興貴）林（公升）至舟林籍福建餘皆廣東餉之洋酒糖諏崖略是埠中華館四一聚義堂一忠勇堂一同盛堂一協義堂

八日將觀日出遠島障之辰初四十分過一島近舟千尺有奇名曌西約林司其形平而盤旋數層中凸一頂如冠結無居無木殆鷄無淡水歟無風而艦搖甚未初十分泊安多法噶十達計行七百二十

六里（百二十海里）南緯二十度二十分西經七十度二十分前此過埠二曰多葛碧曰葛尾喀均未之泊是埠戶千有奇銀鑛二遠近有差析之融之工廠即在水埠煙筒雙支火車一道英吉利駐此領事拔羅納篤來見詢知硝工大率設自智利而鑛廠多設自英吉利人匯獨是埠然也華人約六百有奇島壁之土外赭中黃劃字於其上指泊所也蓋埠之左右危石激湍中間二十尺則否藉非無雨未由土壁留字此亦創見浪花亂沸海狗時見颿舟一十有一檣纜如織此船增載銅沙千包有奇酒桶數百酉初二十分行

九日卯初三十分泊叨特拉耳計行三百六十三里（百一十海里）南緯二十三度二十八分西經七十度三十八分近埠銀鑛二火車通之工千其廠亦在埠島高七千尺埠依厥麓其兵八十其戶五百有奇其人數千中有華人十餘亦工亦商商惟酤酒埠前水平泊者便之已正行傍島其島輒肖鑛鐵午後溼雲頓歸申正泊千列拉耳計行二百一十七里（六十八海里）南緯二十五度一分西經七十一度三十九分倚山凹凸石骨蒼黑天然掩暎較前數埠一覽而盡者差勝其戶千餘

其人四千餘華人不及二十同舟者二一彭一何何勰工也日獲銀一桄即一圓也近埠鑛山或十餘里或倍工廠在埠如前戍初行海風漸巨溫度驟減至六十五記早間猶七十度也

十日丑初泊嘎列納在沙漠間臨水而不依山鑛廠如前教堂突出埠中如塔巳正四十分行霧中午晴而風距島少遠申正泊嘎里沙耳八火計行二百四十里有奇（海里七十二）南緯二十八度五分西經七十一度十五分在沙漠微起處背山而非倚麓左右山亦略遠戶數百工廠烟筒二颿船四五大風鼓浪海獸輒露首尾酉初十分行酉正風浪轉甚有石數十錯落而出高二十尺有奇低或二三尺鼎彝銅綠庶幾近之假山形似嶠克臻此戌初四十分泊瓦司古計行八十二里（海里廿五）南緯二十八度二十七分西經七十一度十九分增客併艙位（雲龍）亦讓舊榻亥初行

十一日辰正二十分泊葛根博計行二百二十四里（海里六十八）南緯二十九度五十五分西經七十一度二十五分前此沙漠居多石偶點綴此則不翅碎石和土裝成也長千尺有奇如半環然頂植十字一

架聳山帶水結屋千百庭院輒樹卉木石罅怒發仙人掌之類農訫牛青遙相暎帶雖亦不雨生意則滋山後人煙直上與鐵道火車烟續上船婦孺競售葡萄蘋婆梨桃微獨此埠然也而此兼售衣與襪白布爲之又有無花果餅形似中華柿餅而大五倍視之相合而成非一果爲一餅午正四十分行舟子言此去伐耳巴來所風浪易起信然

十二日辰初至伐耳巴來所計行六百六十里（海里二百）南緯三十三度一分西經七十一度四十一分自嘉里約至此直行止三千九百六十里（海里一千二百）即已泊埠進口曲行七千四百三十八里（海里二千二百五十四）移時永安昌之麥（汝森）醫士區（德光）酒肆邸（福）來舟爲覓小艇登岸海關吏言關長未來且留行李遂先至環阿道骨街郤多理亞酒店是華人陸（滿）所開出游矣司事者何（聯書）特製華食兩餐便之是店歲入銀二萬圓然房租六千有奇（月五百餘）它費稱此亦宿亦餐故曰酒店華商以永安昌爲最餘多貿酒午後行李來自海關未之開視麥之力也伐耳巴來所是智利二十三部之一瀛環志略僅記八部此未之及

距其國都三低鴉谷百八里(智利里五十四)有火車路然其伯理璽天德時避暑於伐耳巴來所部之美牙馬埠官紳在都絕少晡後智利人爲(雲龍)薙頭用胰不用水薙後洗以水髮根撲粉此與紐約少異香水灡髮未能辮也索銀一圓尋至燕宜秉禮射街游中華公司董事李(吉)黃(貴)往國都矣見鍾(貴)廖(安)陳(公賓)等少慰孺子環立問之華父而不解華語初游美利加秘魯皆無夜市此則晝市轉遜上燈初麥區導游觀者如雲如蟻遂慰邱福處乘馬車歸

十三日巡捕長野思兵得納攜其屬吏二來訪其通國巡捕三千有奇此埠居十之一官二十五又有前伐耳巴來所疆吏叅贊名龍和寫馬利牙立東遮亦來言伯理璽天德願一見也以明日爲期允之復約至其家茶話

十四日早微雨游秘魯以來見雨始此去年七月(西八)雨多山頂一塘水溢損人一百房六七物值銀二十萬圓遂免月稅以銀二萬圓賑之街道或用石或用英吉利磚或築泥堅甚而從横畫方如棋秤脩自其國政府然民間按戶月支銀二圓街燈街兵出費有差雨潦之

不積職此午初忽來一人名阿烏鼎姓尾耳林氏自言紐約人在此立保險公司其女製册分國題至於斯者之名聞大清游歷官至其父爲之攜册求結銜署名册中題名彩而華官名自雲龍始鈐小章曰雲龍印信長壽欣然稱謝留照相而退豈海國亦趨風雅歟午正乘馬車至火車頭未初二十分火車展輪四十五分過馬達乃羅少停復行未正二十分至美牙馬亦水埠在伐耳巴來所東三十六里智利里十八龍和寫馬利牙立東遮亦至遂見伯理璽天德握手問起居其母坐左亦握手曰先牒士譯言坐也雲龍言遵朝諭游歷得見甚幸畬曰遠來得見甚歡問出游大指遂言所到因阻所詢無隱但行期速未克相助暢游耳子女環坐或默或語辭行復握手曰阿理約譯言再會也時火車未至遂游一小園卉木瓜豆罔弗備未正二十五分登車伯理璽天德馳使至車語曰當以一小影贈雲龍作記念四十七分逕海岸礮臺而西申初二十五分易乘馬車歸司日報者基艮太木藉美利加來問行蹤據云智利日報館二十其牛在此問氣候則云波迭猛士一年平均五十六度

十五日伯理璽天德使來贈小影一署其國文於角譯曰和寫孟收（其名）麻馬西打（姓氏）現任智利伯理璽天德在伐耳巴來所水埠一千八百八十九年二月十三號贈米士得雲龍傅棱十三號即十四日也如來使意以小影報之麥汝霖曰今夕元夕也就食而去

十六日午正將訪內務長（外部在部此兼其事）而龍和寫馬利牙立東遮來言政府意合令伐耳巴來所布羅勉祥（譯言部也）因甸領德（譯言一部疆吏猶巡撫也）以王家小輪舟送行盎亦一見允之車至因甸領德衙晤內務參贊言得其長電信將由美牙烏來見少頃即至遂見伐耳巴來所部長龍和西臻馬山治（姓氏）其水師長龍法郎西士果美野瓦郎亦在坐未幾內務長納孟八農司拉哥至坐中無解英吉利語者問答仗區（德光）而譯文則麥汝霖力居多

十七日伐耳巴來所部長水師長來談移時乃去購智利圖先是游瓦亞基石子穿絨靴頭一孔而乘舟車非此不捷以皮包之直銀三圓憶購自京原直未半也聞其國都三低鴉谷有二街玻璃罩之此埠則無（雲龍）游歷之檄無智利非輕之也期短道長不得不以無約

之國聽之舟車便否獨智利乎哉智利則以在所游中爲幸其使問殷如其伯理璽天德之願見腆如而況巴西之游非假道末由逕達徧游未遑也不一游尤不可也於是重違厥意藉補圖經所未逮記曰智利在南阿美利加洲之西南東界拉巴拉他北界秘魯東南界巴他峨尼東北界玻利非亞然就形勢言東與東北皆以安地師山爲襟餘以大東洋爲帶桉五大洲輿圖無狹而長如智利者其國緯綫起赤道南二十一度三十分今割秘魯二部測自達格納則起十七度二十五分二十三部外有麥哲倫一洲至三十六度而止長七千一百一十六里以華里計其國都經綫起中國北京偏東一百七十二度一十分訖一百七十四度十分据西人言其國都在英都偏西七十二度十分訖七十四度十分以全國言南偏於西北偏於東蓋斜長非正長也而廣不離乎二度者近是蓋四百餘里也瀛環志畧謂東西四百餘里信然而謂南北四千五百里非今境矣先是明嘉靖十五年一千五百三十六日斯巴尼亞既畧秘魯令亞耳馬哥羅率兵攻智利土人拒之十九年一千五百四十復令瓦爾的維亞畧地無幾然以其名名一部落三十年一千五百五十一瓦爾的

維亞被阿老敢人殺之阿老敢者土人部落之悍者也日斯巴尼亞末如之何以所畧地附秘魯道我大清乾隆三十八年（一千七百七十三年）日斯巴尼亞始有智利土而阿老敢部落未之服也嘉慶十五年（一千八百十年）日斯巴尼亞遭法郎西之變屬地輒畔智利亦欲自立日斯巴尼亞伐之智利求援於拉巴拉他助之以兵智利遂自立爲國盤先於秘魯十年其部（猶中國省）二十有三就（雲龍）游歷時言自有者二十有一曰三低鵶谷（或譯散地牙哦）即其國都所在與多波加耳馬河近部與同名曰我希銀司會城名狼瓜鷄曰哥爾乍瓜治先奪法郎各曰苦里格曰達耳格曰里納里司三會城皆同名曰卯勸會城名高給尼斯曰納布里會城名治鸞曰公塞布桑會城同名曰比我比我會城名羅司安黑耳曰馬里格會城名安格爾曰阿羅格會城名吏符曰格金會城名印比埶阿耳曰瓦爾的維亞會城同名曰納納倚屋會城名孟託曰濟盧迭會城名安格多（此在都南）曰伐耳巴來所會城同名曰阿公加瓜會城名先奪非里卑曰葛根博（或譯可金勃）會城名西里納曰阿達格馬會城名格比牙波曰安達法嘎

士達會城同名割自秘魯者二曰答拉八嘎光緒七年（一千八百八十一年）搆兵議和而割曰達格納以十年爲期民願屬之秘魯則償智利銀一千萬圓如願屬之智利則秘魯亦償如數此外又有洲一曰麥哲倫會城名邦達阿里納司視瀛環志畧所謂地分八部復何如耶其山以安地師爲宗高峯被雪無間時火山長者無慮四十八萬尺有奇地震時聞陵谷變遷亦時見也其水導源安地師山居多溫泉無算錄著名者曰阿波金託厥質綠厥度二十有三曰渴治約厥質綠與礦厥度三十有六曰高格宜司厥質綠厥度五十曰治鸞厥質綠鐵厥度三十曰阿屋野耳厥質礦厥度二十有一曰淪阿比厥質礦厥度六十有九曰孟達柯厥質綠厥度四十有四曰拔宜馬比他厥質綠與礦厥度三十有一曰布羅比天紗厥質綠與礦厥度十九曰金治里麗渴厥質綠厥度七十曰土羅窪麗低耳厥質綠厥度六十曰柯麗納厥質綠與礦厥度三十二其君民主也五年一更舉今伯理璽天德和寫孟收麻馬西打舉自光緒十二年（一千八百八十六年九月十八日）其大臣凡六一司外務通商一司內部一理刑猶中國刑部尚書也一理財

猶中國戶部尚書也一司水陸軍猶中國兵部尚書也一論機宜其民俗半沿日斯巴尼亞先是嫁娶必就教堂注册教士索費貧者輒生子乃往今則報官亦無不可其民數二百有七萬五千九百七十二中有未嫁娶者一百四十一萬五千八百五十八誠難之也其物產以穀與玉米與百果與麻與淡巴菰爲多其鑛金銀銅鐵鉛煤硝汞硼砂閎弗備其工製若革若氈若紙若酒亦日益精其國計歲入銀三千七百一十一萬六千有七十圓有奇此光緒十二年數（千八百八十六年入稅關銀二千三百三十七萬八百六十二圓三毫六仙入火車銀六百三十九萬五千八百二十一圓九毫一仙入鑄銀局息十五萬一千一百七十九圓六毫八仙入郵信印紙電綫銀五十五萬九千四百八十九圓一毫八仙入屋租銀五萬四千七百三十圓三毫八仙入街市銀三十六萬七千三百四圓五毫三仙入地租銀二十四萬五千七百一十四圓四毫五仙入商銀四十六萬二千五百六十三圓六毫九仙入印契銀四十四萬九千九百二十九圓一毫九仙入雜項銀一百有五萬九千四百六十圓有奇）其國債內欠銀四十九兆二十二萬三千四百九十一圓外欠三十四兆六十萬有一千二百七十圓其互市中國物以茶絲爲最歲售湖北茶七百石（一石百斤）約七萬斤直銀九萬圓（一永昌號售茶最多）廣東絲物歲直十萬圓其稅關建自政府者五其進口貨單由舟主交關其商物棧租

不至三十日者不收否則以三年爲期過期納租轉舊作新倘租弗之納則關長權得以貨市銀以銀酬租其度長短所謂舞度路者約中國二尺六寸七分其權輕重所謂機羅者約中國二十六兩有八分七厘每機羅約一千杭毛每百磅約四十六機羅每磅十六昂沙約中國一十二兩每昂沙約中國銀七錢五分其稅章或征百之三十五若米若磁器若絲織可類推也或征百之二十五若酒若藥或征百之十五若時辰表之屬難更僕數其錢法銅之屬六曰一仙曰二仙曰二仙半曰五仙曰一角曰二角銀之屬二曰半圓曰一圓銀鈔之屬八曰二圓曰五圓曰十圓曰二十圓曰五十圓曰百圓曰五百圓曰千圓其銀行鈔政府出令收之自光緒十四年始千八百八十八先收一圓二圓五圓也以五年爲期又五年收十圓鈔又五年收二十圓鈔由少而多意欲商鈔之皆無庶乎國鈔之獨有也其火車光緒十一年千八百八十五入銀六百有八萬八千一百七十八圓出銀三百八十萬有五千四百七十三圓實獲銀二百二十八萬二千七百有四圓明年入銀六百四十三萬三千三百九十三圓出銀四百有二萬

七千三百四十三圓實獲銀二百四十萬有六千有四十九圓此有增無減證也其鐵道大段有八一爲一百四十六萬八千五十尺工銀四百六十九萬四千九百圓是每二千六百七十尺用銀八萬五千三百六十一圓也二爲三百四十四萬四千三百尺工銀六百九十九萬一千九百六十九圓是每二千六百七十尺用銀四萬四千二百有一圓也三爲八十萬有一千尺工銀四十五萬九千有七十圓是每二千六百七十尺用銀一萬五千三百有二圓也四爲三百六十三萬一千二百尺工銀五百萬圓是每二千六百七十尺用銀三萬七千三百一十三圓也五爲百三十六萬一千七百尺工銀百三十七萬八千四百有五圓是每二千六百七十尺用銀九千八百二十圓六爲百七十三萬五千五百尺工銀百八十六萬九千有九十一圓工銀百八十六萬九千有九十一圓是每二千六百七十尺用銀二萬八千七百五十五圓七爲六千三百八十一萬三千尺工銀六百七十萬有八千九百四十四圓是每二千六百七十尺用銀二萬八千有七十圓八爲四千九百六十六萬二千尺工銀四百九

十一萬七千二百五十六圓是每二千六百七十尺用銀二萬六千四百三十六圓蓋智利所謂一機羅舞度路者猶言千舞度路也（譯言千尺）約中國二千六百七十尺此光緒十二年（千八百八十六）鐵道成數也以車路言初分孔道十有六續之歧之凡長四十二萬六千二百二十舞度路即合中國千一百三十八萬有七十四尺其亭車場九十有九其電綫長七百一十萬有六百七十一舞度路即合中國千八百九十五萬八千七百八十九尺或司郵報或屬火車凡分局一百四十有四其郵信光緒十一年（千八百八十五）三千三百萬有五千八百六十六中有保無失信十一萬六千三百二十明年三千五百三十萬八千二百一十中有保無失信十二萬五千九百有二（或公文或露函或日報或寄物皆在其內）信局二百一十有二凡信傳國中重半昂沙即中國三錢七分半也需印紙銀五仙厥重有增輒倍如重一昂沙即中國七錢五分也需印紙銀壹毫五仙可遞推也信傳國外銀倍以（信不出本埠印紙一仙爲率露信減半）慮信或失則有保法如原費十之一則增爲十之二有五其遣使之國八遣領事之國二十三其兵陸軍五千五百人水師四千人其

兵艦鐵甲四木輪一十有八魚雷船九（或曰十二非也）其學校出自公立者生二千費一百五十萬圓游時之見聞如此雲龍曰智利地廣弗逮秘魯鑛又弗逮遠甚而秘魯割地如約未敢自惜五大洲弟一硝穴秘魯不克保而智利踞若固有豈非地利不如人和歟於華人則賤工而重商論者輒謂有勃然機國無小於智利亦云

十八日巳正乘車視兵隊又游稅關其關闢石阜麓造屯物屋五其山路有火車有礮有旗泊舟處可見也歸爲中華公司書扁曰中華會館怂作聯曰六萬里日月所昭會巽地弟兄同鄉父老三百年衣冠初睹計游洲兩美歷歲重周（致銀四十圓）夜檢行李

十九日未初麥區邱李黃五人照料啓行海干有智利國家輪艇送至英吉利公司輪艦曰龍朔拉達達造自同治十一年（一千八百七十二）長四百一十三尺寬四十二尺有八寸噸數四千一十有三機器視馬力六百日需煤四噸有九分噸之六每半時速率十三海里有半有電燈有喚人電綫盥亦有腆艙客二十下艙之客時增時減它船早餐巳初中餐未正大餐酉初此則大餐酉正餘同游歷所乘之舟此爲

最穩申正三十六分行大風送之狂濤打窗不下三十尺有奇

二十日浪高八九尺午正行七百有二里（海里二百十三）南緯三十六度一十五分西經七十二度五十七分午正二十五分泊達果窪羅計行七十八里（海里廿五）距伐耳巴來所七百八十五里（海里二百三十八）是埠戶約數百人約二千有奇輪舟三颿船四泊之埠側酉正二十分行

二十一日子初二十分泊猓達計行一百四十一里（海里四十三）煤槳熒熒波星一色埠西燈臺出島木間定色白達十數里晨興視之其埠西向海口南有層巒小港海水入之北則雲擁千章時露屋脊臨水銅廠一烟筒雙起無慮數百尺擺達以南青葱之氣邱壑之勝無如此者人約五千礮臺一浮標七泊颿船六此艦增載銅質居多未初行未正泊柯濃乃裸計行四十二里（海里十三）在猓達西北回首猶見鎔銅爐煙也埠戶數百人約四千銅廠二高煙筒一小者四亦設自英吉利人方泊時或言火車平甚言未畢一車行岸而覆一人不起殆恃平歟戌正四十分行

二十二日午正行五百有八里（海里二百五十四）南緯三十八度五十五分西

經七十四度二十六分南風巨甚船首尾低昂三四十尺濤噴如煙如雪支篷盡去

二十三日午正行八百有五里（海里二百四十四）南緯四十二度五十一分西經七十五度四十五分轉西南風浪小可以開窗船主約坐船頭照相

二十四日午正行九百三十七里（海里二百八十四）南緯四十七度三十二分西經七十六度三十三分西風較大張二颿受橫風力舟頗不平交酉風轉北則順風也夜雨如注

二十五日午正行千有二十九里（海里三百十二）南緯五十二度二十六分西經七十五度五十分船主以英吉利新聞紙交繙譯視之云西正月五號游英吉利者四而不起一噫

二十六日卯初泊散地奔領計行七百有九里（海里二百十五）自倮達至此四千有三十二里（海里千二百二十二）南緯五十二度四十分西經七十度十分然申正輪航五十四緯度迺轉而東航麥哲倫峽舟中假鉛筆述游麥哲倫峽記云耳食風波惡久矣据瀛環志略云昔時往智利秘

督由港麥哲倫峽西行多礁近率取道鐵耳翕離依休勾之南狂風迅烈昏霧迷漫濤瀧猛惡倍於大浪山舟過額手喜若更生地理全志亦同雲龍此行爲彼夏七月雖云波惡自較風雪差勝東西互異而行峽港則一多礁之說豈今漸罕歟然島嶼皆低又聞輪舟航峽颿船艤外而此埠所泊颿船不少亦行峽間目證也智利國新圖二十三部外有麥哲倫一洲至南緯五十六度而止與英吉利人所著五大洲圖說智利記南緯五十六度五十分適符而地理全志云起二十五雖與瀛環志略合按之今境則否峽西一路如此埠者仍爲智利麥哲倫洲境先是尋獲此地者名麥哲倫在明正德十四年千五百十九故以名峽而散地奔領埠以南則屬巴他峨尼瀛環志略云世傳長人國即此野番長如常人一身有牛遍體皆毛初無衣褐不冠不履以獵爲生西人謂爲五大洲之最愚者證之今俗又否蓋西俗略同矣據西人著書云智利與拉巴拉他兩爭之其勢將歸智利散地奔領即巴他峨尼境林木不高而色蒼老其戶數百其人千餘臨水結屋亦工亦商初登舟溯度七十今減至五十有九棉衣在篋着

皮牛臂殆補冬歟發哥蘭島在此東南鐵耳聶離依休勾亦在此南再南即近南洋水矣（此記止）辰初三十分行未初四十五分泊牒宜嘎達計行百一十八里（海里二十六）岸側豎英吉利旗問知是其屬地非巴他峨尼境也其屋十數椽其人百有奇浮沙一綫埠側淺甚未正四十分行而遇淺退半里許鼓瀰東北而出尋復東行戌初三十分將出峽口其口內東北岸沙平甚無石無木無屋無人紅塔一（矗）其尖肖筆蓋指路塔也陸路西行殆始此歟復航六十六里（海里二十）出峽瀰自二十五日申正入峽歷時十三有半凡行峽間八百七十四里（海里二百六十五）此麥哲倫峽路大略也（由牒宜嘎達出峽斷歸巴西）

游歷巴西圖經餘紀　　游歷圖經餘紀十二

花翎二品銜直隸即補道總辦北洋機器局前游歷使臣傅雲龍述

前卷游歷秘魯圖經餘紀以麥哲倫峽爲斷然泊牒宜嘎達在光緒十五年正月二十六日未移時而行越日午正尚有峽道三十海里在內不斷而斷此承接例也天時之春秋異地輿之背面亦異游最後又最遐早且最虐而生還猶幸紀游起正月二十七日訖三月十八日述游歷巴西圖經餘紀

正月二十七日午正行八百九十四里（海里二百七十一）自牒宜嘎達至此計行峽程九十九里（海里三十）其餘七百九十五里（海里二百四十一）皆在峽外南緯四十九度三十分西經六十九度五十二分日落涌霞五色

二十八日午正行九百三十三里（海里二百八十三）南緯四十五度二十二分西經六十二度三十三分

二十九日午正行九百六十三里（海里二百九十二）南緯四十三度九分西經五十九度十二分

三十日午正行九百六十三里（海里二百九十二）南緯三十六度五十二分

西經五十六度十八分午陰尋晴單衣亦汗昨日濕度七十二今增至七十八矣

二月一日丑正至蒙德維里羅即烏拉圭國都也停輪灣外卯初進口而泊計行五百八十里海里百七十六南緯三十四度五十三分西經五十六度五分自牒宜嘎達至此四千三百三十六里海里千三十四國居南阿美利加洲東南其緯綫起赤道南三十度十五分訖三十五度十五分其經綫起中國北京偏西百六十九度十五分訖百七十四度十五分長廣皆三千六百三十里是爲海里千一百其通國人三十萬此地十一萬有奇徙自外國以義大利人爲多無一華人而日本人僅有其一爲美利加兵船學生非僑居也先是拉巴拉他所轄而巴西奪之未克遂自立爲國語言文字同日斯巴尼亞尠農而兢游牧水以烏拉圭河爲大是埠北有圓岡高約百尺如饅首然無峯無壑東北平沙結居東密市面勝伐耳巴來所多多矣所泊帆檣林立火輪有九小輪艇蝎來如梭有虬髯叟雙耳貫環較之華人穉子單環亦相反一端也卓午驟晴夜雲如墨海汐連天電時一見船蓬螢

光灼灼疑海萍化生否則艘距岸且數百丈安所止耶坐觀移時入艙攷舟行經緯

二日丑初雷雨醒夢侵曉止已正復雨而微熱少減午後溽暑如昨申正行酉初三十分經一小島曰詩羅低纔高裁數十尺燈臺色白立其南臺北屋數椽修潔無塵俗氣沙低一綫北浮一千數百尺復少起搆居更無它嶼南北阿美利加洲島大氐蒼莽有餘平淡莫此若也

三日午正行八百有八里（海里二百四十五）南緯三十三度五十分西經五十二度十分溫度七十一餮房添張機扇以白布爲之直一尺橫五尺兩席一貫席兩面各二機運瀛罐可動可止下艙機輪作冰歷二日而成

四日溫度較昨日增十有二午正行九百四十里（海里二百八十五）南緯二十九度一十五分西經四十八度五十六分屬圖經餘紀艸午餐蟹肉盛以其甲圍一尺有六寸而肉麤甚龍蝦近尺則嫩其色鮮若朝霞

五日午正行九百三十三里海里二百八十三南緯二十五度四十七分西經四十六度三十一分

六日辰正至巴西國都海灣計行七百五十五里海里二百二十九自蒙德維里維至此三千四百九十二里海里一千四十二自智利伐耳巴來所至此凡一萬四千一百十里海里四千二百七十九其都濱海曰里約熱內路部名埠名炏同入灣相去四海里許停輪關船來驗巳初進十三里海里三下錨距岸尚里餘也以其國駐秘魯代辦使一信同行李交海關吏而華人無一至者幾幾束手蝶釵羽花時來泥售可憎也巳船主之公司小輪至乃藉以登時巴西黃疫起舟中人取道於此皆弗登岸同餐西人脫帽搖巾以送亦無俚中別致也先是駐秘魯之巴西代辦使言由小艇而馬車至嘉德街之嘉孫客寓攜匙至關聽驗客裝即當移至伯託波利司城投呵利安客寓可以避暑王及官紳在此至是据公司主人云外部長在都王亦於休息第六日至都盍亦往都雲龍曰此來非避暑也路阿低馬耳柯街距海關近距王宮亦近遂至其街客寓曰阿低耳地法郎西店主耳多魯補石波泊列符

法郎西人婦爲瑞士國人兼解英吉利語長子爲醫學校師次子茶波多補石波泊列符牙醫也小刃刮垢振振有聲敷藥去疾銀六圓爲率其技世傳乃知外國齒白半由醫致年逾五十則非所宜三四二子它出第五子助理店事稱女阿低宜善繪房直與餐以米里計或六或八或十雲龍已居其次或言此國官紳至不宜見臥榻非內房外廳不可亦國體一端也遂徙厥最移時繙譯攜僕至海關而箱免開驗然取攜難按至於斯者華工爲先商次之以官往自唐景星始以京職應游歷試遵

朝諭而至則自雲龍始巴西用葡萄牙語言文字既非游自澳門則繙譯不過兼習與轉通先譯英文而轉而已照料無官且無商遂自致信外部述游歷大旨約相見期回書期以翌午西人浴槽方而長此地用馬口鐵盤形既似中華木盆語浴曰麻浴豈亦沐浴音轉歟夜蚊無帳

七日卯初起訪巴西國圖索銀四圓午初乘馬車訪外部長語多不

解坐有鶴髮吏解英語據云翌午宄見國王王避暑於伯託波利司相去四十英里合華里百二十舟車參半每日輪舟辰初往申正還登岸有火車道而其王七日一回爲休息前一日給一歸路海關信曰持此可無阻也

八日卯初起攷巴西經緯及較時里差午正如約至巴拉西約譯言王宮也在伯德祿第二園之旁其垣白宮門四闢未見外部長一點兵握出鞘刀立門指所由入不數武登樓數巡捕候門少立即入王起迓立談大旨以遠來得見爲願舌人學操土語王曰吾通英語也問來去路程及鑛工將出王握手言再見曰古拜王鶴髮童顏佩寶星年六十有四在位五十載與民主異宮距寓近甚馬車已須十八米里街車則廉日夕店主導游甘苦三打納譯言大園也先是引水取道成渠澣衣者往焉光緒六年千八百八十一王家改園歷年九樹多二十尺蓋地熱則易長也煤氣燈時露修篁低椰間與池月相掩映彼人呼月曰魯池如環如帶橋欄輒肖臥木皮色餘霜飲水一筒作斷木根形一洞若天然石成高長丈一百數十尺中寬六七十尺洞穴

石乳下垂或二三尺或四五尺地石上生如筍如骨穴道互貫如蟻穿珠彼人呼瀑布曰該斯格列天久不雨不絕如綫二巡捕居洞禁夜游也然聞游自中國燃燈引視洞外小池金魚可數艸茵夾徑石磴一獅踞石人身而人將斧獅胸彼人呼獅曰體格勒獅若斷欄若橋欄若水筒皆非木也以英吉利泥爲之若瀑洞若池隅若人與獅皆非石也亦以泥和碎石成之惜假木狀尠心裁假石模稜無骨格既出見夜市一如智利與園相對爲救火車房電鐘一鳴車馬自轡一如美利加門側白衣而金綫冠者坐臥二十有奇則救火兵也中有華人而不解華語道經方園有竹有卉有池有煤氣燈有木石磴店前小園視等檐下矣然圓池微波適對於所寓三層樓之南窗皂莢花紅角二尺許窗西有山曰新奇東瞰海灣灣島環生兩行燈火與朝星一色夜避雷蚊幮几時易

九日訪巴西沿革與夫部落形勢四至八到向晚房主導游加米納阿家觀跳單神復至沽艮家觀中國磁器古玩其實皆日本物也歸路過圖書館又過王家醫院屋數十椽容三千餘人試驗藥料院與

之毗連時疫流行逾二時即多不救其國都死者日二百有奇而就醫卜晝不卜夜問疾狀則濕熱也亦吐亦瀉則霍亂也痧也醫未得法

十日訪山水鑛泉國系風俗先是巴西弟二王子兵船泊伐耳巴來其船有華人麥汝森問知巴西有黃義者置酒店可資照料訪之未見見一漁者陳前往新奇山不識中外一字代訪而黃於日午至言其店在猓三擺六街五十八號同來人三一廖耀初商今無業一張件工也一即陳前然識漢字張一而已華人始千有奇今餘二百中華館三一曰廣府公司在火車頭第二街一客家公司一海南公司皆在那高賚街有姓李氏者爲雜物賈少勝然在恩得里約埠距都五十英里即合華里百五十有火車道卯初行已正乃至申初旋成正乃至先後續見者二一李涅棠江蘇人祖若父皆仕貴州厥兄猶在廣東也幼至三法蘭昔斯哥而古巴而巴西今爲庖人勸之歸漫應而去一鄭東秀曾於前出使美日秘大臣陳蘭彬時從公紐約爲此地華人翹楚而中外字均未之識所設飯館在巴拉司甘馬聳街第

三號與干布三打納園垣柵相望復訪黃店識之往還取道園中黃約一餐力却之得一人照料啓行足矣鄉情遜陳麥遠甚然早見之亦勝一籌不欲後來者之受挾持也變例拉雜紀之

十一日訪民數物產鑛產農務商略午後來巴西人四一曰愛度握度喀各即前往中華立約通商者也至京者再住華二載餘（寓赫德處居多）一曰彭德恩曾爲上海副領事於光緒十三年回國（千八百八十七）一曰馬羅排得骨羅排來司自言巴西國用倚其力居三之一新遷華族街車公司動物園皆經理之即約一游其園順道視印刷局總管曰布里脫開局甫四月餘機器購自英法登車車几以藤爲之導游者一馬羅排得骨羅排來司一彭德恩一昔博林（此爲赫德助新關者）行十五里（五英里）而至地名密納伊奢飄有餐房踞園之高處少憩四圍皆山形如鳥爪土人遂呼厥山曰八八改譯言鳥爪也園開二年工猶未蕆地直銀千六百萬圓一人騎象至象蹻一足人梯之下象乃臥而跽而膝以鼻弄琴以足鳴鼓皆如指餉之麵包蕉實鼻捲入口牙尖着二銅珠然覗我

京所豢則小五之二步園無巨木無奇卉有水有橋橋欄肖樹亦英吉利泥爲之草亭板屋無雕鑿工與美利加園異其獸虎豹獅熊橐駝狼狽狐狸而猿類尤多或白或黃或面扁而黑或面長而身之上半毛散如衣馬褂或首小身細尾長或首圓身短或尨然三尺或微裁數寸又有獸曰安多蟻畬則食蟻者也類皆檻各一格若羊若牛形無大異若養馬似羊在林若野豕一柵百數曰各基小野豕也尺許數不盈百鼠之屬銀鼠松鼠而外曰倚拉勒尖喙長尾細身約二尺有奇曰八力波果鼠形長二尺許彼人食之味美曰蔥布基亦鼠形尾尺其禽鶥鵑鵝鸛鷹隼孔雀之類居多曰昔沽音類鶴而小見其二炦灰色曰倭士得猓司鶴足龜背而肥色灰水側有五厥行速甚曰烏黎杲那頭一白毛彎出如釵身黑高二尺餘鳴近犬吠曰希礐牙列頂毛一團約寸餘如松釵如華京絨毯而色淡黃眼側毛白紅各半如燕支如光綾約三寸許身黑其尾黃紫相聯不相雜也色炦淡形近鷺高二尺許曰希力鴨馬亦鷺形而首有冠身六寸許色雜黑白棲鐵絲屋曰拉拉亦鷺形身硃紅而淡無雜羽高五寸立池

睇客而飛曰固拉低類鷺而大曰格格渚小於鴿十之五首冠如啄木能飛曰拉比力士鷹喙雞身曰熱沽項格口藍項白項紅身黑足紫高尺許殆雉別種歟類此少異者夥甚曰葉裏立身黑居鴨之半立淺水能飛不遠鳴如其名曰昔思北列多口紅身黑曰昔思北朗沽口黃身白二者鵝類而大且倍浮池各二其鸚鵡種難更僕數此園未見小者所見曰烏魯八哥首黃喙赤身黑高一尺七八寸曰阿拉拉司或半紅綠或雜紅黃或身藍目赤足黑棲地狎人不去棲枝亦近獮猴了無怖色皆大於尋常鸚鵡三之一所在皆是家禽視之矣其鱗介二尺許鼉以百數蟹蛤充斥蛇曰嘎司嘎看帶雙鈴觸之輒鳴如蟬一種鐵綠爲門居之長數十尺黑黃斑而形方据導游者言怒極則口張蟾蜍遇之始避繼止終且自趨入口此化學理也雲龍則謂此亦中華生克理動物似此不一而足其它形類互異圓者爲毒最曰熱格列一小一大大者居塘以竿觸之則出蛇首四足尾倍于身作三稜一稜向上遠望之如壁虎而長四尺腹寬八寸色㯶綠雜點小者尺餘宅櫚覽未畢日已銜山餐於店乘車而旋往還華

里三十有八（英里十九）十二日攷關稅錢法歲計國債嘖滋溽戌初大風驚砂坐飛餐房百葉簾捲窗幔四遮尋電戌正電雨亥初雨止巴西無大雨已六閱月無小雨亦再閱月地熱天炎黃疫職此飲泉欲斷賴一英人引以濟之雖雨牛時猶之未雨也

十三日攷巴西兵器工鐵道工辰正植物園長突魯猛笛約覩植物乘新車四輪鳴不止易車行導游者一爲愛度搋度喀各一爲彭德思一爲突魯猛笛紂游者八與繙譯凡一十有三相去三十里（英里十）行二十分時輒一停易騾三停而至凡半時有二十分先是西北行遻一海灣曰波得福果其三停處曰體格勒時譯言獅鄣也鄣舊有獅故名鄣之東北山曰各各巴各蒼翠起伏突峙石骨數百尺無土如削如磨鄣之西北海灣曰羅低立戈提福理得士有武備院有盲啞學校海灣左右土岡時露石稜入植物園門內棕櫚兩行七十餘株皆逾百尺有木堅如鐵葉近槐木可舟可車有果木曰葛葛瓦葉似枇杷無毛而大倍之花小其瓣四略如桂而白其蕊黃其本二十

尺許枝幹隨處着花結果其果青如甜瓜熟而黃則類瓜蔞剖之其子纍纍去白皮其仁紫食之亦近瓜蔞仁此奇果也曰忙葛即中綠有核者也曰熱司如黃橘略小四格而瓣各一糖浸食之又有木本竹葉其葉長八九寸中青邊紅其長速又有風蘭懸之自生又曰石里納阿低魯長低嘎沿壁而生其葉似竹而肥其節似白艸根而大色綠可食竹種有三一斑竹節短而巨一京竹節勻而細一實心竹節二尺許視如慈竹而大者心略空小者不空也枎高七八丈叢生密且多園長開榼出肴餐於竹下一肴似福建肉松而色白是樹根也果類橘厥根國人名曰低夫約阿拉布列西利美今之所食是合宮里我士低鷄茂司而成譯即巴西麵包義此樹園中亦有之初植茶華工二十餘司之今工無華而茶遂荒通國所產製之者華人八耳農田鑛穴未闢無算匪獨園林已也談及招工雲龍言游歷與招工無涉彼人則謂無可否責亦無見聞責耶繙譯曰見聞固游歷分內事彼人復言國黨二一逐流黨欲招西工一自由黨折之以理意謂西工不如華工者三費多一也勤少二也終且龍斷三也二黨宜

與商民罔弗有之至待華工之苛否僑居華人當自言之願歸時直言無隱据此對鏡而知中華修道開鑛之工直廉可用也是日爲其王生日歸路於車場見一街車黃油績金其頂有寶蓋其中正几六旁几二据云費銀五千圓猶未畢工將以貢王是日往還約三十六里（英里十八）暑且溽導游者同車而旋以香餠酒（餠直六金）和冰飼之而去

十四日訪政制刑略與夫電綫郵舍

十五日訪海陸兵制兵學與夫兵艦之鐵木是夜鄭東秀借游一園曰魯野拔奢有池有橋有三稜塔二對立如矛高三十尺有臺可以觀海灣對岸即所謂三得六民塢者燈火熒熒在目又游一園曰拉里格路司有前王銅像勒怒馬立銅臺上園門四以鐵爲柵

十六日訪巴西學校午正廖耀借游模藪譯言博物院（或譯寶庭）八入門一星石高三尺長倍凹凸如山如鋈色黑而暗上磨尺許有光熊熊据言一年前自天隕於巴西亞之山間歷程四日徙之於此一室列鑛質一室列斷碣殘柱或鏤人文或鐫動植樸拙可珍未遑一攷可惜也已一室雜列不一物中有牙鏤中華船一長二尺許叉有矢刀

亦華製也一室列土人物其人羽冠羽裳下唇或長二寸其器如甕而孔如盆而合大幾四尺小亦得半悉土爲之間皆舊時鎔鑛之爐它物充斥一室列農圃物皂角長或三尺松塔高六寸許果穗稱此一室列頭顱百枯骸二多數百年物一室列獸海象十尺有奇獮猴四寸一室列禽鸚䳇之屬巨細若雀若鵲若鷹五色罔弗具其它或喙長倍身或頭冠如張摺箑連嘴一室列蟲與鱗介其蝶或朵或紫或黃或白鮮豔如生蝙蝠翼長二尺許蛇類尤多或硃絲纏身或雪珠點尾蟹僅尺餘龍蝦亦尺餘其爪左右各五長鬚二並二尺許口側二鬚僅尺其尖雙口下短爪二魚形或肖蝌蚪長一尺許或身圓而長或下翅起項至尾一鯨骨長百尺有奇置庭對門即于布打納園三至皆夜卉木未辨也復往一視有木曰班博曳葉似桑柘花肖秋葵大瓣色黃中心一莖蕊紅風來落池花亦有紅者名同植物園曾一見之而未問名木多花少難盡識誇熱甚而歸明日行

十七日巳初上輪艦先是發智利時舟主言歸路以繇英倫敦爲勝巴西十七日可至倫敦船日日開易舟六日至紐約如由巴西北行

逕至紐約雖云日程二十有三恐遲恒逾月也既補西游又罔多費計亦艮得而未果按巴西之往紐約輪舟六耳英吉利美利加兩公司各三每二十一日一航信息二期在月望過此不行微獨炎疫逼人費且靡繼而船期忽改緩二日今日未必展輪而無改期說不得不覓小火輪舟行十五里瀛里五過蛇島登美利加公司輪船名阿度旺司造自美利加在光緒九年千八百八十三長三百尺寬三十尺深四十五尺吃水十五尺視馬力一千五百速率半時一點鐘十一海里頓數二千有奐人電綫而無電燈房小煤油燈一有盥面牕有鎖匙巴拉馬秘魯智利皆以銀二圓踢跳不及龍朝拉達遠甚其艙位分上層中層下層亦與太平洋舟異雲龍坐中層而號數第一申後雨如注舟子漫言明日已正行十八日雨不止其舟增載亦不止下艙增日本人四言三夫婦同僑巴西兩日間以疫寡二懼而行是夜一西人子疫斃葬之魚腹薰礦久之雲龍發篋餐古巴圖經先是暈浪而臥久之起而食而行而耐風浪而觀圖籍而補紀事詩當智利南航時又苦峽浪僅僅屬餘紀艸出麥哲倫峽後乃克以乘舟之鉛槧補閉戶之歲月然浪高數十

尺輒輟否則雖酷暑筆不一停也況舟未行耶
十九日卯初三十分舟始行凡要津之舟通衢之車限時爽亦無幾何到此艱難處遂易期三四所未解也艦小無風而搖雖西人耐浪而與餐者半耳稍減圖經功午正行二百四十四里（海里七十二）南緯二十三度五分西經四十一度五十分是日溫度八十一蓋雨而減也
二十日午正行八百一十一里（海里二百四十六）南緯一十九度二十九分西經三十七度二十一分乍雨乍晴艙軒開閤靡定美利加人謂閤曰下（上聲）帖謂開曰倭本昨食西瓜長二尺有奇皮青子黑瓤紅不沙今食甜瓜大如西瓜之半加鹽味美美利加人呼甜瓜曰麥隴譯言瓜也無甜字義呼西瓜曰握侖麥隴譯言水瓜也是日饕如昨
二十一日午正行八百三十一里（海里二百五十二）南緯一十六度三分西經三十八度八分古巴圖經畢是日起卯初訖亥正稿不脫不寝也圖稿更易者再
二十二日卯初四十五分觀日出雲翳未淨四圍緣金出罅丸日如龍銜珠而紅霞爭透萬丈光也約五分時出海面矣卯正泊巴希亞

許行七百九十八里（海里二百四十二）南緯十三度西經三十八度三十一
分自里約熱內路至此二千六百八十二里（海里八百一十三）巴西水埠此
居第二即巴希亞部治也乾隆二十八年（千七百六十三）法郎西爭礦而兵
不勝復攻之入里約熱內路都巴西徙都於此尋復都里約熱內路
然則此亦一舊都其海灣在南其灣口在北其埠則在東浮沙一道
臺閣露棕櫚間結居阜面居多西南漸低人家寥寥泊輪舟三帆船
數十乍晴乍雨溼雲壓潮申正行移時猶見西岸層巒低甚蒼翠貼
地而雜白如雪如練問之美利加人曰散譯言沙也（雲龍）於餐棱饕
古巴圖經餘紀始此晨夕

二十三日西北風起午正行八百二十五里（海里二百五十）南緯十度五十
分西經三十二度三十分當上燈初月未出海而東有星一適常十
倍有芒其光射汝南北裁數尺許東西一道無慮萬千尺一燈東閃
相去不知幾百里疑帆船也日間饕古巴圖經餘紀疲甚獨坐舟首
心目邊際皆空移時復饕

二十四日卯初四十五分觀日見半雲亦未淨也辰初四十分泊伯

能不各行三百七十六里海里一百十四自巴西亞至此一千二百有一里海里三百六十四南緯八度有三分西經三十四度五十一分亦巴西一部也治埠長約三十餘里英里十餘街市面東居三之一其南九里英里三浮沙低綠漸與水平其北十里英里三餘林地也又北二里許高於南四倍比屋斷續蓋一小埠云輪舟帆檣輙泊部治之南埠前有越隄無慮數萬尺寬五六尺潮至越之如閘口如瀑布距六七十尺輒竪鐵柱高四尺餘圍二尺許亦固隄亦便纜也兩頭有口船將泊時北行轉入西灣口小停進於埠東下錨申正移船十九里海里六入越隄內泊教堂前埠市綠木惟此二十餘株外此零星而已越隄北端有白燈塔一高於海面一百尺有奇下半石臺其大倍之南數十尺有八角臺圍約百尺其中爲室其上半樓半臺璃窗八達臺半支廊臺足繫艇臺頂竪旗殆司隄者居之歟或曰隄根皆水蟲結房銖積寸累而成埠又因之作隄亦一奇也然以珊瑚蟲證之其信然歟埠屋臨潮墻白瓦赭譙樓峙其中鐵欄高甚令繙譯登岸觀習騎場饕古巴圖

經餘紀

二十五日觀日如昨雨雲蕁起古巴圖經餘紀畢起卯訖亥三餐而外無一刻息也

二十六日饗游古巴詩董始此舟客增新舟載亦減舊也午初三十分行

二十七日午正行八百五十八里（海里二百六十二）南緯四度二十三分西經三十度十分以詩紀事如昨

二十八日午正行八百二十一里（海里二百四十九）南緯三度三分西經三十九度五十五分以詩紀事又如昨

二十九日午正行六百九十三里（海里二百一十二）南緯二度五十五分西經四十二度未初十分輪聲頓寂問知海淺多石宜緩緩行是夕古巴詩董屬草畢

三月一日饗游巴西詩志未初輪行有聲潮綫非淺矣午後雨歇微晴酉初四十分北行轉南進灣而水黃有泥則黃黃即淺也夜難可進遂泊燈臺東十三里許（海里四）計行二百五十四里（海里七十七）南緯二度二十八分西經四十四度十六分其燈臺高於海面一百數十尺

其色白其定光亦白遠達四十里海里十二臺北燈火若見若隱即埠也船首放冲天爆竹一俗呼升高疑即華製煙火一手執放之白而紅而綠艮火使埠先知船至是其公司暗號欲其客貨速集也

二日卯正行泊亞馬孫計行灣內三十三里海里十自伯能不各至此二千六百七十三里海里八百十南緯二度二十九分西經四十四度十七分此亦巴西一部也治水埠居中方屋雙翹引水屋也其埠面西其東北房密而整其東南浮沙支出海中結屋數椽灣岸地曠淺沙船二其一時方淺沙別艇受之西初亞馬孫驪吏苛司達組業士偕海關長密朗達至舟問訊欲導游工廠而展輪在即不果深情款款餉之以酒握手交臂而別據云此埠人二萬五千中有華人六其兵一千埠之東北隔港而結巖室者花園也西正行仍經燈臺東溼雲四起移時猶見臺燈饗如昨

三日饗又如昨午正西北行五百九十四里海里百八十一南緯一度五十分西經四十六度二十分是日濕度八十七南風激浪高六尺許日輪入海白雨一陣尋止戌正舟之司會計者疫逝輪停四時飽魚腹

四日陰又如昨寅初西北行入亞馬孫河其水黃巳初經一小島曰𩻺石浮沙木遠低綠如薺未見人居而竭來小艇斜帆四五蜻蜓無算尾舟款款移時弗離以此知其飛不讓輪速也午後過輪舟三未初入灣兩岸青蔥與瓦亞基之北相仿彿未初三十分泊巴亞拉計行六百八十三里（海里二百七）其中有三百三十里（海里百）為亞馬孫河自亞馬孫至此一千二百五十四里（海里三百八十七）南緯一度二十二分西經四十八度二十九分此亦巴西一部也治水埠面東北隅灣口在南臺閣密結西南而東北樹環如垣如隄酉初雨不止移時見煙雨中燈明無算與舟燈相映帶

五日乍雨乍晴陰倍於昨是夜烏拉圭駐此領事法蘭昔司哥（其名）所薩氏（其姓）來舟見雲龍筆不一停索書曰將以存博物院也隨書華箋予之

六日陰又如昨丑初西北行約三百三十里（海里百）始出亞馬孫河航海北行辰初行由東南轉而東北午正行三百五十六里（海里一百有八）南緯五分西經四十七度四十八分凡度起赤道南六十分曰一度北

亦如之非一度而南北共爲始也惟逆數易滋轇轕此舟北航則赤道以南爲逆數初四日南緯一度二十二分是再行二十二分乃至一度也一度以北赤道以南皆爲奇數如是日南緯五分過此五分即赤道矣赤道之北即爲順數南北有定舟行則無定今以速率計之則經赤道在午正二十六分未初西北行未正大雨來自東北尋晴由是風浪巨甚所饜甓輟

七日午正西北行八百六十七里（海里二百六十三）北緯三度四十九分西經四十九度三十一分風浪如昨然習慣仍可伏案

八日午正西北行九百一十四里（海里二百七十七）北緯五度六分西經五十二度四十六分見壁間小蟢子一如中國伏案饜如時

九日午正西北行八百九十一里（海里二百七十二）北緯九度五分西經五十九度九分（案中阿美利加起緯北七度時巳經其地二度五分矣）饜游巴西詩志畢時巳亥正

十日未初五分泊巴別突司島計西北行九百八十里（海里二百九十七）北緯十三度五十八分西經五十九度三十六分島爲英屬地（案西印

度羣島大較分四一曰大安低列二曰小安低列三曰巴哈麻四曰百慕大皆有英吉利屬地而小安低列屬者二十二島此其一也瀛環志略所謂巴巴闆（地理全志云巴巴多）即此其地五百五十方英里合華方里一千五百五十其人十五萬九千置疆吏治此日登有副兼治島五曰散吉（地方二百餘英里）曰多米宜格（地方九百英里）曰安地卦（地方三百五十英里）曰蒙撒拉曰宜惟（二島尤小）是島無高峯而有起伏埠居島麓面西結搆叢木間引水風輪甚巨有機器烟筒埠背層岡青葱一色瀛環志略謂土磽瘠未盡然也（艤艇）黑人赤身居多埠南白燈臺高一百尺有奇玻璃紅色其北浮標二酉初三刻十分舟行兩標間出灣西北行巴西詩志脫稿後此數首隨時續作未至此島以前風浪掀舟十數尺許餐席寥寥

十一日午正西北行七百四十五里（海里二百二十六）北緯十五度二十五分西經六十一度五十六分是日溫度八十六而艦軒銅邊着手如炙西北風起

十二日午初泊先塔盧斯計西北行七百二十六里（海里二百二十）自巴別

突司至此一千四百五十二里（海里四百四十六）北緯十八度十九分西經六十四度五十五分此丹屬地也初隸和蘭尋歸英吉利後乃屬丹亦九百餘年矣西印度羣島小安低列之屬丹者島凡三共英方里六百七十合華方里二千有一十若星若棋若聯如斷其人凡五萬有奇此爲三島之最人約二萬瀛環志略未詳厥名而地理全志謂之三古盧斯與聞亦不盡符丹國近亦釋放黑奴弛斂怨媒以撈拯僻荒爲務此埠居層嶼間倚島麓面北而臨水結屋千餘其脊或人字或四檐以鐵爲瓦有白有黑有黄而紅居多其壁青黄藍紫閃弗備半崖數椽据舟人云百年以外屋也其東北（埠左）一嶼與它嶼離高三百餘尺麓與頂並置礮臺是爲舟進要隘其西北（埠右）燈臺之色白而玻璃則紅臺之南有數百尺白石二段出潮面數尺如雪有立標一錐形八角色亦白也浮標十餘並紅惟東一標紅上增黑錐一埠前鐵棧横列水中四百尺有奇有起貨機器東南灣角分列煤棧五皆亦爲之煤積如山是艦移泊其棧之最長者初闕無人既而艇載黑人二百許女多於男頭巾腰帬赤足行雨中以筐盛煤（與中國煤筐同）戴

之首竭來若飛棧間支籌須臾而畢艇如梭織售仙人掌實橢圓四五尺剌青蒂紅有水可飲也螺蛤紅黃鮮豔罕匹大者如塔如盤一種水蟲結撰如菌如芝如盂如羊肚如鹿角如珊瑚枝而皆白如雪有蠶窠無算長者輙五六尺惟易碎耳據識者言巴拉巴沽隄根亦此種水蟲結成海中小島往往出此厥產煤外以白糖葡萄酒牛皮鸚鵡鱗介爲多島嶼有起伏然形輙圓坳逋峭蕉木叢生而無巨木島之東北數十里一島孤立海面望之若帆土人即以形名之酉初三刻十分舟東北行出灣小嶼無算雨微而風起

十三日午正西北行六百里海里一百八十二北緯二十度五十九分西經六十六度二分浪高十一尺東北風緊紙筆皆飛不克伏案如平昔然握筆持鉛無礙也過北緯二十二度又爲北阿美利加洲境矣

十四日午正西北行八百八十七里海里二百六十九北緯二十六度有九分西經六十七度四十分潮風漸微發篋可補餘紀也

十五日午正西北行八百九十一里海里二百七十二北緯二十九度二十六分西經六十九度二十八分饔如昨

十六日午正西北行八百七十七里（海里二百六十六）北緯三十三度三十六分西經七十一度十四分陰雨東北風漸大浪高數尺然伏尙案覺可支晚餐入坐簸甚未克飽食入夜浪高十三尺凡西人算浪濤言有昂即有低低昂十尺作爲五尺此地墨西哥灣熱潮與大西洋冷潮迸而鬭極高約二十四尺然無風輒起十尺有奇況風巨耶是日高十三尺實二十六尺也非夏灣納浪花可同日語驟雨傾盆溜筒漲溢艙槅水流如泉置物皆自移西艦頂布棚盡徹

十七日午正西北行六百九十三里（海里二百十）北緯三十六度五十七分西經七十二度二十九分風浪高且逾昨晚餐入坐寥寥侍者傳湯以手擎之蓋着桉即拋也食几釘於艙面且有傾倒者然雲龍尙能強食

十八日時雨時止霧起風浪如昨午正約西北行六百九十三里（海里二百十）而經緯度則西人亦無從測計也是夜時停艦輪以霧大故而風浪略小

十九日霧中行偶見颿影舟人額手申正經三牒夫即前游紐約時

觀礮處也酉初停輪海關前地名博六古領醫士關吏先後至舟乃進灣過礮臺於酉正泊紐納自前一日午正計至此時約行八百二十五里（海里二百五十）自先塔盧斯至此計華里原止四千七百六十五里（海里一千四百四十四）今因風浪逼舟斜航多行七百三十五里（海里二百二十三）北緯四十度西經四十二度自里約熱內路至紐約凡一萬七千八百有六里（海里五千三百九十六）今行則爲一萬八千五百四十二里（海里五千六百十九）方至海關魚艇如梭撒網小木爲標白紫異形渡輪依岸分行維時霧散漏日矣乘舟過鐵棧橋行十九里（英里六）至寓見者言癯倍昔

游歷美利加餘紀後編　　游歷圖經餘紀十三

花翎二品銜直隸即補道總辦北洋機器局前游歷使臣傅雲龍述

雲龍三至美利加惟國都不得不復而紐約亦其要津也餘則取徑各別此游爲第三次緜其國都西至三法蘭昔斯哥所馳中央鐵道稍近於北與前編自西至東之車行近南非一途矣一則秋陽赤野一則夏雪崎嶇輶經未曾聞見因之以異蓋不欲陳陳相因虛勞跋涉也不第惟是航太平洋一萬五千里有奇往還程同而所行潮綫微亦有異就熟既視其人乘風又會其時或紆或直或遲或速安在其可刻舟求歟述游歷美利加圖經餘紀

三月二十日因航海日久小憩紐約一日櫛沐檢點行裝然眡礮工

二十一日子初登火車行七百有二里英里二百二十四卯初二十分至華盛頓乘馬車投阿倫敦店有二門通街一曰飛町街名猶言十五號也一曰埃及凡屋百四十五樓七層雲龍住第六層距地百尺有奇再上一層則非客榻也纂游歷美利加圖經鋼鐵比較表

二十二日纂鐵道枕木平均直表鐵道枕木歷年表鐵道舛軌表最

巨鐵道公司利表

二十三日三贊偕導游購脫瓦農辰初乘哥哥蘭輪舟艤葡萄壘河五十七里（英里十九）巳正泊岸登視華盛頓石棺置於室中蓋就厥故居側營之初非置此三遷乃定在同治二年（千八百六十三）室以紅磚砌成袤嬴於石棺無幾棺爲雲石其左一棺面紋雖滅廣狹如之則其妻也室前環以鐵柵室外有石幢二其頂皆銳左幢爲其妻生存時所立右幢則其姪婦所立也故居卑且樸華盛頓兒時斫樹斧猶在而柄朽矣琴書星羅如初其妻紡織器亦置如初婦孺競謀解橐歲葺之海外人物能不以華盛頓爲第一流哉是日舟車往還凡百三十八里（英里四十八）歸覽鐵道計入年表夜夢初覺自省年來每到極難處以噴醒自勵每到極險處以忍耐自安而難不在事險不在塗遠也

二十四日亟欲前行而從者疾不果覽鐵道利益繫地表它國鐵道運直比較表火車街車工表

二十五日覽輪船考工游修船工廠

二十六日覽船表輪船繫年表輪船分部頓數表游輪船公司

二十七日餋工廠水力汽力繫地表工廠水汽馬力比較表水力汽力繫工表農器工力汽力表棉工水力汽力表銅鐵工水力汽力表馬車運物車工廠水力汽力表紙工水力汽力表

二十八日餋度量衡工表陸軍礮局試驗礮銅表鐵條工繫地表鐵線銅線工表錫器銅器及鐵板工表銀工表印刷工表化學藥物工表藥工兼化學藥料表

二十九日餋電氣器工繫地表電信電話器工表電氣鍍金銀工表修房鐵工表橋工表

三十日餋棉花工廠機器表棉花工繫地表紐約治絲分類表酒工繫地表

四月初一日餋合衆國兵制夜分未已

初二日徐贊使借乘電力車從紐育埃粉牛（譯言弟七街口）至埃根登覩磨電房有生電機器二一已用抵馬力一百六十一未用抵馬力一百日需煤直銀五圓耳其工二需銀八圓日費不過銀一十有二圓然欲諮厥梗概非見司事都路佀兒不克知也期以明日是夜餋陸軍

選兵表十三邦陸軍表

初三日饕陸軍官祿表陸軍繫地表海軍官弁表郵戰士身家十八局表午初攜繙譯乘馬車訪都路低兒於葉扶街大西洋館第二十八號之室據言華盛頓都電力道議修十二里有奇英四里餘今成四之三通國已議道一千二百里有奇英里四百餘公司大小七十有奇波士登爲最紐約次之三法蘭昔斯哥尙未之有此地車成一十有四一等之車直四千圓其窗二層下層以鐵絲編格二等之車直銀一千二百圓亦勝於馬街車造自光緒十四年始千八百八十八創之者沙無送也華盛頓都公司名沙無送哈司達因求電力之所以然將補圖經鐵道攷工而說未盡譯後於日本譯之

初四日三贊使話別於火車頭已正三十五分展輪午初三十五分行百二十有九里英里四十二停華盛頓整升凡車一停約歷時二十六分叉行隧道五百餘尺先是途多松柏過此雜卉具腓或白或紅續穿隧道二百尺午初五十五分行七十八里英里廿六合前六十九停哈可司艮庫生其地無一民房午正行百四十七里英里四十九合前百十八停葡萄畢

河橋蓋當百二十尺之半也又過橋水淺曾不盈尺不一里穿隧道五十尺午正三十分行七十五里（英里廿五合前百四十三）停馬迭芬爲下車果腹處未初行七十五里（英里廿五合前百六十八）停亨特谷沿葡萄壟河行其水寬二三十尺又穿隧道八百尺有奇時未初四十分也河流山夾軌引南岸曲折西行水側卉木雜花素紫參半未初五十四分穿隧道百餘尺未正二十五分計行自亨特谷二百十有三里（英里七十一合前二百卅九）停康布朗畬申初行七十五里（英里廿五合前二百六十四）停凱若申初三十五分行七十五里（英里廿五合前二百八十九）停碧毛市申正三十五分行百八里（英里二十六合前三百一十五）停沃唐又穿隧道五百尺有奇（時在酉初）酉初卅分行百三十二里（英里四十四合前三百六十九）停小河南尋行白石燦燦淺渠雙流過鐵橋地名紐北耳有屋百餘椽在兩山間繫卉掩暎有一小水曰奇拖河曲流崚峽松根臥濯車輪斜出崖腹跨水深裁數尺酉正十五分行九十里（英里三十合前三百九十九）停屯宜耳張又行隧道三千四百尺有奇尋復行隧道二百五十尺戌正三十分行百五十里（英里五十合前四百四十九）停馬宜墩亥初五十四分行百六十五里（英里五十五合前五百有四）停悔各

初五日車沿密西根湖南岸而行巳正行八百八十五里(英里二百九十五計前七百九十九)至希嘎谷是伊利那倚斯邦大邑計自華盛頓都而威士奪勿爾治尼亞邦界而倭海約邦界而英薹阿納邦界而伊利那倚斯邦界(按華盛頓都西北行入威士奪勿爾治尼亞邦界名飛里又西行入倭海約邦界名巴嘎司按谷又西北行入英薹阿納邦界名由戎又西北行入伊利那倚斯邦界名庫納文而停車場不必皆界地也故附注於此)一晝夜車行二千四百里(英里八百)至此一憩而易輪車例也寓店曰可艮託拔西飛庫其街曰庫艮柯沙渴迳是邑市廛通衢寬者輒八十尺爲東北鐵軌會合之道有石暗道二或通水底或行山中先是嘉慶九年(一千八百有四)民聚寥寥越二十六年人不滿百時道光十年(一千八百三十)距今僅六十年增至四十餘萬可不謂敏乎地產五穀百果其商以畜爲大宗以米粉爲通國最其工以鍊鑛冶鐵織棉磨粉諸局著聲中雜華工數百適有日報人至詢以機器何者爲新而曰屠者創宰羊豕機千首一落噫憸矣有保險公司同治十年(一千八百七十一)一火償銀四千四百萬圓雖然所贏不爲不多光緒二年三年(一千八百七十六一千八百七十七)再火郵局稅關亦償亦貲今也車軌錯綜電綫綱織惜易車刻晷莫之遑眡酉初三十分

登車行六十三里英里二十一停多納士又二十四里英里八合前二十九拉北比力又二十四里英里八合前三十七停我羅納時交戌初四十分又二十七里英里九合前四十六停布里士多魯又十八里英里六合前五十二停蒲納羅又十二里英里四合前五十六停三突尾奇又九里英里三合前五十九停莎抹羅又五十四里英里十八合前七十二停阿魯比力又三十三里英里十一合前八十三停門多達又二十七里英里九合前九十二停阿林登又三十六里英里十二合前一百有四停領士登又二十一里英里七合前一百十一停維埒突又十八里英里六合前一百十七停捕達又十八里英里六合前一百二十三停列摹舍又二十四里英里八合前一百三十一停格佳宜又二十四里英里八合前一百三十九停嘎魯拔又二十四里英里八合前百四十七停阿耳多納又十二里英里四合前百五十一停鵝宜達又十二里英里四合前百五十五停瓦達嘎又二十四里英里八合前百六十三停格耳士博又二十七里英里九合前百七十二停康米籠又二十一里英里七合前百七十九停孟蒙士時亥正六十分輪不得止夢轂與俱

初六日子初行十八里英里六合前一百八十五停嘎耳鼓多又六十三里英里二十一合前二百有六停拔耳林敦又十二里英里四合前二百一十停威士奪拔林登又

四十五里英里十五合前二百二十五停紐倫敦又二十四里英里八合前二百三十三停馬舞多物力長多又二十四里英里八合前二百四十一停猓屋又二十一里英里七合前二百四十八停沽林低耳又二十七里英里九合前二百五十七停飛雅費耳篤又三十三里英里十一合前二百六十八停拔達里雅又二十一里英里七合前二百七十五停葉田喜喜地又十八里英里六合前二百八十一停沃當瓦又六十九里英里二十三里合前三百有四停馬吉松又行六里英里二合前三百有六停阿魯比雅又四十五里英里十五合前三百二十一停墨耳羅士又二十四里英里八合前三百二十九停納敖耳又二十一里英里七合前三百三十六停柴里東又二十七里英里九合前三百四十五停魯嘎士又二十一里英里七合前三百五十二停塢多拔魚又三十三里英里十一合前三百六十二停沃諸納又三十里英里十合前三百七十三停馬力又十八里英里六合前三百七十九停舍雅又二十四里英里八合前三百八十七停阿扶登又二十七里英里九合前三百九十六停沽列士登又卌二里英里十四合前四百一十停布列士嘎多又二十四里英里八合前四百一十八停柯甯又十二里英里四合前四百二十二停布魯沽士又十五里英里五合前四百二十七停納達威又十五里英里五合前四百三十二停比列士嘎又二十四里英里八合前四百四十停絲蕩東又二十一里英里七合前四百四十七停埒特沃谷又

十八里（英里六合前四百六十三）停活莎屋又十二里（英里四合前四百五十七）停野馬松又二十五里（英里五合前四百六十二）停赫士鼎司又十五里（英里五合前四百六十七）停馬魯磅又十八里（英里六合前四百七十二）停奇魯司迭祿又十五里（英里五合前四百七十八）停沃林塢篤又十二里（英里四合前四百八十二）停巴西飛克江戈松又十五里（英里五合前四百八十七）停布拉支馬五司又六十三里（英里廿一合前五百有八）至奧麻哈一譯我馬哈時亥戌初暫投逆旅曰拔庫司屯在沙金司街計自希啞谷西行由拔耳林敦入愛阿窪邦界又西行入拏布拉士格邦界（交界地名康五修布納符）至此千五百二十四里計自華盛頓都至此三千九百二十四里（英里千三百有八）是埠爲合衆國西境第一厰人已逾十有一萬（美使記畧云二萬四十非今數矣）先是咸豐四年（千八百五十四）始從西黎於此德義志人居多而英人趨若鶩時有印甸土人名澳麻哈者以其名名地遂沿之以至於今枕密蘇蘆河地勢高於海面一千有三十二尺其工以鎔鑛製機鋸木釀酒爲夥其布石成道自光緒六年始（千八百八十）是馬車街車軌道四通有鐵道總局六道之軌交錯其中南側有憩客場二而售票所電報所電話所郵信所闤弗具析而言之有連絡太平

洋鐵道公司有密蘇釐河鐵道公司皆在埠東又有鐵道機器局在埠北三里一英里其地基約三十野格可製下中上三等汽車其地高於海面九百八十五尺是低於澳麻哈埠百五十有七尺也礮臺距埠九里三英里地大八十野格造自同治七年一千八百六十八有馬車道可以通埠埠之東北鐵橋一道跨密蘇釐河長約五里一英里有奇上鐵下石其礅二十四其柱徑八尺五寸其費銀二百五十萬圓過橋即鐵道總局也戌正五十分登火車行十八里英里十六合前五百十四亭基利摹又十八里英里十六合前五百二十亭巴碧玲又五十一里英里十七合前五百三十七亭益康又十八里英里六合前五百四十三亭華利又三十六里英里十二合前五百五十五亭夫里孟多其地高於海面千一百九十二尺連絡太平洋鐵道公司而外又有公司連絡東北鐵道多可知已其居民今逾五千學校日增又八十一里英里二十七合前五百八十二停柴頓又六里英里二合前五百八十四停司治蘭居民二千

初七日子初行四十八里英里十六合前六百停哥侖拔司所謂布拉低即此先是咸豐十年一千八百六十有人名卓治法蘭西斯多連者謂地當合衆

國中央擬以爲都而未果同治三年（千八百六十四）定爲拏布拉士格邦界火車過此可渡布法庫河厥河多魚厥岸多鳥（雉鴨之屬）漁獵者趨若鶩過河鐵道無屈曲無起伏者百二十里（英里四十）此地人約三千又行四十八里（英里十六合前六百十六）停舍利福司力（一譯利華其力）譯言銀灣也又六十九里（英里二十三合前六百三十九）停隴其里譯言獨木也又行六十六里（英里二十二合前六百六十一）停克闌愛倫譯言大島也距此六里餘（英里二餘）有大島峙布拉庫河中（或言海島非也）長九十里（英里三十）寬十二里（英里四）地名以此此地爲哈而能邑治地高海面千八百六十尺有機器局工數百以修火車爲最同治五年（千八百六十六）以前尚無鐵道嗣是道日以闢此地亭車場備二十有三有地名夫列多司治耳墩形似臺而小枕北布拉地河其水上流三百七十五里處（英里百二十五）至四十五里（英里十五）農田資之獵者猶多先是野牛野馬足跡旁午於道橫死道側日以百數驅之岡色斯境同治十二年以後（千八百七十三年後）厥跡漸稀將名哈拉宜者嘗與印甸人戰勝於此居民一萬又百十一里（英里三十七合前六百九十八）停巴尼又百一十七里（英里三十九合前七百三十七）停布林其列又百三十五里（英里四十五合前七

百八十亭諾布拉地高海面二千七百九十六尺拏布拉土格邦治曰林昆亦在於斯居民三千有機器局其鐵道自同治五年始千八百六十六火車行向正西又六里英里二一合前七百八十二亭馬福順又四十二里英里十四合前七百九十六亭郡呼布拉又三里英里一合前七百九十七亭澳法倫一譯阿花倫沿河沙岡起伏不絕此居沙岡不宜耕種先是西人至止罪人居多是以淩弱時蠶咸豐九年千八百五十九至同治五年千八百六十六最甚印甸人曰阿拉拔澳族曰學苦司族皆土著有年鐵道多在岡北岡高處約五百尺許逵綿以迄歪阿明部之黑岡長六百里英里二百寬百五里英里三十五人畜無多而清泉時出又四十八里英里十六合前八百十三停倭戈耳又五十七里英里十九合前八百三十二停羅士戈又四十五里英里十五合前八百四十七停澳可拉一譯倭加拉賴時已初十五分也地高三千二百有七尺格以司邑治此北有小岡地宜牧不宜農同治九年千八百七十土匪虎眈火車先之以野馬而火車轉輪冲馬而進車中客手鎗斃刼者無算遂免於難又五十七里英里十九合前八百六十六停布司冰領譯言大泉也泉源遠而甘地高三千三百六十尺光緒三年千八百七十七匪集一十有二刼火車至今

猶呼之大泉賊方刼時斷電綫入車刼郵銀六萬五千圓客銀千三百圓載之馬背一鞭入林懸賞萬金獲其三賊復銀及半置兵戍之居民百五十又二十一里（英里七十合前八百七十三）停由治司拔或稱維耳或稱田勃而有人焉曰由治司拔遂以名之地高三千四百五十六尺居民六百又六十九里（英里二十七合前九百）停西多泥時午正也下車一餐恩甚是拏不拉士格邦最西車場地高四千有九十尺不宜耕種然宜牧養牛羊者輒數千頭有礮臺而小置自同治九年（千八百七十年）騎兵將董之且有管二十一步隊之官署居民千五百又百一十一里（英里三十七合前九百三十七）停晏地立猶是拏布拉士格邦境也產金錢鹿土人獵鹿居多又三十里（英里十合前九百四十七）停錦博爾時未初三十五分初名安地羅比今以鐵道公司長名名之地高四千六百九十七尺農牧皆宜而牧勝過此五十四里（英里十八）即交歪阿明界漸西漸高火車所經之野可眺崙司峯是落機山之一峯也南有一峯名白庫司峯頂恒戴雪是喀挪拉奪邦境之最高峯雖隔五百二十五里外（英里一百七十五）可以見之翦花埠在北六百里許（英里二百）極目無樹而艸輒短有沙無泥故

也即當雨滋蔓無逾五寸而雪恒過之此地之北多山鹿山牛山羊又一百五十九里英里五十三合前一千亭給安西一譯招宜一譯加蘭尖嶽此歪阿明大邑也部治亦在於斯思埒沽河環其西南其境西頗東平地質如燒殆亦多火山歟河水不少然潤澤無多山水積自冬雪夏霖屈曲出山裁足供牛飲耳是以其地宜牧不宜農其謀生聚自同治八年千八百六十九始今無慮九千人矣議院猶新他如理刑官署學校遶絡太平洋鐵道局電局馬車廠自來水公司皆以次舉有機器局名可列多先託拉耳瓦庫司其器與屋直銀五百萬圓鐵道汽車悉取利器於此馬鞍工爲通國最有練騎場客店大者二一曰印達澳生一曰美託路波理唐騷騷乎有進部爲邦之勢又行九十九里英里三十三合前千三十三亭蝮莽一譯沙間一譯頁夏滿此美利加合衆國鐵道所經落機山最高處也高於海面八千二百四十七尺非山高處是美利加鐵道高處昔者美利加一將名蝮莽厥身高於尋常人故以名此然其高處平而非銳有紀念碑四方方各十尺有奇其頂尖爲澳庫司葉牧士及其弟澳利拔立也此二人者洞山脅通鐵軌有功故誌不忘西北石峯斷續若雲奇石亂

堆短松出罅或欹或臥風烈逼之故也雪餘小艸輒黃登峯遊目西
南二百一十里（英里七十）見倫司峯南四百九十五里（英里百六十五）見白庫司
峯西北三百里（英里百）見葉綠山微獨黑岡隱約而已自給安西迄於
蠖莽鐵道斜平每一英里高千分之一百七十有六是一華里高千
分之五十九有奇也天氣濕度八十有二寒度輒至三十東風恒吹
雨成雪而西南風尤猛軌工驟至多病者是因空氣稀而薄久之而
安是因空氣淨而清雖然四時皆雪霹冬彌增縱僅數寸而風揚輒
沒軌可危也已以有攔雪柵護軌柵之工其柵如中國鹿角柵
形山凹溪曲宜之其柵以板爲之如隧道或百尺或數十尺板隙有
光車行無須上燈有鐵橋跨屈亞夫河長六百五十尺高百二十六
尺在停車場西六里許（英里二）東南千里鷺砂坐飛半爲土人獵地同
治八年（千八百六十九）鐵道打此既阻且掠互有殺傷土人遂徙深山在數
百里外而亦時出獵獸髮黑而披面赤而黯穿耳無分男婦其酋或
面塗黃堊冠羽衣皮善騎射道路時有見者所獵熊鹿雉兎居多亦
漁於溪以鱒爲最又三十三里（英里十一前千四十四）合亭列蘿大低士（一譯華雀山大士）

諺言赤沙塊也其質沙其色赤往往突起或三百尺或五十尺有小礮臺曰拉拉米墩設自咸豐九年（千八百五十九）在北緯四十二度十二分三十八秒今屬弟七步兵隊有將官駐此此地高七千三百尺火車繇此北行又二十一里（英里七合前一千五十一里）停拉拉米（一譯拉拉米壞沙名）歪阿明部有邑治此曰澳洛巴尼同治四年（千八百六十八）始置此城拉拉米河水環廠西有機器場屬鐵道局別有曹達工廠玻璃工廠自來水電氣燈各公司其居民六千而木商鑛工居多初多板屋漸易磚石矣客店之最曰松拔凡陪審官鮮以婦女有之獨此增大學校費銀五萬圓有平原長一百八十里（英里六十）廣六十里（英里二十）不宜耕作然如馬鈴薯可飧也其北有湖繇是而西迄三法蘭昔斯哥火車場多用華人

初八日行百有五里（英里三十五合前千八十六）停古巴士列有古巴士湖民多沿湖而居又四十二里（英里十四合前千一百）停碌區又二十一里（英里七合前千一百有七）停羅庫里沽譯言石河也在石河上鐵道曲折東行乃回輪而西北高六千七百有四尺有湖曰可莫長三里（英里一）寬一里有奇（英里半）產猫魚有脛亦一奇也又四十五里（英里十五合前千一百二十一）停果舞又二

十四里（英里八合前一千一百二十九）停美治順哺有鐵道局屋作圓形過此二十餘里地勢始坦不見有除雪棚又行三十里（英里十合前一千一百三十九）停加朋哈（一譯柄）居民六百鐵道公司始開煤鑛雖鑛苗不佳而汽車艮足取携地高六千八百二十一尺有山曰葉路柯高萬一千五百十一尺雪積時多又百二十里（英里四十合前一千一百七十九）停扶列託是低耳地高六千五百有五尺有礮臺置於同治七年（一千八百六十八）越十八年廢自澳麻哈以來再渡北布拉地河其水至此約四百五十里（英里百五十）初以舟渡今跨橋矣入此河之夫運治河莫紐緬多河嘗出金沙此外有鑛泉七寒泉一皆可浴也南有地名厚古拔葛譯言鹿背也高五百尺至千尺（蜿蜒）而西形如鹿背故名又三十九里（英里十三合前一千一百九十二）停羅林土蓋以大將名地也地高六千七百四十四尺民二千一百牧畜居多然鑛工夥銀鑛既旺雜鑛亦出有一沙石鑛厥色赤厥性酸化鐵道公司兼采之輸之東方有鑛泉來自青石其北四百二十里（英里百四十）有油井又北三十里（英里十分）有印甸土人族居其礮寨名瓦沙基合衆國分弟七步兵隊戍之又三十里（英里十合前一千二百有二）停古巴利順有分

往諳蓋鐵道公司聚議於此而後分勘東西故名之也又五十四里英里十八合前一千二百二十停利士頓地高七千有三十尺又百一十四里英里三十八合前千二百五十八停嘉步洛議言平石也地高六千八百九十尺石色赤又三十里英里十合前千二百六十八停畢大起力又六十里英里二十合前千二百八十八停潘他阿符布洛士有采煤公司其工以機日出百車每車二萬二千磅產蠔多在山中土人燒灰輸之遠方又行三十六里英里十二合前千三百停寫耳地威而士譯言鹽井也產煤又四十二里英里十四合前千三百十四停洛士布領司其地涌泉不絕而味鹹又四十二里英里十四合前千三百二十八停布經士仁地勢向南漸高美利加獸皮公司勃立柯立於道光五年千八百二十五又二十一里英里七合前千三百三十五停麻士頓又六十里英里二十合前千三百五十五停可達北又六十六里英里二十二合前千三百七十七產瑪瑙又有石魚薊石則魚紋如繪沙岡連綿數十里許又八十一里英里二十七合前千三百九十七停各耳大蓋以狀師名名地也東三十里英里十有勃立各寨咸豐八年千八百五十八立於其將戎松在北緯四十一度十八分十二秒是此地設官之始兵即弟十七步兵隊也其地宜牧其木多杉鐵道西行漸

高有除雪棚又五十四里（英里十八合前千四百一十五）停碧汶又四十五里（英里十五合前千四百三十）停阿士邊地高七千三百九十五尺有鋸木廠其木多自文達山來此地斜下至鹽湖濱而止又三十里（英里十合前千四百四十）停黑納託初木工甚盛木炭亦多光緒十二年（千八百八十六）匪三百人刦距此九里之比牙河鎮（英里二）尋靖然市廛滅矣比牙河急流也導源文達山北流入比牙湖湖長四十五里（英里十五）寬十五里（英里五）湖水北流成河遜尤達部境注大鹽湖又四十五里（英里十五合前千四百五十五）停伊尹士頓居民二千離此十里有煤鑛名呀耳馬其工八百華人居十之七又三十里（英里十合前千四百六十五）停華茶治一云葉王司登途間穿石山隧道七百七十尺厥石甚堅不易爲而亦可爲也地高六千七百五十九尺東去澳麻哈二千八百七十一里（英里九百五十七）西距三法蘭昔斯哥里亦如之光緒十四年（千八百八十八）設育幼院費銀四萬五千圓有機器局居民三千中有華人一千鑛業居多而以煤爲大宗日出百車輸之嘉里符尼亞者過半有鐵道公司又一百二十里（英里三十四合前千四百九十九）停葉骨地高五千四百七十一尺有煤鑛兼有鐵鑛山水爭奇石洞奧

常居民二千以牧爲主又四十八里（英里十六合前千五百十五）停威坡民約一千有奇又三十六里（英里十二合前千五百二十七）停迭呼路吉托譯言鬼門關也軌道崎嶇無草無木又十二里（英里四合前千五百三十一）停煙大地高四千五百六十尺同治元年（千八百六十二）教黨會爭殺於此又二十一里（英里七合前千五百三十八）停倭頓（一譯澳田）時己酉初此易車地也地高四千三百有一尺斷岸高者一千五百尺石山四圍水木交映連絡太平洋火車置公司於此四通八達往鹽湖城車亦於此易之有倭頓洞游者稱之西北十八里有鑛泉四時浴者雲集客店大者曰勃路沐道側攤售五金鑛及瑪瑙之屬車中見華工廖氏問之據云來自煤鑛是工首也月獲傭銀一百圓有奇他工或三四十圓或五六十圓有差是鑛日出煤二千噸每噸直銀七圓一毫七忽華工分六毫三忽耳碎煤減直七之一此地人八千五百西二十七里（英里九）有溫泉名哈脫司布林在停車場右側山端冬雪一積熱霧自衝數里外可以見之其氣含礦兼鐵性也又七十五里（英里二十五合前千五百六十三）停可連或曰可路司聚綠此至三法蘭昔斯哥有鐵道二一即連絡太平洋車軌（非郎太平洋一）

道故謂之連絡一即所行一道謂之中央太平洋車軌也又百有八里（英里三十六合前千五百九十九）停布朗門多利先是東西火車於焉分道東至紐約大西洋一道歸東路公司西至三法蘭昔斯哥太平洋一道歸西路公司同治八年（千八百六十九）始連絡之又四十五里（英里十五合前千六百十四）停門紐鹽地近鹽湖入毛不沈合衆國鹽務大宗也雪山南聳綠樹環之山麓人家斷續

初九日行五十七里（英里十九合前千六百三十三）停機利頓此屬尤達邦山猶童也然埠有木數十又九十九里（英里三十三合前千六百六十六）停嚳順又一百三十八里（英里四十六合前千七百十二）停滿迭羅地高四千九百九十九尺又百二十里（英里四十合前千七百五十二）停燕支偏定司其南山谷二一名碌碧麗一名柯綠邑溪流環之牧畜孳甚有銀鑛其南百九十五里（英里六十五）有礦臺名活麗碧東枕鹹湖又五十一里（英里十七合前千七百六十九）停威爾司譯言水井也清泉時見不下三十又九十九里（英里三十三合前千八百有二）停哈力有營汎有華工又一百十四里（英里三十八合前千八百四十）停依兒高屬列法達邦人約三千初以布爲屋今改磚石矣去此七百八十里（英里二百六十二）錕穴

最王又十八里(英里六合前千八百四十六)停模棱又四十五里(英里十五合前千八百六十一)停嘎侖時交未初下車一餐此地人約九百有奇銀銅鑛苗距此或一百五十里(英里五十)或九百里(英里三百)華工雜於其中同車有華人名蔡傳艮是爲鐵道公司華工授食者言矢成公司鐵道興工已二十二年工僅及牛蓋起倭啲訖三法蘭昔斯哥也凡九百英里有奇而蔡氏所司有六百英里華工四百有奇每日卯正起戌正止中間休息一時備貲一圓二角五分授食之蔡氏日受銀三圓華工較埃及土工直廉而力勤嫉者阻之而用者初無心阻之也於此見華工非不可用且勝西工遠甚視量材器使何如耳又四十二里(英里十四合前千八百七十五)停拔里雪居民二百有奇有銀鑛曰田利加歲出三千二百萬有奇又十五里(英里五合前千八百八十)停拔地耳馬田譯言戰山也舊爲用武地銀銅鑛華工千餘地高四千六百三十六尺又二百八十二里(英里九十四合前千九百七十四)停戈阿達南有金鑛北有銀鑛又六十里(英里二十合前千九百九十四)停雲麗墨機居民千餘開鑛者多又四十五里(英里十五合前二千有九)停心樸魯地其泉甘其木果碩又四十五里(英里十五合前二千有二十四)停麗碧時譯

言麤麥隴也其麥較巨又三十三里英里十一合前二千有二十五停阿麗延有鑛工所又三十九里英里十三合前二千有四十八停納戶樂莊艸木暢茂畜牛輙數十萬頭羊亦居十之二又五十四里英里十八合前二千有六十六停布朗場又九十里英里三十合前二千有九十六停赫石冷司譯言溫泉也其北鹽井叢出有硼砂工局又九里英里三合前二千有九十九停迭莎譯言荒野也又六十里英里二十合前二千一百十九停郁士化戶居民八百距此六十里英里二十百有五里英里三十五有金穴再南八百四十里英里二百八十有硼砂鑛列法達邦之精華在此又五十四里英里十八合前二千一百三十七停哈列司又六十里英里二十合前二千一百五十七一停宜納是列法達大邑也民二千中有華人百餘有二銀行有金銀鑛過此入嘉里符尼亞邦境又七十八里英里二十六合前二千一百八十三停渚籬磯民二千有奇工商以木爲宗板屋脊銳如峯無所取諸取雪不積也又四十五里英里十五合前二千一百九十八停卓磯一譯心覓譯言峯頂也落機山峯高逾萬尺今汽車所行高處高於海面七千有一十七尺鑿山通軌長一千六百五十九尺此外除雪棚護軌棚不一而足又三十九里英里十三合前二千一百有六停西司果先是車道止

此阻於落機山故也隧道一通飛輪迢達又二十七里（英里九合前二千二百十五）停安密嘎蘭格譯言游人峽也又四十二里（英里十四合前二千二百二十九）停阿耳達產木最富又十五里（英里五合前二千二百三十四）停高路侖有金鑛華工數百又三十里（英里十合前二千二百四十四）停高羅化司又五十四里（英里十八合前二千二百五十二）停沃本民千有奇先是石山無高木然貼地短樹霜幹虬枝雖僅尺許而恒具松栢梗概至此則羣木雲蔭百果星垂又一境也又三十三里（英里十一合前二千二百六十三）停紐哈司坐羅此地金鑛欲竭蓋采久矣又六里（英里二合前二千二百六十五）停篇羅道經岡阜又三里（英里一合前二千二百六十六）停沽侖土人營屋取石於斯又九里（英里三合前二千二百六十九）停增順民不逮千中有華人百餘厥土枕河宜麥又五十四里（英里十八合前二千二百八十七）停沙嘎斂多華人謂之金山二埠對金山大埠言也其民二萬六千其土宜麥宜木有織絨局曰織千磅有造糖局曰出百噸有鐵工陶工粉工汽車四達工商日滋然春雪山解輒患其魚而天氣亦較暖

初十日行七十八里（英里二十八合前二千三百一十五）停果爾又四十八里（英里十六合前二千三百三十一）停士司登又三十里（英里十合前二千三百四十一）停納渚拉又三十六

里（英里十二合前二千三百五十二）停伊利士又七十四里（英里二十八合前二千二百八十二）停布里山頓又三十六里（英里十二合前二千三百九十四）停來兒士又七十四里（英里二十八合前二千四百二十二）停屋侖火車止此輪舟渡海遂乘馬車十八里（英里十六合前二千四百二十八）至三法蘭昔斯哥時已卯正然則謂至自華茶治二千八百七十一里（英里九百五十七）未計屋侖以西蓋專指車道言也計自華盛頓凡萬一千二百有八（英里三千七百二十六）雖鐵道公司支軌略殊而大概如是午後至廛見裁縫新器直銀十二圓見脫影器直銀一百十六圓

按西人照相技肇於嘉慶初（千七百九十六年後）越五十餘年（咸豐間當西千八百六十餘年）中國亦有之然未若今之法簡而功捷或用鋼片或用玻璃其玻璃昔用溼片今用乾片大要以利器爲先曰聚光鏡即引光至照片者也凡照人物宜凸面取諸邇也凡照山水宜外凸內凹取諸遠也曰聚影匣即前嵌聚光鏡而後列照片者也曰對光鏡視影之離合也曰截光璧因光之明暗而轉移用於其孔也其孔愈小其影愈眞曰紅玻璃燈蓋已照之片洗於暗室光遇黃白則散所宜惟此也其它若三足架若洗子若盛片匣若遮光布若玻璃量（亦曰玻璃制子）若曬片木

格皆不可少者也溼片用葛羅甸乾片用膠湨皆以銀水和之膠之速於葛羅甸自七倍至七十倍凡照影賦時之早晚天之陰晴氣之寒燠速率有定而無定也曰發現水用碧陸（水也）嘎里酸十分白羅敏莫尼亞六分水六十分硝強水二分爲一瓶阿莫尼亞水三分水二十分爲一瓶用時合之曰定影水用海波所達四十分水十六倍曰感光紙（一云印影紙）用硝強銀二十分水十六倍白礬五分入紙浸之曰洗紙水用金水三分炭氣所達一分水十四分洗後仍以定影水定之此乾片法也溼片亦大同小異初法無如此捷然新樣磁巾皆宜不必紙也

十一日檢點行李補游工肆往還六十六里（英里二十二）

十二日未初坐馬車至於海濱約四里餘（英里一半）携繙譯澤村繁及襄譯之林釟上嘉力輪船中西學堂周桂森亦來同舟申初行西航經緯較前此東航少偏於北然大致亦無大異以昔例今不更贅也風波既習槧鉛愳荒遂補述美利加圖經水師阻道說

十三日大風鼓浪客多停餐然（雲龍）尚克伏校艸礮臺經驗說

十四日風雨彌增述陸軍營房表
十五日風潮未息而航彌捷述兵器局表
十六日海旭催輪少拓眼界述兵船表兵船雜識
十七日述古巴圖經自敘及嫥例
十八日風復沸濤述船礮演驗說舟中客相問訊適有游自檀香山者（雲龍）證以昔聞述檀香山記曰檀香山云者華人名之也西人謂其國曰耳支威仁謂其島曰柯華壺謂其正埠曰漢奴魯魯其地在阿美利加洲太平洋南距三法蘭昔斯哥七千二百六十里（海里二千一五）島高海面四千有六十英尺長百二十八里（英四十六里）寬七十五里（英廿五里）雖一小國而君非民主然司財之官半由英美所轄小島凡八而本島有若中國府者一若中國縣者五皆置疆吏又有若侍衛者四若副將者二若樞密者四又有外部內部正副各一又有稅官獄官醫官治道官巡捕官其兵王軍百二十王后軍亦如之取護衛也馬隊兵百二十巡兵六十三又有土兵美兵英兵商兵各一百有奇疆吏以時練之海口無礮臺設迎送礮六重僅一噸海濱淺甚輪舟出

入非潮不可也此島民二萬一千有奇華民八千二百有奇工商參半商一回華非曾納身家稅者不得領再至文憑小商先納稅銀二十六圓一年爲期期滿復稅如初工則蔗糖居多耕亦有之其土沃宜稻其物產五穀而外有薯芋蔗蔬之屬又有區華可以釀酒非官許不得種也其人稅凡家貲千圓歲納銀七圓五角餘例視此商牌歲稅銀二萬五千圓商之身家歲稅二萬圓入口綵物歲稅銀一十萬圓其俗土人嗜酒每沈醉時踏市歌且譯名曰呼剌或以山花木葉雜挂頭頸爲樂先是八島酋起爭雄血流膏野近屬厥王一曰道威島在柯華壺西北二百八十八里(英里九十六)高四千八百尺長六十六里(英里二十二)寬七十五里(英里二十五)有官若中國巡撫者一若知府者一若知縣者四又有巡捕官四巡兵四其民五千六百有奇華人二千四百有奇其物產以稻蔗爲主二曰獼猴島在道威島西北百三十二里(英里四十四)距柯華壺四百二十里(英里一百四十一)高亦如前長六十里(英里二十)寬二十一里(英里七)官同其民百七十有奇華人四十有奇其物產有薯及瓜蔬之屬三曰槺宜島在柯華壺東南二百一十六里(英里

七十二高萬有三十二尺長百四十四里英里四十八寬九十里英里三十有官若中國巡撫者一若知府者一若知縣者三又有巡捕官三巡兵十四稅官一其民萬二千一百有奇華人千七百其物產以蔗爲宗糖局十有二亦猶日斯巴尼亞國之古巴秘魯國之利馬也其境有山曰沽納高而瘴四時皆冬霜雪不斷山麓數十里種蔗者嬰癘輒患足腫此地華人三千四百有奇西人亦不下三千四曰磨羅機島在柯華壺東南十五里英里五高三千五百尺長百二十里英里四十寬二十一里英里七其官由槑宜島兼之別設官一巡捕官一巡兵四又於癟路巴巴置管瘋者官一巡捕官一其民二千五百八十有奇瘋者二千有奇聚自各島者也華人三百五十有奇商五十餘工其土磽瘠不宜穀麥而薯芋瓜菜時亦有也五曰南宜島在柯華壺東南百五十里英里五十高三千尺長五十一里英里十七寬二十七里英里九其官亦由槑宜島兼之別設若中國知縣者一巡捕官一巡兵四其民三百五十有奇華人三百有奇農工多於商也六曰嘎虎流圍島在柯華壺東南百八十有二里英里六十有奇高千四百五十尺長三十三里英里十一寬二十

四里（英里八）官猶未備其民一百有奇華人六十有奇有工無商其土不宜穀土人以畜牛羊爲業然野豕轢嚙馬足狂奔如狼七曰希綠島一名夏威彝在柯華壺東南四百有二里（英里三百三十四）高一萬三千八百有五尺此其最高島也長二百七十里（英里九十）寬二百一十九里（英里七十三）有火山有雪山道路崎嶇有官若巡撫者一若知府者一若知縣者六若副將者一巡補官六巡兵二十六其民萬七千三十有奇華人三千二百其土宜蔗而薯芋區（華）亦宜獸則牛馬犬豕爲多（黄犬毛多）八曰古哈納屬於希綠島分南北兩邑巡捕官二巡兵一十有六其民四千有奇華人二千七百五十有奇綜而言之凡民六萬一千六百八十有奇凡華人二萬二千四百有奇八島賦稅皆國王遣官司之別國和約入島疆吏無干預權美利加遣二等使一正副領事各一（商民二千）英吉利遣三等使一（商民三百）法郎西葡萄牙皆遣三等使一兼領事（法民五十葡萄民七千）德意志日斯巴尼亞日本（德民二百日斯巴尼亞民六十餘日本三千）義大利瑞士丹秘魯俄羅斯等國各遣領事一餘有立約而未遣官者

十九日述水雷

二十一日何以無二十日也昔由西而東須閏一日今由東而西則少一日此行在太平洋一十八日抽一日於其間亦航海例也述營燈

二十二日大霧咫尺不見雖無礁險恐與艦逢是以歷五十分輙一鳴煙筒也述中國約表

二十三日午又霧述中國使臣表

二十四日述別國使美利加表

二十五日述中國人至美利加年表東南風大作浪高數十尺然順風也

二十六日述合衆國制

二十七日述官制刑略明日早至日本橫濱計自三法蘭昔斯哥至此凡萬五千有八十四海里四千五百七十一與往時可互參也

游歷日本圖經餘紀後編　　游歷圖經餘紀十四

花翎二品銜直隸即補道總辦北洋機器局前游歷使臣傅雲龍述

雲龍昔去日本以光緒十四年四月十九日航太平洋前一日止今來日本以十五年四月二十八日航太平洋至橫濱始東西往還已不下三萬一百六十四里昔以游爲主今以紀游爲主所游諸國以美利加爲富國之魏楚而不得不以日本爲中外之樞紐桉圖徵文在己非在人矣雖然弗湑轇轕曷專槧鉛是以東京至止先補地背圖經旣而肆力於日本晝夜排比隨編隨印以銅版鏤圖以鉛字列表以石印濟木雕所不逮八月旣望瓜期屆矣然猶竭力自効不欲寸分陰曠也述游歷日本圖經餘紀後編

四月二十八日卯正舟泊橫濱乘車少憩於理事署申正上火車行四十八里日本八里至東京

二十九日述美利加大事編年表

三十日述中國美利加度量衡比較表

五月初一日述美利加郵便繫年表雲龍景日本延喜刊本文選弟

五殘卷爲饗喜廬叢書之三叙曰雲龍至自南北美利加洲之第三日從貫陽陳氏槩得見日本延喜十三年艮峰衆樹所刋文選殘卷刋當五代梁乾化三年即鳳厤元年去唐六載耳僅存曹子建送應氏詩弟二首孫子荆征西官屬送於陟陽候作詩一首爲可惜也往讀陸深燕閒錄謂隋開皇十三年十二月八日勅廢像遺經悉令雕刻筆叢亦謂雕本肇隋行於唐擴於五代精於宋人之二說或者疑之今質宋前槧本夫奚疑日本百万塔藏無垢淨光經厥式不一皆出鏤板据孝謙天皇紀刋於神護景雲四年爲唐大厤二年亦唐槧一證也先於是本一百四十五年程大昌演繁露云古書皆卷至唐始爲葉子葉子云者即今書葉而是本猶存唐前卷式上下墨欄縱則無之五代史補謂文選鏤板於孟蜀毋昭裔後此廿載有餘矣桉曹子建二詩宋本在弟二十卷下有五詩非卷終也是本題文選卷之五終以宋本斠字曹詩親昵並集送宋本昵作眤孫詩傾城遠迫送宋本迫作追迫似勝吉凶如糾纏宋本纏作纆憂喜相紛擾棻陵本云五臣作擾袁本云善作繞攷異曰非也善注引神女賦紛紛擾

擾不作繞傳寫譌耳或疑攷異爲臆斷今得是本正與善注所引合寫官豕魚可資以正宋本作者輒書字一如孫子荆此本書名凡此皆可與宋槧互質異同鱗羽無多萬難當叢書之一雖然所見槧本莫前於此千載外物䀲同河洛少云乎哉景而刊之原璧歸之于陳明日跋曰此源親房藏本有印按日本史親房具平親王後家稱北畠畠與畑同猶言旱田也畠畑字中國𡙁無源其氏北畠其姓親房其名也任參議在永仁延慶間永仁元年即元至大元年然則鈐印時去今已五百七十餘年

初二日述美利加郵便繫地表覆刊唐卷子本論語經文爲籑喜廬叢書之一跋曰正平本論語集解已刊入古逸叢書正平甲申爲元順帝二十四年又有菅家本所謂津藩有造館本者是鈔於昌泰二年當唐光化二年吉田因之印活字本迨

國朝道光十七年爲日本天保八年石川之娶刊縮臨本此外有宗重卿鈔本明應印本大永鈔本皇疏印本古鈔諸本有注居多其無注者明嘉靖十二年清原宣賢出所藏阿佐井野刊之謂之天文癸

已本非復唐卷子眞面目嘉永元年本(道光廿八)出自貞利本當元至正間日本僧深尊依唐本錄之明應六年爲明宏治五年僧桂庵旁增國文舊式失殆盡貴陽陳氏(集)績學好古得唐卷子本有何晏集解四字然存者經文耳殆文注分鈔本歟勝天文本十倍謂(雲龍)有同志出爲饗喜廬所刋書之助(雲龍)桉是本文與津藩本正同遵義黎星使所著津藩本正平本跋有斠勘三百餘事不翅爲是本設也旣付手民遂附錄之又跋宋本歷代帝王紹運圖云歷代帝王紹運圖中國逸書也貴陽陳(集)得宋熙甯本將付梓人屬(雲龍)跋桉鼂公武郡齋讀書志馬端臨通考竝云未詳何人撰陳振孫書錄解題紹運圖一卷諸葛深通甫撰元祐中人未詳爵里書頗行世而經籍訪古志稱歷代帝王編年圖一卷蓋所見爲日本重雕者益熙甯後紀年以元終是本有熙甯九年會稽虞云敘曰友諸葛深字通甫綜集歷代帝王年紀斷自三皇至于宋編之爲圖名曰紹運訪古志易名編年圖何也其書成于元祐前九載書錄解題謂爲元祐中人亦似未碻以名氏所出與德與都與興作與在位與壽終分格旁行表例也

偶亦系連譜體也而以圖名其十二諸侯戰國七雄沿革之系作牽綱形亦佗書所未見半葉六行至十行字數有差殷匡敬貞恆字皆闕筆廢作癈號作號救作捄昔作㫺圖作啚古俗兼用覆而刊之不失宋本眞面可寶也已

初三日述美利加電綫繫年表

初四日述美利加電話機繫地表

初五日述美利加新聞紙繫地表日報與議院表裏非盡黨同伐異

初六日述美利加雜事

初七日述美利加學派

初八日述美利加電學蓋顯門電學自美利加人始

初九日述美利加學目

初十日述美利加字母表

十一日述美利加大學校表

十二日述美利加大學校師生年表

十三日述美利加學期表

十四日述美利加官學校學生課日表
十五日述美利加官立師範學校表
十六日述美利加學校師生繫地表
十七日述美利加官學校費表
十八日述美利加學費通計表
十九日述美利加學校財產表
二十日述美利加學校師薪水繫地表
二十一日述美利加官立小學校年表
二十二日述美利加非官立學校師增減表
二十三日述美利加市鎮小學校歲費表
二十四日游工廠車行往還五十四里日本里九
二十五日述美利加習師會表
二十六日述美利加不學人表
二十七日述美利加藝文
二十八日述美利加金石

二十九日遞美利加圖經叙例初稾唐二李唱和集將歸雲龍爲纂喜廬叢書之五然先刋自陳跋曰二李唱和集中國逸書也陳氏集得北宋本景而刋之屬雲龍跋梭李昉李至宋史東都事略并有傳昉與李崧同宗同里時謂崧爲東家李昉爲西家李昉饒陽人至眞定人非同里矣是詩署昉上至上其爲唱和原卷之式無疑昉文慕白居易今觀二李詩皆與白近微獨昉誦白句結太宗知己也行十九字至廿四五經籍訪古志云十九至二十誤存葉五至廿五中間闕第十三葉字體麤細有差闕筆字外有奪有蝕景雕一如厥舊可珍也已又作無垢淨光陀羅尼塔記云此日本神護景雲所造百萬經塔之一也貫陽陳氏集得其二以一歸之雲龍如獲拱璧遂製匱記之曰梭日本史神護景雲四年夏四月造三層小塔一百萬成分置諸寺日本孝謙紀天平寶字八年發願造塔基高各四寸五分徑三寸五分露盤下置根本慈心相輪六度等陀羅尼至是功畢云塔木質經鏤木板粗細略差經曰無垢淨光卷黏紙高寸八分是日本天平尺與今曲尺少異今得自陳氏者不惟與史紀合且與大藏省

所印觀古本無絲毫異可珍也已神護景雲四年當唐大歷五年庚戌去今一千一百三十九年也光緒十五年夏五月德清傅雲龍記

三十日述日本圖經北海道土人表

六月初一日述日本北海道屯田兵表

初二日述日本官民地表

初三日述日本地租表

初四日述日本物產是夜四鼓筆不得休

初五日述日本貨幣表

初六日述日本造幣金銀料表

初七日述日本造幣機器表

初八日述日本貨幣鑄發表

初九日述日本貨幣出入表

初十日述日本紙幣表日本東京吾妻橋費銀二十四萬圓論者謂其所用幣皆鈔也僅費紙料印工銀二十四圓此爲用鈔之益之證

十一日述日本通商物直增減表

十二日述中國出入日本物直表

十三日述日本出入物直繫地表先是夏五月雲龍覆刊唐卷子本新修本草第四第五第十五三卷跋曰新修本草二十卷唐李勣等修於顯慶四年越七十一年傳鈔日本而唐本宋後轉佚久之日本亦遺其卷之十今觀舊鈔本書目存僅五卷是本居五之三雲龍得自陳氏集即所謂卷子本也行十七八字注二十一字或二十六七字有差第十五卷末結銜後有天平三年歲次辛未七月十七日書生田邊史十八字按經籍訪古志云當時遣唐之使所賫而歸今以唐氏證類校之異同錯出可互是正久晦不顯往歲狩谷卿雲西上觀一搢紳家舊鈔即五六百年前人据天平鈔本錄者存弟四弟五弟十二十三十四十五十七十八十九二十凡十卷聿修堂藏今復佚其七然此三卷出唐天平中卷子本無疑在槧本未多以前其字體偏旁木手艸竹心火示衣輒互通用他如熱作𤍠弱作蒻臭作臰蟲作虫微作嶶煞作㪟鹹作醎蛇作虵鐵作鐡珊作珊酒作滔國作国圀硼作碙棗作乘蠱作霊禍作禍脩作佟類此大率爲秦漢後沿

習俗字金石時有同者唐鈔蝕餘比於獲野玄寔等字謹闕末筆欲嚴竄易存眞面也嗣又獲乙卷合之凡十有一卷是爲纂喜廬叢書之二跋曰雲龍既得唐卷子本新修本草四與五與十五凡三卷付手民矣一日書估踵門則經籍訪古志所云存凡十卷者固弗具是爲小嶋知足家藏舊鈔本不弟惟是十卷而外有弟三卷補寫本行款一仿天平原鈔蓋有尙眞者就厥父輯本手錄而以政和本草大觀本草一再梓之亦一善本也同志求之久不獲今皆得之無誤剞劂中國佚書一旦歸璧可不謂會逢其適與日本之傳鈔唐卷子本自天平三年始時唐開元十五年也距顯慶四年新修本草已七十有三年越五十九年其國內府迺有存本据倭漢三才圖會云延厤六年典藥寮奏新修本草是其證也至于今存者半耳然中國宋嘉祐中已罕有完本蓋佚無一卷存嘉祐三年有勅撰本草圖經詔書

嘉祐三年十月校正醫書所奏竊見唐顯慶中詔修本草當時修定注釋本經外又取諸般藥品繪畫成圖別撰圖經辨別諸藥最爲詳備後來失傳罕有完本欲望下應係產藥去處令識別人子細詳認根莖苗葉花實形色大小并蟲魚鳥獸玉石等堪入藥用者逐件畫圖并一一開說著花結實收採時月及所用功效其蕃夷所產即令詢問榷場市舶商客亦依此供析以憑照證畫成本草圖并別撰圖

經與今本草經并行使人用藥知所依據詔旨宜令諸路轉運司指揮轄下州府軍監差逐處通判職官專切管句依應供申校正醫書所至六年五月又奏本草圖經係太常博士集賢校理蘇頌分定編撰將欲了當奉勑差知潁州所有圖經文字欲令本官一面編撰了當詔可其年十月編撰成書送本局修寫至七年十二月一日進呈奉聖旨鏤板施行又其證也是書修後三百餘年而佚佚後一千餘年而雲龍乃以日本之不絕如綫者刋之藉彼守殘聊增輶采未始不與重九譯致殊俗相表裏也亦游歷責也米部上品卷第三玉部中品卷第四下品卷第五木部上品卷弟十二中品卷弟十三下品卷弟十四獸禽部卷第十五果部卷第十七菜部卷弟十八米部卷弟十九有名無用卷弟二十覆本開雕於夏五既望訖六月十三日

十四日述日本八港稅關物直表

十五日述日本銀行表

十六日述日本民立銀行分類表

十七日述日本商賈數表商標表許媾賣表其許媾賣一法雖曰形下進而上之可勵樸實否則既忌且襲堅苦其難

十八日述日本農表

十九日述日本蠶絲表
二十日述日本鹽法表
二十一日述日本茶表酒表
二十二日述日本糖表淡巴菰工商表
二十三日述日本舟表颿惟求舊流則日新
二十四日述日本車表雲龍於光緒十四年冬游其西京乘人力車行風雪中而鐵軌斷續見崖略耳今則神戶長崎漸通漸拓
二十五日述日本瓦斯燈表謂煤油曰瓦斯也其燈無慮三萬有奇電氣肇矣猶遜
二十六日述日本漁獵表
二十七日述日本鑛表
二十八日述日本官鑛表官鑛工表
二十九日述日本官鑛售數年表官鑛出入表
三十日述日本民鑛金屬非金屬表
七月初一日游礦務諸學校往還車行六十里日本四十述日本民礦出

入表

初二日述日本官民纘行合表以聚珍板印日本圖經其活字率鑄蠅頭尠稍大者措資補其未逮雖已集字數百萬鳩工五十有奇而苦不足瓜期逼矣編可卜夜印難日盡三十須臾也於是以鉛工補表其鐫字鉛版以算不以式也以銅版雕地圖其版文陰印之於紙則文陽也印工難於木版多矣又以石印助手民若字則以油墨書之雞子清紙取西法印之厥直雖昂厥功則倍若印物諸圖則取影而後再印以石其他套版書面之屬仍雕木如紛絲如散錢而急欲同條共貫難乎不難乎旁觀者匿笑曰恐非三十年不成也而雲龍勉力晨昕爲之有進無退先以古巴圖經試印

初三日定日本計里總圖草先是夏五月初草成跋曰日本府縣分合靡定如奈良屢併尋復圖之準今者尠雲龍既校今界分圖四十有五輒就王氏海岸圖復計里圖之其大綱曰八道曰十一國曰四大島所謂四大島者一九州二四國三中土四北海道中土云者日本島也一名本洲島宅國外者又有豆南諸島與州南諸島與千島

列島或合之四大島稱七部焉非總一圖則沿海險要雖有說與表末繇指掌是圖潮也燈臺也陸軍營也淀泊也巖礁也淺灘也疑礁也礁猶未定也國界也道界也鐵路也皆海岸圖例也又跋曰雲龍既刊銅版日本總圖復以電綫爲單朱文鐵道爲雙朱文分鏤木版多有彼圖所猶未逮者庶其加詳也乎停車要地增入銅版矣

初四日定分圖四十有五其中爲府者三曰東京曰西京曰大坂爲縣者四十有一曰神奈川曰兵庫曰長崎曰新潟曰埼玉曰羣馬曰千葉曰茨城曰櫪木曰奈良曰三重曰愛知曰靜岡曰山梨曰滋賀曰岐阜曰長野曰福島曰宮城曰岩手曰青森曰秋田曰山形曰石川曰富山曰福井曰島根曰鳥取曰岡山曰廣島曰山口曰和歌山曰德島曰高知曰愛媛（後又分縣地置香川縣補圖見後）曰福岡曰大分曰佐賀曰熊本曰宮崎曰鹿兒島（亦曰麑島）爲廳者一曰北海道（後補香川圖凡四十六）皆以緯綫分南北以經綫分東西南移北斂如圓錐式而付銅工鏤版

初五日游書坊（往還十二里爲日本二里）獲日本人所繢萬國全圖係用墨加禱法於是譯西質東述墨加禱圖法攷曰大清一統地輿胡氏圖開平

方矣而以虛綫準經是用圓錐切綫法論者謂未若通徑法之便通徑云者不用圓錐外之切綫而用圓錐內之通徑出入圓面交於中圈此法百餘年前猶未行也別有圓柱法以圓柱剖爲平幅亦謂之推方格法叙之者明嘉靖四十五年荷蘭人墨加禱也以其名名之謂之墨加禱而法猶疏闡厥法者謂應用餘緯度折半之正切自赤道至八十九度止以距等圈之橫綫與經綫成直角是以緯綫近極彌疏以長補狹即等於球面經綫近極益密之率蓋不於形勢論其面積惟以算法定其遠近航海者便之圖海岸者宜之然與地家亦未始不用其法日本人續萬國全圖其一也

初六日以所繪美利加合衆國總圖英屬地加納大圖秘魯國圖巴西國圖重斠一過付之銅工

初七日述日本備荒表保險表博物官博覽會共進會表土木費表

初八日述日本國債表歲計出入表歲計比較表

初九日述日本攷工

初十日述日本官工表工器表工直表罪人工表製度量衡工表橫

須賀造船所表是夜雞鳴草猶未脫
十一日游鐵道會社往還車行十八里（日本里三）歸送日本鐵道費計里表鐵道資本表
十二日送日本官立鐵道局費表民立鐵道會社費表
十三日復訪鐵道會社司事者往還車行十二里（日本里二）歸送日本停車里數表
十四日送日本鐵道車數表鐵道計入表鐵道年表
十五日送日本兵制沿革
十六日送日本徵兵已未入伍表
十七日送日本徵兵分類表徵兵志願表徵兵身格表嗣是增校字人而日本人籾山逸也校力居多（姓籾山氏名逸也）
十八日游兵房諏諮始末往還車行十二里（日本里二）歸送日本徵兵本業表
十九日送日本陸軍分管表陸軍人屬表陸軍隊表陸軍士卒生徒表脫稾雞再鳴矣

二十日述日本豫備後備士卒合表豫備後備兵分數表

二十一日述日本憲兵表軍馬表

二十二日述日本海軍人屬表海軍士卒生徒表其海軍圖皆從實測雲龍就實測要隘躬歷目驗非臆說也往還車行三十有六里相本里六

二十三日述日本兵船表較師船表有增

二十四日述日本礮臺表

二十五日述日本職官舊制

二十六日述日本官制將景唐刊卷子本陶文爲籑喜廬叢書之五

敘曰雲龍既刊日本延喜本文選弟五殘卷復得卷子本陶淵明歸去來辭後署大唐天祐二年秋九月八日餘杭龍興寺沙門覺遠刋行三兮𢘜作矣熹不作晞與文選宋本同搖搖與陶集宋本遙遙異壺與文選宋本同以絕爲絕與論語津藩有造本令色之色作𢀖微巽遺陶集宋本作違胡爲遑遑欲行之與文選陶集𢘜巽何胡誼複行字較勝它如涓願鄉耘耔臯別體之字莫遑毛舉或曰此陶集也

集文此其最後一首紀年署款卷終据也然文目下題陶淵明三字則非專集可知或又曰安知非重刋本曰非也可證者三後題大唐一也日本刋書非增序跋即署款鈐篆旁增彼文此則刋之餘杭沙門不雜一字二也背面寫經壓剝殆盡可辨者數行耳彼僧獲自中國藏西京法隆寺西書競尚乃弁髦眎之其爲唐刋夫奚疑三也延喜本文選刋在五代梁乾化三年此先於彼雖僅九年然唐時槧本此尤碻證矣亟景刋之

二十七日述日本官祿表武官祿表爵表有位人表

二十八日述中國交涉前事自漢始秦使至否書缺有閒矣

二十九日述往籍交際條目厥文雖可概錄厥目其可忽諸攷古證今此其嚆筌歟是夜漏盡未寢

八月初一日述日本交際文或墨蹟或單出覶此

初二日述中外訂約通商年表中國使臣表別國使日本表日本使別國表

初三日述中國流寓表攷日本姓氏錄華人東至不始嬴秦然可攷

者大率以徐福爲先
初四日述別國人在日本表日本人在別國表互受勳章表每至墨枯筆禿力難可支輒自責曰期逼矣自是四鼓輒起伏桉旁觀者曰何自苦乃爾
初五日述日本大事編年表
初六日述日本度量衡比較表
初七日述日本郵使表電信局數綫路表
初八日述日本刑略
初九日述日本學泒源流又監續游歷圖成付之銅工
初十日述日本文表
十一日述日本異字音學
十二日述日本學校合表已未入學表
十三日述日本小學校師弟子表尋常中學校表尋常師範學校表
十四日述日本專門學校表高等女學校表官立學校表
十五日述日本雜學校表雜學校科表幼稚園表書籍館表黎大臣

召譏筆乃休

十六日述日本人留學別國計費表公學費歲入表公學費歲出表

十七日述日本藝文志卷上初欲遵四庫書提要述日本藝文提要而時促是以改用劉略班志例也提要俟後活字時形其少不得不以石印助之而費滋甚然異日如未克補輯可惜也已

十八日述如昨

十九日述藝文志卷下

二十日述如昨

二十一日述中國逸藝文志

二十二日述日本金石文此非好古云爾那須直韋提碑之用唐元昌年號與南圓堂銅燈臺銘之遵唐制諱丙爲景同一意也豈惟漢委奴國王印親魏倭王印爲涉交際哉或僅謂法隆寺釋迦銅立像背銘得自半井眞澄說爲神助猶其次也以賍僅僅證經證史孰重孰輕願與識時務者辨之

二十三日述如昨其金石唐以前不厭其詳後則從略勾麗古碑非
日本石而日本兵事見於其中遂先錄厥文而爲之跋碑額曰勾麗
古碑文曰惟昔始祖鄒牟王之創基也出自北夫餘天帝之子母河
伯女郎剖卵降出生子有聖　命駕巡車南下路由夫
餘奄利大水王臨津言曰我是皇天之子母河伯女郎鄒牟王為我
連葭浮龜應聲即為連葭浮龜然後造渡於沸流谷忽本西城山上
而建都焉來樂世位因遣黃龍來下迎王王於忽本東岡黃龍負昇
天顧命世子儒留王以道興治大朱留王紹承基業𦉪至十七世孫
國罡上廣開土境平安好太王二九登祚號為永樂太王恩澤　于
皇天威武柳枝四海掃除　庶寧其業國富民殷五穀豐熟昊天
不弔卅有九宴駕棄國以甲寅年九月廿九日乙酉遷就山陵於是
立碑銘記勳績以示後世　馬其詞曰　永樂五年歲在乙未王
以碑麗不息　又躬率　住討叵富山負碑至鹽水上破其丘部洛
六七百當用馬兼羊不可稱數於是旋駕因過襄平道東來𠋫城力
城北豐五備猶遊觀土境田獵而還百殘新羅舊是屬民由來朝貢

而倭以辛卯年來渡海破百殘　斤羅以為臣民以六年丙申王
躬率水軍討利殘國軍　首攻取壹八城臼模盧城各模盧城幹
弖利　城閣彌城牟盧　彌沙城　舍蔦城阿旦城古利城
利城雜珍城奧利城勾牟城古須耶羅城頁　城分而耶羅
瑑城　城　豆奴城沸八艇利城彌鄒城也利城大山韓
城掃加城敦拔城　婁賣城散　城　城細城牟婁城弓
婁城蘇灰城燕婁城析支利城巖門至城林城　利
城就鄒城　拔城古牟婁城閏奴城貫奴城彡穰城　盧
城仇天城　其國城賊不服氣敢出交戰王威赫怒渡阿
利水遣刺迫城橫　便國城百殘王困逼獻　男女生白一
千人細布千匹跪王自誓從今以後永為奴客太王恩赦　迷之愆
錄其後順之誠於是　五十八城村七百將殘王弟幷大臣十人旋
師還都八年戊戌教遣偏師觀帛慎土谷因便抄得莫　羅城加太
羅谷男女三百餘人自此以來朝貢論事九年己亥百殘違誓與倭
和通王巡下平穰而新羅遣使白王云倭人滿其國境潰破城池以

奴客為民歸王請命太王 後稱其忠 寺遣使還告以 許十年
庚子教遣步騎五萬往救新羅從男居城至新羅城倭滿其中官兵
方至倭賊退 来背息追至任那加羅從拔城城
即歸服安羅人戍兵拔新羅城邑城倭滿
九盡臣有尖安羅人戍兵
倭潰城大赤 安羅人戍兵昔新羅安錦未有身
来朝貢 開土境好太王 至 潰
朝貢十四年甲辰而倭不軌侵入帶方界 石城 連
船 率 僕勾 相遇王幢要截盪刺倭寇
潰敗斬煞無數十七年丁未教遣步騎五萬 平
穰 合戰斬煞蕩盡所穫鎧鉀一萬餘領軍資器械不可稱數還
破沙溝城婁城還 師 城廿年庚戌東夫餘舊
是鄒牟王屬民中叛不貢王躬率往諸軍到餘城而餘舉國駭
舡卩 王恩普覆於是旋還又其慕化隨官來者味仇婁
鴨盧卑斯麻鴨盧城立婁鴨盧肅斯舍 盧仇所攻破

城六十四村一千四百守墓人烟戶賣勾余民國烟二看烟三東海
賈國烟三看烟五敦城　四家盡為看烟于城一家為看烟碑利城
二家為國烟平穰城民國烟一看烟十岑連二家為看烟佳婁人國
烟一看烟卅三梁谷二家為看烟梁城二家為看烟安失連廿二家
為看烟改谷三家為看烟新城三家為看烟南蘇城一家為國烟新
來韓穢沙水城國烟一看烟一牟婁城二家為看烟　比鴨岑韓五
家為看烟句牟客頭二家為看烟求底韓一家為看烟舍蔦城韓穢
國烟三看烟廿一古　能羅城一家為看烟炅古城國烟一看烟三
客賢韓一家為看烟阿旦城雜珍城合十家為看烟巴奴城韓九家
為看烟各模盧城四家為看烟各模盧城二家為看烟牟水城三家
為看烟幹弖利城國烟二看烟亼尒阝城國烟七看烟七　利城三
家為看烟豆奴城國烟一看烟二奧利城國烟二看烟八須鄒城國
烟二看烟五百殘南居韓國烟一看烟五大山韓城六家為看烟農
賣城國烟一看烟一閏奴城國烟二看烟廿二古牟婁城國烟二看
烟八瑑城國烟一看烟八味城六家為看烟就咨城五家為看烟彡

穰城廿四家為看烟散舡城一家為國烟舡旦城一家為看烟句牟
城一家為看烟於利城八家為看烟比利城三家為看烟細城三家
為看烟國罡上廣開土境好太王存時教言祖王先王但教取遠近
舊民守墓洒掃吾慮舊民轉當羸劣若吾萬年之後安守墓者但取
吾躬率所略來韓穢令備洒掃言教如此是以如教令取韓穢二百
廿家慮其不知法則復取舊民一百十家合新舊守墓戶國烟卅看
烟三百都合三百卅家自上祖先王以來墓上不安石碑致使守墓
人烟戶差錯惟國罡上廣開土境好太王盡為祖先王墓上立碑銘
其烟戶不令差錯又制守墓之人自今以後不得更相轉賣唯有富
足之者亦不得擅買其有違令賣者刑之買人制令守墓後跋曰句
麗好大王碑在
盛京鴨綠江北與朝鮮高山城滿浦城近初掩土中三百年前漸掘
漸露至今未盡出土出者高約一十八尺面南背北約寬五尺六寸
有奇東西兩側約寬四尺四寸有奇四面鐫字而石有凹凸南十一
行則[illegible]惟訖那西十行起利訖大北十三行起赤訖烟東九行起七

訖後凡四十有三行行四十一字約一千七百五十九然長短有差
長者五寸短或三寸刻字深五六寸不等殘缺之字一百九十有七
後無年月據碑知爲好大王墓碑甲寅九月廿九日乙酉立未詳當
何代甲寅日本人云壬午後二百七十二年之甲寅乎後三百三十
二年之甲寅乎一當三國漢建興十二年一當晉元康四年然皆臆
說据東國通鑑云漢永光五年壬午高句麗始祖高朱蒙立東國通鑑扶餘
王解夫婁老無子祭山川求嗣所御馬至鯤淵見大石相對而淚怪
之使人轉其石有小兒金色蛙形王喜曰此天賚我令胤乃養之名金
蛙及長立爲太子後其相阿蘭弗曰夢天帝謂我曰將使吾子孫立
國於此汝其避之東海之濱有地曰加葉原土壤膏腴宜五穀可都
也遂勸王移都國號東扶餘其舊都有人自稱天帝子解慕漱來都
焉及解夫婁薨金蛙嗣得女子於大白山南優渤水問之曰我是河
伯之女柳花與諸弟出游解慕漱誘入熊心山下鴨綠室中私之即
往不返父母責我無媒而從人遂謫於此蛙異之幽於室中爲日所
炤引身避之日影又逐而炤之因有娠生一卵蛙棄之與犬豕不食
棄之路牛馬避之棄之野鳥覆翼之蛙欲剖之不能母裹置暖處有
男子破殼而出骨表英奇年甫七歲自作弓矢射之發無不中扶餘
俗謂善射爲朱蒙故名之蛙有七子其技能皆不及朱蒙長子帶素
言於父曰朱蒙生也非常且有勇不早圖恐有後患蛙不聽掌喂馬
朱蒙增損其芻豆令駿者瘦而駑者肥蛙自乘肥而與朱蒙瘦獵于
野與朱蒙矢少而殪必多蛙諸子忌欲殺之母語朱蒙曰國人將害
汝以汝才略何往不可孰與遲留而後悔者乎朱蒙乃與烏伊摩離
陝夫等三人行至淹淲水無梁祝曰我是天帝子河伯外甥今日逃
難追者垂及奈何於是魚鼈成橋朱蒙得渡橋乃解追騎不及朱蒙

至毛屯谷遇麻衣衲衣水藻衣三人麻衣曰再思衲衣曰武骨水藻衣曰默居朱蒙賜再思姓克氏武骨仲室氏默居少室氏語衆曰我方承景命遇此三賢豈非天乎俱至卒本扶餘沸流水上都焉國號高勾麗因姓高四方聞之來附者衆其地連靺鞨朱蒙恐見侵盜遂攘斥之靺鞨畏服不敢犯朱蒙見沸流水菜葉流下知有人居上流往尋之果有國曰沸流其王松讓見朱蒙曰寡人僻在海隅未嘗得見君子吾子何從而來曰我是天帝子來都卒本松讓曰我累世爲王君立都日淺地小不足容兩主君爲附庸可乎朱蒙忿之因與鬬藝松讓不能抗廿二年夏六月松讓以國降于高勾麗　按廿二年注云漢建昭三年　朝鮮史畧高勾麗始祖朱蒙立先是東夫餘王金蛙得河伯女柳花爲日影所炤而娠生一卵說者曰夫餘俗謂善射爲朱蒙故名太平寰宇記曰朱蒙棄夫餘東走渡普述水至紇升骨城遂居之號曰高勾麗國此碑鄒牟云者即朱蒙之聲轉日本姓氏錄曰長背連高麗國主鄒牟王之後鄒牟注云一名朱蒙是其一證碑文剖卵浮龜之說雖近附會然質之史籍往往而合三國志注引魏略曰舊志又言昔北方有槀離之國者其王侍婢有身後生子王捐之溷中豬以喙嘘之徙至馬閑馬以氣嘘之不死王疑爲天子也乃令其母取畜之名曰東明常令牧馬東明善射王恐奪其國也欲殺之東明走南至施掩水以弓擊水魚鼈浮爲橋東明得渡魚鼈乃解散追兵不得渡東明因都王夫餘之地梁書曰高勾麗者其先出自東明東明本北夷

槖離王之子離王出行其侍兒於後任娠離王還欲殺之侍兒曰前見天上有氣如大雞子來降我因以有娠王囚之後遂生男王置之豕牢豕以口噓之不死王以爲神乃聽收養長而善射王忌其猛復欲殺之東明乃奔走南至淹滯水以弓擊水魚鼈皆浮爲橋東明乘之得渡至夫餘而王焉是亦其證也東明即朱蒙身後之號見東國通鑑諸書東國通鑑壬寅夏四月高句麗王立子類利爲太子秋九月高句麗王朱蒙薨太子類利立葬始祖於龍山號東明聖王壬寅注云漢鴻嘉二年高句麗始祖十九年東國三十年歌高勾麗祖號東明天帝之孫河伯甥逃難立國卒本川漢元帝建昭二年東國輿地勝覽平安道中和郡東明王墓在龍山俗號眞珠墓又按宋書諸夷傳曰嘉平五年幽州刺史毌丘儉將萬人出元菟討位宮位宮將步騎二萬人逆軍大戰於沸流位宮敗走方輿紀要曰正州城舊志在潥州西北三百八十里本沸流國故地爲公孫康所併渤海置正州於此亦曰沸流郡以沸流水而名契丹因之仍隸潥州後廢證之朝鮮往籍沸流即卒本川俗訏車衣津東國輿地勝覽成川都護府本沸流王松讓故都高句麗始祖東明王自北扶餘來都卒本川松讓以其國降沸流江即卒本川俗稱車衣津在客館西三十步東國三十年歌扶餘國名在北又號北扶餘沸流亦國名即今平安道成川郡太平寰宇記曰馬訾水一名鴨綠水水源出東北靺鞨白山水

色似鴨綠故俗名之去遼東五百里經國內城南又西與一水合即鹽難水也宋書蠻夷傳曰元嘉十五年復爲索虜所攻敗走奔高驪北豐城此可爲碑云鹽水北豐諸證也百殘即百濟斯盧即新羅亦即新盧後漢書曰三韓凡七十八國伯濟其一通考曰晉時勾麗既略有遼東百濟亦略有遼西晉平自晉以後吞併諸國據有烏韓故地南接新羅北距高麗千餘里西限大海處小海之南晉代受蕃爵自置百濟郡三國志曰辰韓十二國有斯盧國通典曰新羅國魏時新盧國其先本辰韓辰韓始有六國稍分爲十二新羅其一也魏將毋丘儉討高麗破之高麗王奔沃沮其後復歸故國留者爲新羅或曰閣彌城即關彌城見東國通鑑東國通鑑百濟辰斯王八年冬十月高勾麗攻陷百濟關彌城其城四面峭絶海水環繞王分軍七道攻之二十日乃拔百濟阿莘王二年秋八月百濟王謂真武曰關彌城北鄙要地今爲高勾麗所有其爲我一雪遂命武將兵一萬伐高勾麗圍關彌城帶方城在平壤南漢縣屬樂浪郡公孫度置帶方郡於此杜佑曰後漢建安中公孫康分屯有昭明二縣以南荒地置帶方郡漢志注樂浪郡南部都尉治昭明是也隋大業中伐高麗分軍出帶方道謂此阿旦城修自百濟東國通鑑百濟責稽王元年高勾麗伐帶方帶

方求救於百濟王曰帶方我舅甥之國遂出師救之修阿旦城數城以備高勾麗曰韓曰濊皆朝鮮地古國名後漢杜篤傳注濊貊東夷號也漢書匈奴傳集注濊或作薉晉書音義濊與穢同禮記少儀注有濊人濊釋文濊本作穢令日本人謂朝鮮人曰穢人蓋沿古語方輿紀要云服虔曰薉貊在辰韓北高麗沃沮之南東窮大海漢元朔初其君南閭降漢因置蒼海郡三年罷陳壽曰夫餘國有故城名薉城蓋本濊貊地令不耐濊亦其種云魏毋邱儉破高麗高麗奔沃沮後復國其留者爲新羅兼有沃沮不耐韓濊之地惟好大王不見於東國通鑑諸書而日本姓氏録云難波連高麗國好大王後據碑知好大王徽號曰國岡土廣開土境平安好大王下文岡土之土又作上蓋石刋塡文而譌也以刑爲開與日本二天造像記以刑爲開同一例也曰二九登祚曰卅九晏駕是在位二十二年朝鮮史册弟云高勾麗王十九世廣開土王在位廿二年安知非誤十七世爲十九乎徽號字數有脫略乎其三國史記一書成於宋紹興十年東國通鑑成於明成化二十一年去古遠矣難可盡信此碑可補朝鮮史之缺碑立於百濟新羅高勾麗三國鼎立之時所敘倭戰亦

可補日本史之缺宜日本人珍重碑文不置也惟釋文多誤即如釋栟爲桺庸詎知幵开古非一字碑云栟被四海栟即栖字與㮤同書堯典光被四表後漢書馮異傳云横被四表爾雅釋言釋文桄孫作光雖無作㮤已可爲加木旁之證說文𤋮積火燎之也有光誼周禮春官㮤或作栖此㮤栖通用之證

二十四日述日本印志

二十五日述日本刀劍志

二十六日述如昨補游工廠往還三十六里日本里六

二十七日游横濱往還九十六里日本里十六

二十八日述日本金石年表較日本人西田直養金石年表五百二十三種多四千二百八十有奇

二十九日述如昨又跋日本聖武寫經曰錢贊使藏日本聖武天皇寫經一爲二行一爲三行合裝一箳其二行有大倉耕齋重字印葢賞鑑家也定爲眞蹟詳黎大臣跋其時當唐天寶至德間去今一千一百年有奇其字以狩爲獸非若惱作惱靜作彭惡作悪用別體字

可比按說文獸守備者从犬狩犬田也亦从犬尚書狩作守此古誼也詩薄獸于敖後漢安帝紀云薄狩於敖漢張遷碑帶遊上林問禽狩石門頌惡虫蔽狩此古狩獸通用碻左也然則寫經雖僅數行已可證經第而口古墨可寶云爾哉精審如贊使宜其什襲倍常也三十日述如昨見唐時日本四願經後願文曰皇后藤原氏光明子奉爲尊考贈正一位太政太臣府君尊妣贈從一位橘氏太夫人敬寫一切經論及律莊嚴既了伏願斯勝因奉資冥助永庇菩提之樹長遊般若之津又願上奉聖朝恒延福壽下及寮采共盡忠節又光明子自發誓言弘濟沈淪勤除煩障妙窮諸法早契菩提乃至傳燈無窮流布天下聞名持卷獲福消灾一切迷方會歸覺路天平十二年五月一日記此亦可補全唐文天平十二年當唐開元二十八年九月初一日述日本文徵其文徵事則錄否則文雖善弗取也叙中村敬宇文集曰光緒十四年冬雲龍游日本東西京言學問中君子人者輒曰其中村敬宇乎時雲龍欲商邃學且未遑也遑問文邪而餉雲龍詩虛懷谷如十五年夏還自南北阿美利加洲嘗一造廬借

書遂晾文集已編之卷凡十有六其前六卷惟第四未之刋行十四以後則補遺也且曰願得一言爲子孫寶吁栄葑之懇切一至此哉時雲龍又補藝文金石而文徵猶未之逮秋七月始蒐古今文集百數十種求不逐流又不泥古者其敬宇文乎以六經爲注腳以五大洲時務爲經緯文人之文豈其匹與集中用字羣玉序曰不拘拘于文字而善道所欲言好文也送三島仲叔序曰文百疵病無不可醫惟僞不可醫旨哉言乎賴山陽書杜集後一字訣曰眞斯文得之人第震富贍如江河沛然莫之能禦猶未也雲龍游歷圖經有文徵一科一以實事爲宗摎敬宇文較它集獨多嗟嗟判古今爲二者俗儒也居今而薄今者腐儒也欲祛二弊非通儒吾誰與歸同人社宗匠則敬宇也不高崖岸不限藩籬蓋欲得奇才異能育之也跡其言行與文往往相副儻所謂學問中君子人與後佗之待與守有責也夫

初二日游礮臺往還航海三百九十里海里一百三十車行二十四里日本里四

初三日游小島航海二百三十一里海里七十

初四日述如昨錄不勝錄復就所取畬而删之費觖且時迫也心急

如焚

初五日覆斠印出日本圖經卷一至四

初六日覆斠日本圖經卷五至八

初七日覆斠日本圖經卷九至十二

初八日覆斠日本圖經卷十三至十六

初九日覆斠日本圖經卷十七至二十是日紅葉館往還十二里日本里二

初十日補新分之香川縣圖限銅工即日鏤之

十一日覆斠日本圖經卷二十一至二十四

十二日覆斠日本圖經卷二十五至二十八

十三日覆斠日本圖經卷二十九至三十二

十四日因日本圖經印工踰限至再於是先斠古巴圖經

十五日補游海港要隘航六百六十里海里二百

十六日自至築地諸處嚴催印工往還十二里日本里二一求敘者踵門敘

先諸之儒學本論曰長尾氏楨太郎以所著儒學本論屬敘雲龍唱

然歎曰嗟嗟居今論儒難矣生於斯長於斯西學恣張而獨述儒學本論鮮不嗤其迂且腐矣雖然儒學非它堯舜禹湯文武周孔之學中外古今一以貫之如布帛如菽粟如水火不可須臾離者也其條目始格致終治平自非樸學者爲之不从知物入遂遁於虛假誠正語治平而效輙不應不爲西學所竊笑者幾希或勝其說曰形而下者其用實形而上者虛語耳不如廢之爲愈嗟嗟堯舜禹湯文武周孔之學非它君臣父子夫婦兄弟朋友之道也人一日不絕則儒學一日不廢慨末學流弊遂并其本疑之可乎哉可乎哉西學不外格致曾子四角不掩之說即地圓之說之祖孟子謂千歲之日可致殆亦算學門徑歟彼誇新奇皆自聖門發端特初不欲以游藝名家書缺有間學者浸失尋繹轉讓彼以實用勝此學者所當媿而思奮也是書僅見上卷儒言居多然如所謂惟拘文椄字爲務音訓詁支流而亦非經師訓詁也要而論之薄今而泥古不至跬步難行不止藉忘儒本雖曰權利罕與之京而利岀則競權重則凌不以堯舜禹湯文武周孔之學濟之非所致知矣長尾氏以爲然耶否耶光緒十五

年秋敘於日本東京元田永孚儒臣也竭來相左以書言別並謝前敘其詩集遂檢舊艸坿錄于此曰光緒十三年冬雲龍游西京十四年春航復東所目詩卷無慮百數十作者大氐性靈居多求紀事不數數覯邊言學也今乃得之東野之詩永孚其名元田其氏也官由侍講而居顧問樂天樂四時樂讀聖賢書樂聞古今事樂老少因以五樂名園聞雲龍將以記載餘力續東瀛詩選緣友示所箸講筵餘吟五樂園詩鈔別鈔誦其詩如見其學橫子楠生贈詩有飽嘗泗水源頭味句亘非虛語集中詩如縱使報酬勞夙夜不如聖主愛臣深石閣珠樓非我願夢消梅月牛窗烟未嘗非詩人之詩而性靈中見學養若減家家一分用拯來天下幾寒飢誦經常有陛前坐橫槊曾無馬上行紀事也而體用中見經綸憂國愛君之心動溢字裏就詩言學居斯位宜因位見學作是詩愈宜謂非於詩選自成一家言與而非學人之詩疇克臻此

十七日日本圖經印竣於是覆斠卷三十三至三十六

十八日日本使大鳥圭介約同舟行來言別者皆往畣拜車行四十

八里（日本里八）

十九日補䑊船工徵工往還航海六百六十三里（海里二百有一）

二十日檢點行李適有介書二千里外求（雲龍）詩敘者走筆應之求書者四鼓未已是日游如昨

二十一日辰正發日本東京黎大臣以次送上火車辭之至再黎曰重所學也錢贊使及孫隨使（點）陳隨使（榘）同至橫濱照料焉行四十八里（日本里四十八）羅理事爲訂艙位於輪舟曰西京丸在二十三號艙戶面海冒雨展輪轉側未已

二十二日午正泊神戶去橫濱千一百二十二里（海里三百四十三）申初隻身自覓小舟登岸訪蹇領事且付郵書約六里許（日本里一）又游海灣小島航三百三十里（海里一百）

二十三日游海港航三百三十里（海里百）上岸至楠公社觀明徵士朱之瑜所書碑酉初旋舟酉正行

二十四日酉初泊下關即馬關也自神戶至此八百十里（海里二百四十三）移時即行風潮怒甚

二十五日卯初泊長崎去馬關三百七十九里（海里二百六十三）自神戶至此千一百八十九里（海里二百六十二）楊理事爲呼艇登岸至署日本使大鳥圭介亦以舟迎未遇往也晡冒雨游諏訪山諸處申正旋舟往還約十八里許（日本里三里）酉初行

二十六日潮挾風雨輪舟首尾軒輊輒數十尺出日本島而男島

二十七日辰初舟進揚子江辰正至上海自長崎至此千四百四十有二里（海里四百三十七）巳正訪文報局員尋至泰康里泰康祥絲棧

二十八日欲乘永清輪舟而行李未繇文報局交齊越一日新勝輪舟亦開矣急行轉遲不欲稍曠分陰於是發篋檢點行程記載

二十九日檢秘魯圖經雖初草難可遽定其子目可編次也凡四十有三其分類不外天文地理國系風俗食貨攷工外交政事文學敘例十者是夜三鼓乃寢

十月初一日覓小火輪環眡礮臺燈臺諸要隘往還六百六十里（海里二百）

初二日分巴西圖經門類凡十日天文曰地理曰國系曰風俗曰食

貨曰攷工曰兵制曰政事曰文學曰敘例盖就見聞所獲而分也
初三日聞普濟輪舟將至往海濱候之適至而小甚局中人言艙位
定者已溢且不厭浪勸待他舟海晏或初五日行也遂至黄浦循岸
一行往還約三十八里
初四日編次巴西圖經子目五十有二而稿難遽定
初五日述巴西圖經專例海晏船初至
初六日海晏船因載不應手改緩二日亦罕有事也定英屬地加納
大圖經類目
初七日機器局諸處往還四十五里
初八日上海晏船言行不果隨航溜艇補所未游往還六百六十里
海里二百
初九日行
初十日子初泊煙臺風不得泊懼浪且懼淺也卸載若干颿捲輪停
而暈浪者嘔聲不絕所未見也是日爲
皇太后萬壽聖節憶十三年今日航日本馬關以東將泊横濱十四

年今日游美利加國都
十一日風浪巨甚
十二日午後航近大沽而無以進自上海至此二千七百四十里海里八百七十由大沽至天津紫竹林二百四十一里約海里七十明日進口與否未可知也改行火車
之意決
十三日呼艇淩霜行溫度頓減至四十有奇既飢且寒櫓聲欲洹然
非此則濡滯甚傍岸屈曲行四十里乃達火車頭立候車至蜂擁而
登行二百里有奇下車行李狼籍道左無與適中和逆旅人曰可以
代運於是徒步行八里而宿尋謁合肥肅毅伯大學士日已爲敘曰
本圖經矣辭行
十四日海關西人以至自日本欲稅不克即行於是料理一艇載行
李焉是日往還數次凡五十八里
十五日丑正乘車行自天津視去時行舟異矣六十里楊邨詳前下同三
十里蔡邨宿衣履雨濕
十六日丑正雨行然北風起黎明雨止而西北風怒甚五十里安平

三十一里靛莊此通州境

十七日丑初行車道有阻紆途而行乃復舊道凡七十里至京

游歷圖經餘紀敘例　　游歷圖經餘紀十五

花翎二品銜直隸即補道總辦北洋機器局前游歷使臣傅雲龍述

自敘

雲龍既述游歷日本國圖經三十卷美利加合衆國圖經三十二卷秘魯國圖經四卷巴西國圖經十卷英屬地加納大圖經八卷日斯巴尼亞屬地古巴圖經二卷凡八十六卷或印或繕圖皆鏤銅先後進緜總理各國事務衙門王大臣察覈恭呈御覽凡此皆紀事體也不依編年體紀見紀聞則里差何以較時豈獨人與地行順則日增逆則日減末由見歟問學之大小何以日新徵兵之水陸何以月異策國之損益又何以歲不同也而況舟車之流年較閉戶之課功爲尤迫重譯之晨夕較同文之寒暑爲易奇未敢云事事借參悉闕國計然使曠一分光陰將毋虛一日跋涉何以副志何以對君此雲龍所以晝游夜記既揭全體之大要入於圖經復探致遠之知幾著於餘紀而不欲以浮聞雜並不敢以膚詞飾遵

旨游歷之國六合之假道之國凡十有一（詳游歷圖敘）爲華里十二萬有八百四十四爲日七百七十以光緒十五年十月十七日旋我京都明年就途所草編之尋之起夏五月訖秋七月成游歷圖經餘紀十五卷分編十有二自爲敘曰舟車所馳朱以識之潮綫軌綫視掌如斯述游歷地球圖第一寒爲冰券燠尠塵坌足跡計里逾十二萬述游歷天時地里合表第二州殊文殊此非殊塗中外同異其樞紐乎述游歷日本圖經餘紀前編（上下）第三地背輪駛亦陸亦水流力之長莫長於此述游歷美利加圖經餘紀前編（上下）第四英其多屬此會駐足極北近之忠義聊錄述游歷加納大圖經餘紀第五飛瀑流回紐約重來爰諏爰度道左徘徊述游歷美利加圖經餘紀二編第六旱虐未息呼行不得而避莫邉冬暑相逼述游歷古巴圖經餘紀第七地背之南赤道舟探海濱無雨水影何藍述游歷秘魯圖經餘紀（上下）第八春秋異華游其最遐時方炎旱狹彼鶱槎述游歷巴西圖經餘紀第九來非去路駛七朝暮夏雪薄凝車軌尠誤述游歷美利加圖經餘紀後編第十蜻蛉一洲補所未游既紀且尋兩載倏周述

游歷日本圖經餘紀後編第十一不鑿空沿不繁縟編以日繫月以月繫年述游歷圖經餘紀敘例第十二

專例

餘紀一十五卷略依史家編年體庶其與圖經相表裏乎然彼以地爲主此以日爲主述專例

凡人書名不書字或以字行變例書之史法也

凡官不假古官結銜於外國官或据同文而直書或譯音釋誼就中國官之近似者譬喻之不敢以中國官強名之也

凡地名譯音不譯義不以南易叟不以北易諾餘可類推

儷文綺語無所取也以紀實爲主非稽國計即鑑民生非燭軍政即研學術非測天度即諏地險它若山水之奇次之習俗之異又次之而風景翻新則畧

圖經以所游之國爲範圍而餘紀則就一日之見聞不囿一地之甄錄也